经管核心课程系列

商务竞争与战略经济学

Business Competition and Economics of Strategy

主　编　　张荣佳
副主编　　王琳琳　刘玉飞

复旦大学出版社

序

　　商务竞争与战略经济学讨论的核心问题是商务竞争与战略管理背后的一般性的经济分析方法和理论。从经济学的角度系统地研究企业战略的代表人物是哈佛商学院的波特教授。迈克尔·波特教授曾经说过："作为一名在企业战略和产业经济学两个领域的研究者和教育者，在过去的十年里，我在哈佛商学院的工作一直致力于为这两个领域架起'桥梁'"。在《竞争战略》一书中，迈克尔·波特从传统产业组织理论的角度，系统地探讨了企业经营战略问题，提出了产业分析的基本框架（五力模型）和企业在产业内定位的三种一般竞争战略。该理论以传统的产业组织理论（即市场结构—行为—绩效框架）为基础，将产业组织经济学与企业战略研究相结合，从而将企业战略的研究推进到一个新高度。迈克尔·波特以《竞争战略》一书为基础，在其《竞争优势》一书中进一步阐述了企业如何才能选择和实施一般竞争战略以获得和保持竞争优势，其主要目的是在战略及其实施之间搭起桥梁。通过这两本书，迈克尔·波特确立了其"产业与竞争分析—通用竞争战略—获取和维持竞争优势"的企业战略管理基本框架。由于这一框架以较成熟的传统产业组织理论为基础，有较强的系统性，同时又融合了获取竞争优势的实务途径，因此，迈克尔·波特的理论成为20世纪80年代企业战略管理的主流观点，日后又由于其很强的可操作性，被学界和业界频繁普遍应用。

　　众所周知，产业组织理论关注的是不完全竞争市场，20世纪70年代以后，以策略性行为研究为特征的新产业组织理论兴起。目前相当一部分现代产业组织理论的分析也都将企业的行为理解为战略性决策行为，从而在与竞争对手的竞争中获得竞争优势。可以说，产业组织和企业战略管理之间存在着密切的联系。在上述相关领域，目前已经形成了很多经典教材，例如贝赞可等人所著的《战略经济学》、保罗·贝拉弗雷姆所著的《产业组织：市场和策略》、Jeffery Church等人所著的《产业组织战略方法》等。我们在编写该教材中，充分吸收和参考了上述教材中的相关内容。在多年的授课中，我们也发现上述教材的定位与应用型高校人才培养的目标是难以匹配的,这让我们有了新编一部教材的最初动机。我们不可能提供一个能够分析所有竞争战略的理论框架,我们将尽可能地去提供一些可以帮助学生分析商务竞争现象的思维方法,加深学生对于现代商务实践的认识。

随着"互联网+数字化"新时代的到来,一系列传统产业与互联网相结合的新业态、新模式不断涌现,企业的外部竞争环境发生了很大变化。当前新兴商务活动层出不穷。互联网的应用促进了新市场的创建,其典型特点是大规模、高定制化、快速创新以及消费者和市场数据的收集和广泛应用。互联网经济、数字经济作为新的经济形态,正成为推动经济发展质量提升、效率变革、动力升级的重要驱动力,也是全球新一轮产业竞争的制高点和促进实体经济振兴、加快传统经济转型升级的新动能。外部环境的变化自然而然也会导致企业战略行为的改变,同时引发政府监管重点和关键领域的调整。例如,《关于平台经济领域的反垄断指南》(征求意见稿)的出台就是直指当下互联网平台经济领域愈演愈烈的垄断行为。但目前系统地分析和研究互联网经济和数字经济下的企业战略行为的文献仍然是不足的,我们尝试引入最新的一些研究成果和案例,同时也希望能够抛砖引玉,未来能够融合多方的力量,进一步拓展该领域的研究。正如贝赞可等人所指出的那样:"有一套商业规则,不仅经久不变,而且适用于经济的各个领域。战略管理需要以这些规则做支撑。"因此,在绝大多数的场合,我们仍然也会强调这些经久不变的商业规则。

本教材的内容主要包括三大部分:上篇是关于规模经济、范围经济与企业边界;中篇是关于市场分析与战略定位;下篇是企业竞争战略分析。我们希望结合新兴商务活动,突出理论的综合性和应用性。为此,我们在教材的编写过程中除了力求体现战略经济学领域的经典智慧外,也引入了近几年发生的大量典型案例以及一些新的文献资料。当然,囿于能力,教材中难免会有不足和疏漏之处,欢迎批评指正!我们非常感谢教材编写过程中给予我们帮助和支持的各位同仁,当然文责自负。

目　录

上　篇
规模经济、范围经济与企业边界

1　导言 ··· 3
   1.1　战略相关的基本概念 ··· 3
   1.2　战略经济学的理论基础和新发展 ·· 8
   1.3　"互联网＋数字化"环境下企业战略的新探索 ··· 10
   1.4　互联网平台企业的竞争战略与反垄断 ·· 16

2　规模经济与范围经济 ··· 25
   2.1　规模经济的定义和来源 ·· 25
   2.2　范围经济的定义和来源 ·· 29
   2.3　规模不经济的来源 ··· 31
   2.4　学习曲线 ··· 34
   2.5　学习曲线与规模经济的联系与区别 ··· 35

3　企业的边界 ··· 38
   3.1　自制与外购的相关概念 ·· 38
   3.2　外购的理由 ·· 40
   3.3　自制的理由 ·· 42
   3.4　自制与外购的决策树 ··· 43
   3.5　企业的横向边界：多元化经营的选择 ··· 44
   3.6　组织纵向边界：纵向一体化及其选择 ··· 50

中 篇
市场分析与战略定位

4 竞争者与竞争分析 ······57
    4.1 竞争者识别与市场界定 ······57
    4.2 市场结构与竞争 ······62
    4.3 质量竞争 ······70
    4.4 网络经济下的市场结构 ······72
    4.5 市场结构的决定因素 ······77

5 价格竞争 ······84
    5.1 静态价格竞争模型 ······84
    5.2 动态价格竞争 ······95
    5.3 动态价格竞争模型 ······103

6 竞争优势的形成与动态演化 ······114
    6.1 竞争优势 ······114
    6.2 竞争优势与价值创造：相关概念 ······121
    6.3 竞争优势的战略定位 ······127
    6.4 持续竞争优势 ······132

下 篇
企业竞争战略分析

7 价格歧视 ······147
    7.1 价格歧视的动机与类型 ······147
    7.2 三级价格歧视 ······148
    7.3 自我选择和甄别 ······151
    7.4 跨期价格歧视 ······152

8 合谋 157
8.1 卡特尔的类型 158
8.2 卡特尔的稳定性 159
8.3 重复博弈和默契合谋的稳定性 160
8.4 合谋的促成因素 163

9 市场排挤 169
9.1 进入遏制 169
9.2 产品扩散 172
9.3 独家交易合约、捆绑和排挤 173
9.4 限制性定价和掠夺性定价 175

10 产品差异 183
10.1 纵向差异产品竞争 183
10.2 横向差异产品竞争 184
10.3 广告、产品差异及战略投资 186

11 研发、创新与专利保护 189
11.1 基本概念 189
11.2 市场结构和创新激励 192
11.3 合作研发的战略价值 194
11.4 专利保护与创新 199

12 网络经济 209
12.1 网络外部性概述 209
12.2 网络外部性的市场作用分析 212
12.3 网络经济下的企业策略 217
12.4 网络经济下的公共政策 223

上篇

规模经济、范围经济与企业边界

1 导　言

1.1 战略相关的基本概念

1.1.1 什么是战略？

战略一词最早源于军事术语,指军事将领指挥军队作战的谋略,目的是"针对敌人确立优势位置"。在中国,战略一词历史久远,"战"指战争,略指"谋略""施诈"。春秋时期孙武的《孙子兵法》被认为是中国最早对战略进行全局筹划的著作。目前《孙子兵法》已经成为美国西点军校和哈佛商学院高级管理人才培训必读教材。商场如战场,在现代,"战略"一词被引申至政治和经济领域。其含义演变为泛指统领性的、全局性的、左右胜败的谋略、方案和对策。与战略相对的"战术"一词,则指实行战略要求的具体手段。

那么,什么是战略呢？有四大权威人物对此进行了定义：

艾尔弗雷德·钱德勒认为,战略决定了企业基本的长期目标(goal)和目的(objective),明确了实现目标所必需的一系列行动及资源配置。

肯尼思·安德鲁斯认为,战略涉及目的、宗旨(purpose)或者目标的模式,以及实现这些目标的主要政策(policy)和计划(plan)。通过这种方式定义了公司正在从事的或应该从事的业务,以及它现在所属于的或应当属于的企业类别。

日本学者伊丹敬之认为,战略决定了一个企业经营活动的框架,为企业协调行动提供了指导方针,使企业可以应对并影响不断变化的环境。战略清楚明白地指出了企业所倾向的环境,以及它努力追求的组织类型。

亨利·明茨伯格从不同的层次和侧面对战略进行了复合且全面的定义,他采用了5个在英文中以"p"为开头字母的词语来为战略作出一个综合的定义,亦即计划(plan)、计谋(ploy)、模式(pattern)、定位(position)与视角(perspective)。

除此之外,美国定位之父杰克·特劳特于1969年创建了战略定位理论,该理论认为,企业只有两项任务：一是在企业外部的用户头脑中确立一个用以决胜的"位置"；二是以这个"位置"为导向配置企业内部的所有资源并进行运营管理,才能创造出最佳的经营成果。迈克尔·波特也认为,战略就是创建一个价值独特的定位。特劳特则进一步明确,战略是指企业如何在顾客心智中建立差异化定位,简单地说,就是让你的企业和产品与众不同,形成核心竞争力,并由此来引领企业内部的运营。

综合而言,战略与企业重大决策有关,是企业的一贯行为,一旦确定,不容易更改。战略是组织成功的基础,揭示不同战略情形背后的持久性的原则,可以帮助公司更好理解如何竞争、如何进行自我组织、如何更好进行战略决策。马浩(2008)将战略的主要特点概括为:目标导向、长期效应、资源承诺和冲突互动。目标导向性强调战略是实现目标的方法和手段,战略不能脱离特定的目标;长期效应强调战略聚焦于企业长期目标,不能朝令夕改;资源承诺意味着战略决策往往牵扯到大规模、不可逆转、不可撤出的资源承诺,这种承诺正是战略长期效应存在的原因;冲突互动性则强调战略决策必须考虑竞争双方或多方的动机、利益、实力和行为及其后果。

1.1.2 战略管理及企业实践

企业战略管理的重要性就在于,战略管理致力于帮助企业确立其根本使命和经营目标,并采用合适的战略去实现企业的经营目标,完成企业的使命。大型组织通常会包含一个公司总部和多个战略业务单元。战略管理领域所考虑的企业战略通常包括公司层战略和业务单元层面的竞争战略。公司总部的作用主要是管理组织的经营范围,关于组织经营范围的决策包括两方面:一是产品和市场的多元化,二是国际关系和地理位置的多元化。公司层战略的实质是关于多元化经营企业中总体经营活动的计划与谋略,要解决的主要问题是公司经营领域与业务范围的确定以及公司资源在不同业务中的配置和应用,同时也要考虑不同业务之间的关系以及总部与战略业务单元的关系,管理公司的不同业务与外部其他实体之间的关系。这也是我们为什么要去讨论企业边界的一个重要原因。而业务层面战略的实质在于选择应对竞争的基本态势与模式,以及获取竞争优势的主要方法与手段。也就是说,给定企业的经营范围选择,在一个具体的业务上如何应对竞争,建立和保持竞争优势,是企业的业务层面竞争战略的实质任务与挑战。

不同企业战略管理的实际过程可能各有特色,但一般而言,战略管理的过程通常包括战略分析、战略选择(亦称战略制定)和战略实施(亦称战略执行)三个主要构成部分。其中,战略分析是直接影响企业战略实际选择与实施结果的行动前提。一个基本的战略分析框架包含四个方面的主要因素:企业外部环境中的机会与威胁、企业内部的资源能力与组织体系、管理决策者个人的价值偏好以及企业的社会责任与社会和公众预期(具体见图1-1)。前两项基本属于事实判断和技术分析层次,主要考察企业内部运作和外部竞争环境之间的连接、匹配与契合;后两项基本属于价值判断和社会伦理的范畴,主要考察决策者的偏好以及企业面临的社会预期对企业战略的影响(马浩,2008)。这四个因素也成为本书在进行战略分析时重点考虑的方面。

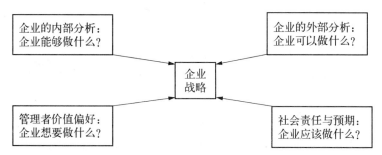

图 1-1 源自哈佛商学院的企业政策研究与教学传统的战略分析框架

资料来源：马浩.战略管理学精要.北京大学出版社,2008.

1. 企业的外部环境

企业的外部环境包括企业外部所有影响企业经营与绩效的因素,至少在短期内是给定的,不受企业的控制,比如宏观经济发展状况和行业内竞争对手的多寡。环境因素既可以为企业提供机会,比如产业的高速增长为企业提供新的增长契机,也可以给企业带来威胁与挑战,比如政府管制限制企业在某个市场的扩张。因此,企业环境决定了企业的行为空间,决定了它可以做什么。

2. 企业的内部禀赋

企业的内部禀赋是指企业内部所拥有和掌控的各类资源,如设备、资金和人力资源,企业运行中所必需的能力,如研发能力、制造能力和品牌管理能力等,以及这些资源与能力赖以应用和施展的组织体系。某种特定的企业禀赋,相对于具体的市场机会和竞争对手而言,可能是优点和强项,也可能是劣势与弱项,影响企业在竞争中的作为。因此,企业的内部禀赋决定了企业能够做什么。

3. 决策者的价值偏好

企业管理决策者个人的价值偏好指的是作为战略决策者的一般管理人员的价值体系,包括道德禀赋、意识形态、是非标准和行为规范等。例如,是信奉利润至上还是喜好多种目标平衡？是注重任务取向还是任务与人际关系并重？由于一般管理人员具有合法地参与和影响企业战略的权利,他们的价值体系和偏好在很大程度上会影响企业战略的价值取向和特色,因此管理者个人的价值偏好决定企业想要做什么。

4. 企业的社会责任与预期

企业的社会责任、社会和公众预期可以被理解为企业作为一个社会实体需要对社会做出的非经济性贡献,或者说对自己在其中从事经营活动的社会和社区所承担的必要社会责任和必须满足的预期。不管企业是否在乎或者愿意,公众、社区团体、政府等都会对企业有某种看法和期许,希望它成为一个好的企业公民,关注人类福祉,保护自然环境,增进社区利益,因此企业的社会责任与公众预期决定了企业应该做什么。

战略研究是多视角的。我们可以从管理学、心理学、政治学、人类学等不同视角加以研究。这里我们为什么要利用经济学研究战略？贝赞可等(2015)给出了明确的回答。这是因为，经济模型的优势在于强大的解释力，清晰的本质使其可以广泛应用到很多问题上，可以帮助人们区分未经证实的猜想与合乎逻辑的推理结论。深厚的经济学知识使更细致、更有力的假设得以提出，使内容更丰富的战略得以发展，它包含关于企业成功行为的基本原理。

实际上，有很多出版物在介绍企业的成功之道，尝试总结出一个成功特征表，问题是管理者不能事后做决策。研究企业行为的价值在于帮助我们识别那些解释企业行为的普遍原则，而不是个性化的特征。

当然，企业成功的原因通常并非一目了然，而是复杂多样的。例如，开市客(Costco)依靠高品质、少品种、大批量采购形成超低价格，并通过会员制获得会员费收入；沃尔玛(Wal-Mart)的成功依靠的是各地店铺管理者积极主动的工作以及精湛的采购与存货管理技术，这使它的零售成本总能低于很多竞争对手。

事实上，我们很难透彻地了解企业战略的多样性，特别是在大部分行业中，我们都能找到与同行业中的领头企业运用相同的战略和管理实践却绩效不佳的企业。在超市零售行业中，有沃尔玛的成功，但是也有凯马特(Kmart)的失败。凯马特的名号在美国本土以外叫得并不响，其实它是现代超市型零售企业的鼻祖，凯马特之于零售业，正如福特之于汽车业，如今"Kmart"一词将永远停留在20世纪。

这种管理实践与多样性的企业案例形成了两种不同的观点：第一种观点认为，制定成功的战略太过复杂，以至从本质而言成功就是一种好运气；第二种观点认为，企业之所以成功，其原因在于企业的管理者所选择的战略最有利于他们抓住当时的潜在获利机会，或者最有利于他们适应变化的环境。毫无疑问，运气的好坏会对企业的成功有一定影响，但我们相信企业的成功绝非偶然。如果按照市场经济与战略行动的一贯原则对战略决策进行分析，我们就能更好地理解企业成功与失败的原因。

当管理者试着将这些原理应用到他们所面对的变化的环境与机会时，其竞争成功的概率就会上升。虽然这些原理没能对企业成功的原因给出独特的解释，但这并不妨碍它们成为系统考察战略的基础。最后一点需要指明的是，战略教科书可以介绍战略决策背后的普遍原则，但是，成功还是取决于各位管理者将原则运用于各个具体环境的能力。我们期待学完本门课程后，同学们应该能够了解企业战略制定的相关原理，并能够独立、批判性地分析企业的战略和企业在市场中的相互影响，并尽可能成功地在实践中应用各种战略决策原则。

1.1.3 战略研究框架

战略涉及企业所面临的重大问题。但这些重大问题又是什么呢？或者说，为了制定和实施一个成功的战略，企业需要关注哪些方面呢？

贝赞可等(2015)认为，战略框架需要考虑四大类问题。

1. 企业边界(boundaries of the firm)

企业应该做些什么？它的规模应该有多大？它应该开展哪些业务？以上是关于企业边界的讨论需要回答的问题。这里企业边界可以向三个不同的方向延伸：横向、纵向和整体。企业的横向边界(horizontal boundaries)指企业为多少产品市场提供服务，或者它的规模有多大。企业的纵向边界(vertical boundaries)指企业自身所从事的活动及企业从其他专业性公司购买的活动的范围。企业的整体边界(corporate boundaries)指企业参与竞争的一系列独特的业务方向。这三个边界都在不同时期的有关战略的文献中受到了不同程度的关注。20世纪60年代，波士顿咨询公司(the Boston Consulting Group)对学习曲线与市场增长的重视突出了企业的横向边界。正式规划模型所用的增长—市场份额矩阵(growth-share matrices)等规划工具强调了企业的整体边界。最近，网络组织(network organization)与虚拟企业(virtual corporation)等概念则突出了企业的纵向边界。

2. 市场与竞争分析(market and competitive analysis)

企业所处的竞争市场的性质是什么？在这些市场中，企业间的竞争关系是什么样的？为了制定并实施成功的战略，企业就必须了解它参与竞争的市场的性质。正如迈克尔·波特(Michael Porter)在其经典著作《竞争战略》(*Competitive Strategy*)中所指出的，各行业的绩效都不是一种机遇或者偶然。例如，在制药行业中，甚至一家普通的企业也能有很强的盈利能力，而航空业的顶尖企业即使是在最佳时期也只能获得较低的利润。这些都是有原因的。在试图了解为什么某一行业的企业实施某种战略，或者为某个行业制定竞争战略时，我们都不能够忽视产业结构的性质。

3. 战略定位及其动态(position and dynamics)

企业如何在竞争中定位？竞争优势的基础是什么？企业应该如何随着时间的推移不断调整自身的竞争优势？战略定位及其动态尝试对上述这些问题进行回答。战略定位及其动态是对企业竞争方式及竞争基础的简短概括。定位是个静态的概念。在某一特定时点，企业是否会以低成本作为竞争的基础？或者企业能否因在某些重要方面具有差异性而索取高价？通常，定位涉及与企业的成本优势或差别优势有关的资源和能力。动态指的是企业如何积累资源和能力，以及如何随着时间的推移进行自我调整，以适应环境的变化。基本上，动态必然会涉及经济学家约瑟夫·熊彼特(Joseph Schumpeter)所强调的过程。他认为，尽管从本质上说"追求利润的冲动"是暂时性的，但它却能激发企业和企业家们创建新的竞争优势的基础，这些新的竞争优势重新定义了各产业，并且瓦解了企业已经获得的优势。

4. 内部组织(internal organization)

企业应该如何安排它的内部结构与系统？假设企业已经确定了自身所要经营的业务，并明确了所处竞争市场的性质，那么，它就可以考虑它的竞争基础与竞争方式了，但是它还需要作一些内部安排，为战略的实施做准备。组织需要明确开发资源以及获取信息的渠道。另外,它还需要考虑如何将员工个人目标与企业整体目标结合在一起。企业如何进行内部安排,例如,它的组织结构是什么样的,组织在多大程度上依靠正式的激励系统来抑制非正式的影响等等,这体现了组织将要进行的一系列重要的战略决策。

我们在吸收经典教材研究成果的基础上,将重点聚焦于企业边界、市场与竞争分析、企业竞争战略分析三个方面。

1.2 战略经济学的理论基础和新发展

从经济学的角度系统研究企业战略的代表人物是哈佛商学院的迈克尔·波特教授,其代表作是《竞争战略》(1980)、《竞争优势》(1985)、《国家竞争优势》(1990)。迈克尔·波特的理论一度成为20世纪80年代企业战略管理的主流观点。

现代经济学的新发展,以及20世纪90年代经营环境的变化,使得企业战略经济学的研究出现了一些新发展(邹昭晞,2006)。

第一,交易费用经济学的发展加深了人们对企业边界尤其是纵向边界变动规律的认识,从而为企业的生产或购买决策以及交易治理机制的安排提供了基础。对企业横向边界、纵向边界以及整体边界规律认识的提高,有助于企业重大战略决策,如企业一体化战略、多样化战略、战略联盟等的成功。

第二,新产业组织理论的发展尤其是以博弈论和信息经济学为基础的产业组织理论的发展,加深了人们对产业与市场竞争规律的理解,从而为企业的竞争定位、竞争方式选择、进入/退出决策、价格策略以及研究与开发决策等提供了基础。这些发展拓展并深化了传统的产业组织分析框架,提高了基于产业竞争规律的竞争策略的效果和效率。

第三,企业理论的新发展,尤其是以资源为基础的企业观和企业能力理论的发展,加深了人们对企业竞争优势来源和企业范围的理解,从而为企业战略目标的确定、企业的战略发展模式、企业核心能力的培养和利用等提供了新方法和新观点。这一发展标志着对企业长期经营战略的研究进入了一个新阶段。

第四,其他一些经济理论,如委托代理理论、关于权力和文化的经济理论、关于组织结构的经济理论等方面的进展,丰富了人们对于组织激励系统、组织结构及组织成员行为的理解,为战略实施提供了一些有用的方法与工具。

资源基础观与交易成本理论被认为是战略管理研究一般应遵循的理论基础。但迈克尔·波特(2014)明确指出,"仅仅关注资源或能力,忽略竞争地位,企业将很有可能面临过于'保守'的风险。资源或者能力对企业特定的战略地位或者竞争方式有重要意义,但本身并不是核心要素,也不能将两者混为一谈"。陈雪频(2021)指出,制定战略要有两种视角:一是市场视角,二是能力视角。市场视角是由外而内的,是指一个企业得以存在的优势化差异。能力视角是看企业的能力,是否具有充足的人力、财力和物力等资源,是否有能力在市场竞争中获胜,市场和能力的交集就是一个企业的战略突破点。进入21世纪,特别是经济的全球化趋势导致的竞争加剧,产业边界的融合与变动、互联网技术变革的加速,以及顾客需求的多样化,也使得传统的战略管理理论受到了很大挑战,并要求企业战略管理的理论基础、理论范式及其重点发生转移。在波特看来,传统的经营战略研究领域缺乏一个分析性基础,并且极少能提供一般性或原理性的见解。本门课程是基于这样一个基本判断,即从经济学(产业经济学、交易费用经济学、组织经济学等)中得出的见解可以为企业内部和外部战略的形成与评价提供一个内在一致的基础,使学生们"知其然,而且知其所以然"。

进入以互通互联为特征的数字经济时代,数据作为一种生产要素被引入到工业生产过程当中,数字技术推动了新型产业组织形态的形成,生态圈、生态链的概念已经深入人心。在数字技术的驱动下,产业链、价值链与创新链交叉融合,链群数字生态体系不断形成并壮大(余东华等,2021)。在这一新范式中,产业链不断实现横向和纵向延伸,单个企业的独立创新变为多个企业的多元协同创新,融合技术和数据的创新链实现了协同,价值链不断实现跃迁,多链融合的过程推动物质流、资金流和信息流、数据流的交互融合和资源整合,最终推动价值增值的能级不断提升。作为新型的自适应、自调节的产业组织形态,链群数字生态体系以产业链优化为载体、以创新链升级为支撑、以价值链增值为动力,在数字技术的推动下实现了不断演化发展。

作为第四次工业革命的关键支撑,工业互联网可以说是数字生态的典型案例,是新一代数字技术、现代工业技术与工业系统全方位深度融合的产物,是促进传统产业转型升级,实现高质量发展的重要驱动。工业互联网,既是一个平台,也是一个复杂的网络系统,实现了人、数据、机器的互联,构建起全要素、全产业链、全价值链全面连接的新型工业生产制造和服务体系。其本质就是通过开放的全球化的通信网络平台,把设备生产线、员工、工厂、仓库、供应商产品和客户紧密连接起来,共享工业生产全流程的各种要素资源,使其数字化、网络化、自动化、智能化,从而实现效率提升和成本降低。在互联网经济时代,工厂除了像以往一样生产产品外,现在也会生产数据。我们知道,消费互联网是各类企业组织与客户的直接连接,仅仅是产业链的一部分被互联网化了,企业与企业之间仍然是一个一个割裂的信息孤岛。产业互联网就是使产供销价值链中的各个企业组织实现数字化、网络化、智能化、自动化,通过企业与消费者相连,并将全价值链透明化、协同化。近年来,随着阿里云、腾讯云等超级平台日益成熟,也出现了微盟、微动天下等应用服务平台,垂直细分领域解决方案的供应则如雨后春笋,由此涌现了越来越多的低成本、快速部署的互联网化解决方案,而且在持续快速迭代之中。

当我们对新型的产业组织范式有了一个全新的认知以后,那么企业如何在互联网时代找到自己恰当的角色与战略定位,就是每一个企业都应该认真思考的问题。

现阶段,很多企业都在积极推进数字化转型战略。在企业实际操作领域,业务领先模型(Business Leadership Model,BLM)被认为完美衔接了战略规划和战略执行。BLM

是 IBM 咨询部门在 2003 年和哈佛商学院共同开发的,后来这个方法成为 IBM 公司在全球范围从公司层面到各个业务部门共同使用的统一的战略规划方法,并开始输出给客户,例如,华为就经常用 BLM 进行战略规划和战略执行。在咨询行业,IBM 的 BLM 模型可以和著名的波士顿矩阵、SWOT 分析以及迈克尔·波特的五力模型相提并论,是将企业战略制定与执行连接的方法与平台。BLM 模型分为四大部分,见图 1-2。模型最上面是领导力,公司的数字化转型,首先需要由企业的领导力来驱动,领导力是根本。最下面是价值观,主要是企业从上到下共同遵守的一些行为准则,这构成了企业文化的重要组成部分,价值观是基础。战略规划与战略执行主要是从市场洞察、战略意图、创新焦点、业务设计、关键任务、正式组织、人才、氛围与文化等八个方面协助管理层进行经常性的战略制定、调整及执行跟踪。BLM 的优点在于其非常全面和系统,把战略的规划和执行完美地结合起来,解决了传统战略咨询中规划和执行脱节的问题,而且 BLM 不仅强调对市场和业务的分析,还特别强调领导者的领导力、价值观和企业文化,这些恰恰是战略能够落地的关键要素,在数字化转型战略落地过程中,BLM 依然适用。

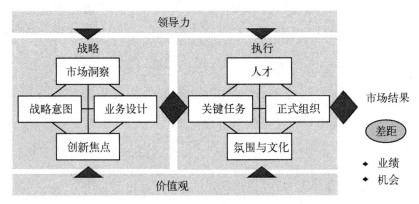

图 1-2 业务领先模型(BLM)

1.3 "互联网+数字化"环境下企业战略的新探索

自 20 世纪 90 年代末互联网蓬勃发展起来,在过去 20 多年中,全球范围内诞生了大量的互联网企业。这些企业与传统企业的本质差别就是将其业务完全或者大部分建立在互联网的基础上。在之后的发展中,一些企业因为互联网泡沫的破裂而倒闭,同时也有一批互联网企业生存下来并不断地发展和壮大,如 Google、阿里巴巴等。近年来,在 5G 通信、人工智能、区块链、大数据、云计算、物联网、3D 打印、虚拟现实技术等数字技术的驱动下,产业发展开始由"互联网+"向"数字+"转变,产业数字化转型日益升温。很显然,数字技术能够改变生产和消费模式,产生新的数字产品和服务,创造顾客价值并累积用户数据,最终催生数字经济(余东华等,2021)。在这样的环境下,传统的竞争战略已经无法全部适用于新兴的互联网企业,同时很多传统企业的竞争战略也需要进一步调整和优化。

可以说,有效的企业竞争战略是互联网企业成功的关键因素之一。企业的战略应该是一整套相互协调的使命和行动,旨在汇聚整合行业资源,获取竞争优势。有效的互联网战略是依靠排列、整合并配置优势的互联网资源的能力所形成的竞争力,并以此成功地应对互联网行业的飞速变化。有效的战略会使互联网公司的战略意图、战略使命以及为实现它们所采取的行动合理化。在这快速变化的互联网世界中,互联网企业如何选择合适的竞争战略以建立公司的核心价值,保持竞争优势,成为关系到互联网企业生存和发展的基础性和关键性问题之一(彭赓等,2010)。

在目前的战略管理理论体系中,哈佛大学商学院的迈克尔·波特在20世纪80年代提出的低成本、差异化和专一化的三大一般性竞争战略无疑最具有影响力。在波特看来,由于这三种战略所适用的环境不同,并且成功地实施它们需要不同的资源和技能,例如,全产业范围的差别化的必要条件是放弃对低成本的努力;而采用专一化战略,则需要在更加有限的范围内建立起差别化或低成本优势,而不可能是全产业。因此,任何一个企业只能选择三大战略的其中之一,并向极致不断努力,徘徊其间必然影响公司的战略地位,并导致企业最终丧失竞争力。那么,这三大战略是否适用于互联网企业?互斥原则是否仍然成立呢?彭赓等(2010)的研究对这些问题进行了探讨,指出了三种战略的局限性。

第一,低成本战略的局限性。低成本意味着在价格相同的情况下有更大的利润空间,或者制定比竞争对手更低的价格来抢夺市场份额。因此,低成本战略最终往往会表现为市场上的低价格。然而,当厂商采用低成本战略时,消费者能直接感受和认知的是低的市场价格,这类市场中消费者只对价格敏感。这种通过降低产品/服务的生产成本达到降低市场价格的战略在互联网企业中应用时,有极大的局限性。原因在于,互联网企业在生产产品/服务方面具有的一般特点是生产的固定成本很高,而生产的边际成本很低,甚至几乎为零。正是因为这样,免费才成为互联网企业最常用的一种策略。例如,Yahoo、Sina、Sohu等信息门户网站上免费发布大量的信息;Google和Baidu搜索引擎也为网民提供免费的信息搜索服务;163、126、Microsoft等公司向网民提供大容量的免费邮箱服务。这种免费策略在互联网企业中非常普遍。免费意味着市场的价格等于零,也意味着低成本策略在某些场合对互联网企业的失效。

第二,差异化战略的局限性。所谓差异化战略就是使企业在行业中别具一格,具有独特性。Google和eBay分别经营搜索引擎和B2C电子商务,从表面上看,两者之间的差异化很明显。根据波特的竞争战略理论,两者不是竞争对手,但实际上两者都在竞争同一个资源——网民的眼球和注意力。在信息爆炸时代,信息不是稀缺的,稀缺的是广大网民,也就是潜在消费者的注意力。注意力具有两个特点,即等量性和排他性。等量性的意思是说,任何网民,无论其职业、性别、民族和收入等方面是否存在差异,其注意力的最高值相等,每天都不会大于24小时;排他性是指在同一时间内任何网民都只能将注意力投向一个特定的目标,这就意味着如果网民把注意力投到某一网站的时间增多时,投入到其他网站的有效时间就只能减少,差异化战略作用下的实体产品商家追求消费者的购买力和满意度,其生产出的实体产品却并不具有等量性和排他性的特点。从这个角度看,网民的注意力成为互联网企业竞争的焦点,这使得类似于信息门户网站和搜索引擎这样表面上已经差异化的互联网企业变成了竞争对手。注意力的总量相等性和排他性就决定了所有互联网企业之间其实是一种竞争关系,差异化战略在此失去了作用。

第三,专一化战略的局限性。专一化战略强调企业应主攻某个特殊的细分市场或某一种特殊的产品。专一化战略实施的前提是企业业务的专一化能以更高的效率、更好的效果为某一狭窄业务范围的战略对象服务,从而在某一方面或某一点上超过那些有较宽业务范围的竞争对手。互联网产品/应用服务与传统的实物产品的典型区别就是,用户很容易在不同产品/应用服务之间转换,其直接的原因就是转换成本很低。低的转换成本与用户广泛的上网兴趣就导致用户经常转换于不同的网站之间。这就使得大量的商务网站扩大自身的业务范围,而不能固守一个领域,其目的就是为了通过组合多种互联网应用,最大限度地满足网民上网的需求,以锁住网民的眼球和注意力。这显然和经典的专一化战略是不同的。

在此基础上,互联网企业以不同于传统行业企业的经营方式满足用户的需求,互联网企业可以使用高匹配战略(企业基于自身的能力,汇聚互联网资源,以最大的可能性为顾客提供多样化的选择和解决方案,并帮助客户进行选择)、原创战略(企业基于自身的能力,通过一整套行动,生产并提供给用户或促进用户发现识别一种用户认为新颖的与众不同的信息和服务)和关系战略(企业基于自身的能力,通过设计一整套行动,提供平台和工具来聚合人与人之间的关系,满足用户沟通协作的需要)等三种竞争战略来满足网民需求和获得竞争优势。不过,这三大战略某种程度上更接近于对互联网企业业务模式的划分,而不是战略本身。

Eonsoo Kim 等(2004)以电子商务企业为例,探讨了波特的三大一般性战略在数字时代的适用性。互联网世界中的电子商务与传统的商务活动有明显的不同,首先,互联网使公司能够克服物理界限和距离,也使它们能够更有效地为更多的受众服务;其次,互联网为企业提供了更详细、更高质量的客户交易信息。营销人员和消费者可以通过网络收集、分析和访问大量丰富的数据。这使得电子商务公司能够面向特定客户有针对性地提供其产品或服务;再者,互联网也为降低运营成本提供了重要的机会,特别是对服务公司而言。Eonsoo Kim 等(2004)给出了四个重要的命题:

命题1:在电子商务市场中,差异化战略比成本领先战略具有更高的绩效。

命题2:在电子商务市场中,成本领先或差异化的一般战略比聚焦战略更可行。

命题3:融合成本领先和差异化要素的综合战略将产生比成本领先或差异化战略更高的绩效。

命题4:在电子商务市场中,企业类型会影响战略与绩效之间的关系,并且线上和线下一体化企业的绩效要优于纯线上的企业。

就三大一般性战略的互斥性而言,其研究表明,成本领先和差异化之间的不兼容可能在更稳定的环境中适用,但快速变化的竞争环境要求更大的灵活性和融合多个一般性战略元素的能力。大规模定制与网络组织的发展使得多种战略的灵活组合成为可能。亚马逊公司就是成本领先和差异化相结合的典型案例。亚马逊公司在品牌、创新和渠道管理方面都取得了成功,在这些方面,它与竞争对手完全不同,该公司通常在它的大部分商品上都制定了较低的价格,同时它也做到了很有创意。亚马逊公司的网站采取简单的五步流程,使消费者的购物体验十分方便。准时交货也是亚马逊公司提供良好购物体验的一个重要方面。

杨少杰(2019)指出,迈克尔·波特的竞争战略更适合于传统企业,这些竞争战略提出时互联网技术尚在探索中,因此集中化、差异化、成本领先等竞争战略更适用于传统企业形态。但是当人类进入新世纪的互联网时代后,互联网技术日益成熟,很多企业进化为现代企业形态,这时就需要重新审视波特的竞争战略。在互联网时代,客户的需求发生变化,而创造作为企业本质特征的属性愈发凸显,迈克尔·波特的竞争战略必将发生演变。

首先,专一化战略演变为平台化战略。专一化战略主要是锁定一些固定的目标客户,满足这部分客户群体的需求。传统的工业生产时代,需求相对集中、稳定,获得客户即获得需求。在企业的客户中起决定性作用的客户占比不过20%。在专一化战略的指导下,企业为了满足大客户的需求,通常会放弃小客户的需求,这就是著名的"二八法则"。到了互联网时代,需求变得分散和多样化,客户与需求分离,"二八法则"被"长尾理论"取代,专一化战略就很难适用。据此,企业应该积极实施平台化战略,把客户都集中到平台上,通过另一种形式为客户创造价值,专一化战略也就演变为平台化战略。由于平台的本质是服务于平台上的价值交换活动,能更好地为平台的用户提供服务,平台人气越旺,平台化战略就越成功。

其次,差异化战略演变为"锚"战略。差异化战略主要是锁定一些有着具体不同需求的目标客户,通过满足这部分具有明显差别的需求而获得竞争优势。采取差异化战略的企业,为了避免和集中化战略趋同,必然走创新之路,因此,创新始终是差异化战略的核心内涵。在作者看来,互联网时代导致人类社会不断"分子化",而物联网时代就是"原子化",个体的独特性逐渐体现出来。实施差异化战略的企业,面对的就是这些独特性越来越明显的个体,要想在这种市场环境中生存下去,必须在这些独特性的需求中寻找具有相同特征的部分。当把共同需求集中在一起的时候,就会形成"锚"。聚集独特的需求,需要拥有独特的创造,这就是"锚"的内涵。"锚"代表着企业价值创造的独特性,独特性越强,则市场竞争力越强,越具有吸引力。实施"锚"战略的唯一途径就是创新,只有不断地创新、持续地创新,才能使"锚"深深地扎在需求当中。创新力强的企业建"大锚",创新力弱的企业建"小锚",总之必须具有创新力,因为创新的本质就是为了与需求保持相同的变化节奏,甚至是超越这种节奏。从差异化战略到"锚"战略,可以被看作是从发现低层次需求到创造高层次需求的过程,"锚"战略仅仅是把趋同的需求集中在一起,还不能完全创造需求,这将是未来的物联网时代、大数据时代、工业 4.0 时代中企业的使命,那时就可以实现在趋同需求的基础上创造新的需求。人类的需求一旦能够被创造,产业价值链就可以延伸至无穷。

再次,成本领先战略演变为价值领先战略。在互联网时代,客户(需求)首先会把成本忽略,把价值放在第一位,坚定不移地采取成本领先战略的企业只有死路一条。因为客户(需求)眼中只有价值,没有成本,客户满意度是衡量价值的唯一标准。一旦客户与企业互相结合,成本中心立刻消失,一起消失的还有利润中心、产品中心等各种中心。如此一来,企业只能采取价值领先战略,通过为客户创造价值而体现自身价值。在互联网时代,由于产品的同质化正在消失,因此价值领先也需要把创新作为核心理念。价值领先战略并不追求价值最大化,只要创造的价值比竞争对手领先就能得以持续发展。价值领先战略被看作是一种妥协战略,当企业既无法建平台,也无法建"锚"时,企业自然不能坐以待毙,只有创造更令客户满意的价值,才能获得竞争优势,这就是价值领先战略的核心思想。

在三种传统竞争战略中,由于竞争的聚焦点不同,从而形成了不同的竞争战略类型。目光集中在客户,则从专一化战略演变到平台化战略;目光集中在需求,则从差异化战略演变到"锚"战略;目光集中在竞争对手,则从成本领先战略演变到价值领先战略。最终,平台化战略、"锚"战略、价值领先战略将是互联网时代的三大竞争战略。如果把传统企业看成金字塔形,互联网时代的企业就必须是链条形态,采取流程型组织结构形式。只有当企业内部形成一个个业务流程链时,才能与整个互联网对接,并且能够编织互联网,市场与企业就是网与链的关系,金字塔最终将被互联网边缘化。只有演变到这种链条组织形态,才能既具有创新能力,又能符合互联网时代特征。

综合来看,互联网颠覆了传统的产业链、价值链。在互联网经济中,由数字化时代的行业规模效应造成的普遍低成本使得成本领先战略的作用在弱化,而专一化战略和差异化战略的重要性应该得到强调。并且,三大一般性战略的互斥性似乎不再成立。成本领先和差异化要素相融合的战略不仅是可行的,而且是电子商务企业追求的最成功的战略。成本领先战略存在许多固有的弊端,而纯差异化战略并没有充分利用互联网实现成本的降低。互联网减少信息不对称和交易成本的能力为"重写"企业战略创造了机会。新技术及互联网经济的发展对企业经营环境的一个重大影响就是竞争环境的动态性大大增强,企业模仿与创新具有更多的可能性,核心能力更容易被迭代超越。

毫无疑问,企业战略的转型与适时调整是必需的,尤其是在数字技术的驱动下。数字化时代的企业不是在一个固定的资源池里进行竞争,数字技术赋予了更多的创新可能性。企业、客户、不同行业的合作伙伴共同组成了一个新的数字生态系统,身处这个生态系统的参与者的目标是获得成长空间,而不是单纯抢占别人的成长空间,因此企业不仅需要具备竞争逻辑,还需要具备共生逻辑。互联网经济时代的特点决定了必须要以共生逻辑为主,企业战略的核心是不局限于资源和行业的边界,强调通过挖掘和满足新的客户需求来获得生存和发展空间。从工业时代向数字时代转变催生了两种不同的企业:一种是处于原来的传统产业的企业,这类企业在数字化时代,需要借助数字化战略实现产业的转型,在原有的实体产业上搭建数字平台;另一种企业则完全是新时代的产物,借助技术而生,以数字平台为基础进行企业业务的扩张。这两种企业都是围绕数字化策略进行业务创新,不同点在于使用数字化策略的目的不同。

对于数字技术企业来说,目前此类企业的发展占据先天优势,发展快速。由于技术是这类企业发展的核心,这类企业从创业入市到完整的发展路径都需要遵循数字化战略。其数字化战略的重点是开创新型的以数字服务为基础的新产品或服务,这类产品或服务往往直接打破了原有的客户行为。其典型领域包括传统搜索、社交、游戏和电子商务。

对于处于原来的传统产业的企业来说,则需要评估企业所在的行业与互联网的匹配度,寻找数字化切入点。一般来说,所在行业和消费者直接产生对接,或者提供服务的企业可以更好地转变成技术+企业,就像传统技术企业主打直接面对消费者的市场一样,这是由互联网行业的特性决定的。这类企业使用数字化战略的重点是将数字化和原有业务进行结合并形成新的业务发展方式,开创新的商业模式。而对于制造业、工程建设类等不以人作为主营对象的行业而言,互联网等数字技术更像是一个工具,数字化战略的目的是借助数字化降本增速,提高生产效率或者企业运营效率,或者收集数据信息辅助决策。

由于数字化的产品和服务可以被快速、免费且完美地进行大规模地复制,容易在行业内形成规模经济,边际成本趋于零,产品价格被压缩。在这种背景下,数字化为客户创造的利益要多于为企业所创造的利益,利润向客户转移,行业的价值由大规模的参与者共享。客户的议价能力因此在数字化时代得到大幅度的提升。企业需要服务好客户、获得客户的认可才能获得必要的生存空间。技术的发展为颠覆性商业模式的形成提供了无限可能,数字化时代资源整合的方式发生了显著变化,企业可以为客户重新定义价值主张,就像电子商务购物平台冲击传统的线下零售商一样,企业需要重点考虑如何通过创新商业模式和挖掘新赛道来获取市场份额。

和有清晰行业和资源边界的传统行业相比,在数字化时代,人、产品和行业之间的连通性被打开,人和人之间、人和产品之间、产品和产品之间的交互方式发生了改变,资源和行业的边界的约束条件发生了改变。需要指出的是,在谈到数字化转型的时候,"数字化"不是关键,"转型"才是核心问题。技术不会为商业提供价值,从来就不会(除了产品内包含的技术)。相反,技术的价值来源于与众不同的商业模式,因为技术让这种新模式得以实现。例如,电子商务并非关于互联网——它其实是销售方式的不同;物联网也不是关于无线射频识别(RFID)标签——它其实是完全同步运营和改变商业模式。在数字化的世界中,把战略重点放在数字化上传递了一个错误的信息。过于强调数字化,会让企业把业务重点放在那些无法体现数字化转型真正价值的方面。企业不需要数字化战略,企业需要的是一个更出色的战略或新的商业模式,只不过这个战略或商业模式将通过数字化来实现。

在数字化时代,波特的价值链战略依然是一个很好的可用于评估企业内部资源的分析框架。但是除了传统的应用，企业还需要考虑数字环境给企业资源带来的改变，不能局限于原有的资源和价值链传递方式，而需要重新定义价值链，因为数字化往往会破坏传统的价值链。企业需要思考哪些战略环节可以被移除，或者通过数字化进行替换，达到降本增效，同时增加客户利益的目的。企业还需要考虑新的价值传递方式，如信息或者社交媒体、物联网的可介入性。在数字技术的驱动下，重构企业的价值链，推动价值链的转型整合和跃迁，通过产业链、创新链等多链融合的方式，促进价值链增值。

1.4 互联网平台企业的竞争战略与反垄断

互联网平台企业在互联网经济中处于核心主导地位。互联网时代平台企业的竞争优势不是来自规模经济和范围经济，而是来自双边市场结构。平台企业按照半市场化方式（如会员制）将供给方和需求方的要素缔结在一起，形成双边市场结构。除价格竞争以外，互联网平台企业目前主要使用的竞争战略有四种（丁宏等，2014）。

第一，差异化策略。在传统市场中，实施规模化战略是增强企业竞争能力并保持市场势力的重要途径；但在用户需求高度相互依赖的双边市场上，试图通过市场统治地位向某一边用户取得超额利润的做法可行性不大。在这种情况下，为客户提供高质量差异化的产品或服务是平台得以可持续发展的关键。

第二，转移成本策略。在双边市场上当新平台建立时，首先面临的就是打造用户基础的问题；当平台建立起来后，平台企业考虑的往往是如何提高消费者的转换成本以增强客户黏性，锁定消费者，从而获取高额利润。转移成本是用户从一个系统转换到另一个系统所必须支付的成本。转移成本包括违约成本、学习成本、资产重置成本、搜索成本等。对于消费者来说，他们一旦适应并习惯了某个平台，就不会轻易转向另一个平台。转移成本对平台企业的定价和利润水平都会产生影响。

第三，排他性策略。平台企业可以通过排他性规则驱逐竞争对手，从而实现其在双边市场中的垄断地位。用户在通过平台进行交易时，必须在一个平台上进行交易，不得选择其他平台进行交易。平台还往往与一方用户签订排他性协议，阻止该方用户选择其他平台与另外一方的用户进行交易。在市场竞争的环境中，平台存在着对两边用户进行排他限制的内在激励，只是对于买方用户进行排他限制的难度比较大，因此平台往往对于卖方进行排他限制。目前，具有明显排除和限制竞争的排他性策略已经受到反垄断监管机构的重点关注，是反垄断执法的重点领域。

第四，交叉补贴策略。双边市场中平台企业对双边市场中的某一边用户提供补贴的情形相当普遍。在一定条件下，平台企业可能在一个市场上以低于边际成本来定价，即对一边用户免费甚至补贴，以吸引用户在平台的启动阶段成为会员，而当该边用户量达到使另一边用户愿意付费购买平台服务时，即可通过平台另一边用户实现盈利。平台在受补贴方每增加一个用户时意味着收益损失,但随之带来的另一边市场的盈利能力则会超过补贴损失。

案例 1-1

京东起诉天猫:电商"二选一"的纷争

2020 年 11 月 10 日,国家市场监督管理总局公布的《关于平台经济领域的反垄断指南》(征求意见稿),矛头直指时下互联网平台经济领域愈演愈烈的垄断行为,明确列举"二选一"或者具有相同效果的行为以及独家交易有极大可能构成限定交易。所谓的"二选一",即电商平台要求商家在入驻的平台中做出抉择,只能选择一个平台交易。天猫商城和京东商城是我国目前规模最大的两家电商平台。2017 年 11 月 28 日,京东向北京高级人民法院针对天猫、阿里巴巴提起滥用市场支配地位的诉讼,京东主张阿里滥用了在中国大陆 B2C 网上零售平台市场的支配地位,其实施的"二选一"构成滥用市场支配地位项下的限定交易行为,严重损害了正常的竞争秩序。京东起诉称,自 2013 年以来,天猫不断以"签订独家协议""独家合作"等方式,要求在天猫商城开设店铺的服饰、家居等众多品牌商家不得在原告运营的京东商城参加"618""双 11"等促销活动、不得在京东商城开设店铺进行经营,甚至只能在天猫商城一个平台开设店铺进行经营。事实上,京东和天猫的纷争由来已久,早在 2015 年的"双 11"大促销活动期间,京东就曾经举报过天猫平台要求商家进行"二选一"。2015 年 5 月,天猫商城推出了"天猫战略伙伴"项目,在谋求与线下知名品牌深度合作的同时要求后者签署排他性协议。到 2015 年 8 月,已陆续有超过 160 家服饰品牌参与了该项目,并有 20 多家品牌与天猫达成了独家合作。这引起了京东的激烈反应。随着电商行业的竞争愈发激烈,这个矛盾在 2017 年集中爆发了出来。

之所以出现"二选一",归根结底是市场份额在作祟。天猫有先入为主的优势,市场份额一直比京东大,只不过两家平台的模式定位不同罢了。如果是商家,自然会先选择拥有客流量多的平台,京东自然就落了下风。加上在大促期间各个平台对不同商家的扶持力度不同,天猫的吸引力要强过京东。从商家的角度来看,选择京东或天猫的任何一家都不能保证绝对的盈利,或者说能在两个平台当中都赚钱最好。这样的想法对于天猫和京东来说都是不想看到的,毕竟活动力度是需要巨大成本来支撑的,所以这才有了"二选一"的背景故事。

众所周知,天猫和京东在线上零售业一直占据巨大市场份额。天猫在 2019 年以 26 120 亿元的销售规模达到全国第一,占比 30.35%。其次是京东,实现了 20 854 亿元的销售规模,占比 24.23%;再者是拼多多,实现了 10 066 亿元的销售规模,占比

11.70%。天猫隶属于阿里巴巴旗下,优势在于其平台基因,其整合数千家品牌商、生产商,为商家和消费者提供一站式解决方案,数以万计的卖家在其中开店,不管是进货还是物流、售后,都是卖家自己解决,天猫只负责宣传。京东的业务模式以自营为主,进货、仓储、售后都是自己负责,甚至后期京东还专门配备了京东物流,在全国建立了六大物流中心,同时在全国超过 300 座城市建立核心城市配送站,良好的物流服务为京东带来了更好的购物体验,但同时也导致了更高的成本。

阿里方面则表示,"二选一"本来就是正常的市场行为,是良币驱逐劣币的结果,平台为组织大促活动必须投入大量资源和成本,也就有充分的理由要求商家品牌在货品、价格等方面具有对等力度,以充分保障消费者利益。有观点认为,平台在"双 11"这样的大促活动期间实施"二选一"实际上是一份长期交易过程中的补充契约,且签约过程不存在强制性。至于签订"二选一"这样一份补充契约的原因,主要是因为"双 11"这样的大促活动,平台资源是极其有限的。平台如何才能对有限的资源进行分配呢?只能通过补充契约让价格机制更好地发挥作用,以此使平台稀缺资源得到最有效的配置①。

另外,也有专家明确指出,"二选一"是否违法,除了考察签约双方本身是否自愿和存在强迫行为外,还要重点考察对消费者即用户的福利影响。消费者的选择权的确会受到影响,但准确估计消费者福利的损失仍然是十分困难的事情。如果大促期间的"二选一"尚能找到正当的理由,那么非促销期间的"二选一"就难以立足了。有的学者认为,考虑到对手的策略性行为,电商平台没有动机实施排他性行为;有的学者则认为,为了抢夺用户资源,电商平台有动机实施排他性行为。

京东起诉天猫,可以说是电商行业第一起因为"二选一"而引发的诉讼案,对整个行业都有特殊的意义。最终司法如何界定互联网电商平台之间的竞争行为将对电商行业的持续良性竞争发展具有至关重要的影响。最新的消息是,2021 年 4 月 10 日,市场监管总局对于阿里巴巴在中国境内网络零售平台服务市场实施"二选一"垄断行为做出行政处罚,责令阿里巴巴集团停止违法行为,并处以其 2019 年中国境内销售额(4 557.12 亿元)4%的罚款,计 182.28 亿元。此次判罚将会对国内互联网生态的繁荣产生深远影响,互联网巨头公司将再不能凭借优势市场地位肆意挤压中小公司的生存空间,以往那种"大树底下,寸草不生"的恶劣互联网生态将会得到逐步改善,大家将更多地将精力放在创新产品、改善服务方面,最终得益的是广大消费者。近期受到广泛关注的还有美团外卖因为两次"二选一"被处罚。未来,维持互联网经济领域的良性竞争依然任重道远。

---

① https://news.sina.com.cn/o/2019-10-21/doc-iicezzrr3823421.shtml。

平台经济发展壮大后可能导致的垄断问题是当前监管机构重点关注的问题。近期随着外卖平台话语权增大，外卖平台收费不断上涨，多家餐厅开始实行线上和线下两套价格体系，其中，部分餐厅为外卖推出了定制产品，而店里没有类似产品；也有部分餐厅外卖菜品的计费方式与店内不同，如店内是按照重量，以斤、两计费，而外卖则以个、份计费；但更多的被访餐厅出现的则是同样的菜品，外卖平台的价格更高。毫无疑问，互联网经济并非法外之地，互联网行业需要反垄断执法。当腾讯投资的京东、拼多多抱怨阿里巴巴通过与商户达成排他性协议排挤竞争时，阿里巴巴和其投资的网易云音乐也因为腾讯音乐与唱片公司签订了海量的音乐版权独家授权协议而受到严重影响。而当滴滴2018年试图进入无锡外卖市场时，阿里巴巴收购的饿了么和腾讯投资的美团大众点评又不惜可能因违法被无锡市场监督管理局约谈，也要与滴滴合作的商户解约，通过"杀鸡儆猴"来维护各自与外卖商户的排他性合作。由此可见，一方面，在自己不占优势的市场上，互联网企业希望反垄断执法者能查处竞争对手排挤竞争的措施；另一方面，在这些企业自己主导的市场上，它们又不想放弃有利于自身的排他性协议①。

不仅仅是在中国，互联网反垄断监管的浪潮也出现在欧美等国家和司法辖区。2019年2月，德国联邦卡特尔局以脸书公司滥用其在在线社交市场上的支配地位侵害用户数据隐私为由，课以反垄断处罚，由此拉开了对互联网超级平台反垄断调查和处罚的大幕。2020年10月，美国司法部对谷歌公司发起20年来最大规模的反垄断诉讼。2020年11月，欧盟认定亚马逊公司涉嫌滥用垄断地位"自我优待"。2020年12月，美国联邦贸易委员会和多个州检察院向脸书公司提起反垄断诉讼，指控脸书公司滥用其在社交网络领域的优势，以压制较小的竞争对手。自2017年至2020年底，GAFA(谷歌、苹果、脸书、亚马逊)在全球17个国家和地区遭遇了超80起反垄断调查及纠纷，对于巨头的控诉不外乎两点：滥用支配地位制定行业规则、利用算法数据优势压制第三方，以及恶意收购阻碍市场竞争。2021年7月9日，美国总统拜登签署了一项促进美国各行业竞争的行政命令，矛头直指大型科技公司的垄断行为，并承诺加强对科技业交易与海量个人数据收集的审查。由此产生的疑问是，为什么在平台经济蓬勃发展的背景下，各国会掀起反垄断监管的浪潮呢？这与互联网市场中网络效应所导致的天然垄断倾向密切相关。

陈兵(2021)指出，互联网市场在网络效应的作用下，往往具有"天然"的垄断倾向——大型平台企业能够凭借用户、技术以及数据等方面的优势，在网络效应的影响下形成自我强化的"反馈循环"，致使资本、流量、数据等资源不断向大型平台集中，而由此产生的巨大竞争优势能够使其获取并维持垄断地位。当然，动态竞争也是互联网市场的主要特性，在创造性破坏理论下，竞争者能够通过创新颠覆垄断者，使得市场中的垄断往往是短暂的。然而，现行反垄断法在互联网新商业模式和特性下存在适用乏力的问题。并且，大型平台企业的崛起往往是基于技术创新或商业模式创新的推动形成，从监管的角度看，考虑到初

---

① https://www.cnbeta.com/articles/tech/902233.htm.

期对大型平台企业的限制可能会打击创新,这种顾虑的存在使得互联网平台企业有了快速成长的空间,加上互联网经济发展初期,监管机构由于缺少经验未能及时有效地识别和干预扭曲市场竞争的各类新型垄断行为,往往对平台企业持宽松的监管态度,致使一些具有垄断地位的平台企业实施的反竞争行为未得到有效的监管与规制,潜在竞争者的进入威胁往往不能发挥其应有的积极竞争效果。

平台企业在缺少有效监管的环境下野蛮生长,反垄断工作的形势也就越来越严峻。尤其是近年来随着平台已遍及人们生活的方方面面,逐渐形成庞大的平台生态系统,平台巨头滥用垄断地位的行为日渐增多,出现了自我优待、强制"二选一"、扼杀式收购等一系列行为,严重破坏了市场竞争秩序,并对消费者利益构成实质威胁。也正是在这种严峻形势下,加强互联网领域的反垄断监管成为一种现实需求。当然,互联网反垄断监管对于我国的意义远不止于此。在新发展阶段,若要深化供给侧结构性改革,充分发挥我国超大规模市场优势和内需潜力,构建国内国际双循环相互促进的新发展格局,必须通过加强反垄断监管,消除垄断行为对市场竞争的威胁,才能有效发挥市场在资源配置中的决定性作用。

2021年2月,国家市场监督管理总局发布《关于平台经济领域的反垄断指南》(征求意见稿),该指南首先确认了很多平台经济领域的基础性概念,包括平台、平台经济、平台经营者等,以及相关市场的具体参考因素,奠定了法律视角下平台经济领域竞争评估的基本概念框架。对垄断的判定首先需要对相关市场进行界定。该指南明确规定,在特定个案中,如果直接事实证据充分,只有依据市场支配地位才能实施的行为持续了相当长时间且损害效果明显,准确界定相关市场条件不足或非常困难,可以不界定相关市场,直接认定平台经济领域经营者实施了垄断行为。有专家表示,这实际上突破了传统滥用市场支配地位案件中的"相关市场界定——市场支配地位认定——滥用行为的认定"的模式,以解决互联网行业中明显的滥用行为很难依据传统认定模式予以查处的问题。对于"大数据杀熟""搭售""二选一"等具有市场支配地位的经营者从事滥用市场支配地位的行为,该指南也做出了详细规制,在后续相关章节中我们还会进一步讨论此类问题。

值得关注的是,除平台经济领域,汽车与原料药行业此前也出台了专门的反垄断指南,并成为执法部门重点关注对象。2019年6月,国家市场监督管理总局对长安福特公司实施纵向垄断协议,依法处罚约1.6亿元。近期,监管部门还陆续公布了《经营者集中审查暂行规定》《规范促销行为暂行规定》《关于加强网络直播营销活动监管的指导意见》,旨在规范线上经济的发展。2020年11月6日,国家市场监督管理总局、中央网信办、税务总局三部门联合召开规范线上经济秩序行政指导会,京东、美团、阿里巴巴、字节跳动、滴滴、快手、拼多多等20多家主要互联网平台企业代表参会。该会议亦明确要求互联网平台企业依法合规经营,强化自我约束。

互联网平台领域从早期的横向规模扩张正走向产业链纵深化发展,从奇虎公司与腾讯公司垄断纠纷上诉案中最高院认为动态效应明显的即时通信市场,难以认定支配地位,到阿里巴巴处罚案中,国家市场监督管理总局认定阿里巴巴集团在中国境内网络零售平台市场具有市场支配地位,我国执法和司法实践在不断摸索和掌握平台经济规律,与此同时,一套与时俱进的竞争监管体系和规则也逐渐清晰。在这一背景之下,今后互联网平台领域的反垄断执法和司法实践可能会更加活跃,作为互联网平台企业,尤其是在相关市场具有一定规模和市场力量的互联网平台企业,更应当重视反垄断合规管理,在早期阶段准确评估自身的市场力量,能有效识别和降低商业模式中存在的垄断风险,也能够及早识别竞争对手的相关竞争行为是否涉嫌垄断,将反垄断合规作为有效参与市场竞争的优势和武器,共同创建健康良好的营商氛围。很显然,在当下的市场和行业竞争环境下,垄断之路已然行不通,所以打造良好竞争生态,共生共赢才是长久发展的必然趋势。

一次反垄断,就带来了一次行业的技术革新,甚至将世界带入第三次工业革命。1984年,AT&T反垄断案落下帷幕,贝尔实验室对外免费开放晶体管专利,由此推动了人类进入半导体时代。IBM因此崛起,成为半导体时代的巨头,但也因涉嫌垄断选择放弃向用户捆绑式销售软件和服务,从而促使英特尔、微软、惠普等公司成为时代的弄潮儿。而在之后微软反垄断案中,微软为避免拆分的命运,接受了政府的要求,禁止利用系统做出搭售行为,并确保系统对非 Windows 软件的兼容,微软的软硬件生态闭环之路中断,谷歌、苹果等公司乘机起势。回顾以往的反垄断案例,能够看到的是,比起垄断本身,垄断带来的影响,是否妨碍社会创新,才是更核心的问题①。

就如何加强对互联网平台经济的监管,陈兵(2021)也指出,"在当前互联网反垄断监管的热潮中,不仅需要强调加强互联网领域监管的必要性,同时也应对互联网平台企业行为的监管与规制保持冷静思考,以避免从宽松监管走向另一个极端,出现'一管就死',过度干预市场的'硬监管'局面"。在逐步完善适应互联网平台的反垄断法规的基础上,对尚未明晰竞争效果的新行为、新应用、新模式应保持包容审慎的态度,避免"一刀切"和过度监管,通过强调强监管与促发展并重,做好反垄断与创新保护之间的平衡。

阅读资料1-1

国家市场监督管理总局发布2019年反垄断执法十大典型案例②

国家市场监督管理总局坚持以习近平新时代中国特色社会主义思想为指导,不断加强反垄断执法,保护市场公平竞争,维护消费者利益。现发布2019年反垄断执法十大典型案例。

1. 长安福特汽车有限公司垄断协议案

2017年12月,国家反垄断执法机构依法开展反垄断调查。经调查,2013—2017年,长安福特汽车有限公司在重庆地区销售"福特"牌汽车时,通过制定并下发《价格表》、要求经销商签订《价格规范自律

---

① https://www.163.com/dy/article/GGKN9IK205118I96.html.
② 资料来源:人民网,2020年12月26日。

协议》、制定车展期间价格政策以及限制经销商网络最低报价等方式,与经销商达成了限定向第三人转售整车最低价格的垄断协议。在长安福特汽车有限公司的价格控制下,下游经销商基本按照其限定的整车最低转售价格对外销售。长安福特汽车有限公司为加强对下游经销商的控制,聘请了第三方公司对经销商的报价和实际零售价格进行监控,并对不按最低价格政策销售汽车的经销商,通过扣除保证金、暂停供货等措施进行处罚。

长安福特汽车有限公司限定经销商整车最低转售价格的行为违反了反垄断法。2019年6月,市场监管总局依法责令长安福特汽车有限公司停止违法行为,并处以罚款1.628亿元。

2. 延安市10家混凝土企业垄断协议案

2018年8月,陕西省反垄断执法机构依法开展反垄断调查。经调查,2018年7月,延安市10家混凝土生产企业以原材料价格上涨为由,在延安市某酒店商议联合上调混凝土销售价格,经商议决定不同标号的混凝土每立方米价格均上调60元。商议最终形成《关于调整混凝土价格的联合声明》并陆续盖章。随后,10家混凝土企业将此联合声明和统一涨价情况告知各自下游建筑企业,与各自下游建筑企业签订调整价格的补充协议并执行新的价格(或直接执行新的价格),对部分不接受涨价的用户停止供货。截至执法机关启动调查,混凝土企业陆续停止联合涨价行为,实施垄断协议时间约为1个月。

延安市10家混凝土生产企业有关经营行为,违反了反垄断法。2019年8月,陕西省反垄断执法机构依法责令延安市10家混凝土企业停止违法行为,并处以罚款4 922 907.73元。

3. 丰田汽车(中国)投资有限公司垄断协议案

2017年12月,江苏省反垄断执法机构依法开展反垄断调查。经调查,2015年6月至2018年2月,丰田汽车(中国)投资有限公司通过召开经销商会议、巡店、微信通知等方式,要求江苏省内经销商在互联网平台销售雷克萨斯品牌汽车时,统一按照各车型建议零售价进行报价,经销商不得擅自降低网络报价。2016年至2018年3月,通过召开地区协力会、微信通知等方式限制经销商销售雷克萨斯重点车型最低转售价格。丰田汽车(中国)投资有限公司通过多项管理措施实施了上述价格控制。

丰田汽车(中国)投资有限公司统一经销商网络报价、限定经销商转售商品最低价格的行为,违反了反垄断法。2019年12月,江苏省反垄断执法机构依法责令丰田汽车(中国)投资有限公司停止违法行为,并处以罚款87 613 059.48元。

4. 伊士曼(中国)投资管理有限公司滥用市场支配地位案

2017年8月,上海市反垄断执法机构依法开展反垄断调查。经调查,2013—2015年,伊士曼(中国)投资管理有限公司滥用其在中国大陆醇酯十二成膜助剂市场的市场支配地位,与国内相关涂料客户签订并实施了具有限定交易效果的"照付不议协议"及"最惠国待遇协议"。伊士曼公司在相关市场内实施的排他性协议促使交易相对方向当事人及其关联公司购买大部分甚至全部醇酯十二成膜助剂,限制了交易相对方与其他竞争对手的交易,使得其他竞争对手和潜在经营者无法通过正常竞争进入被封锁市场,从而削弱醇酯十二成膜助剂相关市场的竞争水平,产生了明显的反竞争效果。

伊士曼(中国)投资管理有限公司在相关市场内实施具有限定交易效果的排他性协议的行为,违反了反垄断法。2019年4月,上海市反垄断执法机构依法责令伊士曼(中国)投资管理有限公司停止违法行为,并处以罚款24 378 711.35元。

5. 天津市自来水集团有限公司滥用市场支配地位案

2017年11月,天津市反垄断执法机构依法开展反垄断调查。经调查,2014—2017年,天津市自来水集团有限公司利用其供水范围内的市场支配地位,通过发布文件、要求房地产开发企业签订保证书等方式,对申请新装自来水业务的房地产开发企业附加在二次供水设施建设中须使用天津市华澄供水工程技术有限公司的智能变频控制柜和远程监控子站的不合理条件。

天津市自来水集团有限公司有关经营行为,违反了反垄断法。2019 年 5 月,天津市反垄断执法机构依法责令天津市自来水集团有限公司停止违法行为,并处以罚款 7 438 622.77 元。

6. 高意股份有限公司收购菲尼萨股份有限公司股权案

2019 年 2 月,国家市场监督管理总局依法进行立案审查。经审查,该案涉及光通信器件市场,包括波长选择开关、光收发模块等 11 个相关商品市场,相关地域市场界定为全球,同时考察中国市场。审查认为,本项集中消除了双方在波长选择开关市场的紧密竞争关系,大幅提高市场的集中度,增强双方的市场控制力,并增加该市场企业间相互协调的可能性,且市场进入壁垒高,短期内难以出现新进入者,交易可能对该市场竞争产生不利影响。

2019 年 9 月,国家市场监督管理总局附条件批准本项集中:一是高意与菲尼萨保持波长选择开关业务相互独立,确保相互之间继续开展市场竞争;二是高意与菲尼萨继续以公平合理的条款供应波长选择开关。

7. 浙江花园生物高科股份有限公司与皇家帝斯曼有限公司新设合营企业案

2018 年 5 月,国家市场监督管理总局依法进行立案审查。经审查,该案相关商品市场为兽用和人用维生素 D3 市场及 NF 级羊毛脂胆固醇市场。审查认为,集中双方既是维生素 D3 市场的竞争者,又存在纵向业务关系,且相关市场较为集中、双方市场份额较高。双方新设一家合营企业从事中间产品 7—脱氢胆固醇(以下简称 DHC)生产,既打通了上下游产业链,可能导致原材料和客户封锁,又统一了维生素 D3 核心原材料成本,并可能利用合营企业交流竞争性敏感信息,从而消除双方在维生素 D3 市场的竞争,提高市场集中度和双方市场控制力,增强竞争者协调价格的动机和能力。集中对全球和中国兽用维生素 D3、人用维生素 D3 及 NF 级羊毛脂胆固醇市场,可能具有排除、限制竞争效果。

2019 年 10 月,国家市场监督管理总局附条件批准本项集中:一是确保浙江花园生物高科股份有限公司与皇家帝斯曼有限公司除合营企业从事的 DHC 生产业务外的维生素 D3 相关业务完全相互独立,保持双方之间的独立竞争;二是确保合营企业独立运营,避免双方以合营企业为平台交流竞争性敏感信息。此外,决定还对合营企业业务范围、双方不得对外公布价格信息等作了要求。

8. 诺贝丽斯公司收购爱励公司股权案

2018 年 9 月,国家市场监督管理总局依法进行立案审查。经审查,该案相关市场为中国汽车车身铝薄板外板市场、中国汽车车身铝薄板内板市场。审查认为,本项集中进一步提升了相关市场的市场集中度,增强了集中后实体在相关市场的控制力;将消除相关市场中的重要竞争约束,进一步加强集中后实体单方面排除、限制竞争的可能性;将进一步减少下游汽车企业的选择范围,增加采购风险;加强了集中后实体与竞争者共同排除、限制竞争的可能性;相关市场进入困难,集中将进一步提高相关市场的进入壁垒。

2019 年 12 月,国家市场监督管理总局附条件批准本项集中:一是剥离爱励公司在欧洲经济区内全部的汽车车身铝薄板内板和外板业务,剥离内容包括相关设施、人员、知识产权和其他有形及无形资产;二是在中国,集中后实体 10 年内不得向任何在汽车车身铝薄板市场开展业务的竞争者供应冷轧板。

9. 浙江省气象局滥用行政权力排除、限制竞争案

2019 年 3 月,浙江省反垄断执法机构依法开展反垄断调查。经调查,浙江省气象局在防雷装置检测资质审批中,存在对民营防雷检测机构和气象部门所属的国有防雷检测企业实施差别化待遇,设置不平等市场准入条件的行为。2016 年 11 月 7 日浙江省气象局向中国气象局报送的《浙江省气象局深化防雷

减灾体制改革方案》(浙气发[2016]76号)及具体执行中,浙江省气象局对不符合甲级资质条件的省气象局和11个市气象局所属的防雷装置检测企业给予甲级资质许可,对民营的防雷装置检测企业则严格按照《雷电防护装置检测资质管理办法》规定审批检测资质。

浙江省气象局实施的上述行为违反了反垄断法。调查期间,浙江省气象局于2019年6月14日、8月2日两次向浙江省反垄断执法机构报送整改情况,目前已完成整改。

10. 哈尔滨市交通运输局滥用行政权力排除、限制竞争案

2019年8月,黑龙江省反垄断执法机构依法开展反垄断调查。经调查,2018年2月11日,哈尔滨市交通运输局发布《关于公布首批哈尔滨市网络预约出租汽车车载卫星定位装置专用设备厂家和型号的通知》,规定深圳锐明技术股份有限公司生产的C6D型和河南速恒物联网科技有限公司生产的SH—VST601型车载卫星定位装置为哈尔滨市网约车车载卫星定位装置的指定厂家及型号。哈尔滨市4 500余台网约车安装了该两种型号定位装置。

哈尔滨市交通运输局指定网约车车载设备厂家和型号的行为违反了反垄断法。调查期间,哈尔滨市交通运输局主动废止《关于公布首批哈尔滨市网络预约出租汽车车载卫星定位装置专用设备厂家和型号的通知》,并予以公示。

思考题

1. 如何认识企业战略?为什么要从经济学的角度研究企业战略?
2. 在"互联网+数字化"的场景下,波特的三大一般性战略存在哪些局限性?
3. 互联网平台企业反垄断的重要意义有哪些?

参考文献

[1] 马浩.战略管理学精要[M].北京大学出版社,2008.

[2] 戴维·贝赞可等.战略经济学(第5版)[M].侯锦慎等译.中国人民大学出版社,2015.

[3] 邹昭晞.公司战略经济学[M].首都经济贸易大学出版社,2006.

[4] 迈克尔·波特.竞争战略[M].陈丽芳译.中信出版社,2014.

[5] 陈雪频.一本书读懂数字化转型[M].机械工业出版社,2021.

[6] 余东华,李云汉.数字经济时代的产业组织创新——以数字技术驱动的产业链群生态体系为例[J].改革,2021(7).

[7] 彭赓,龙海泉,吕本富.互联网企业的竞争战略[J].管理学家(学术版),2010(2).

[8] Eonsoo Kim, Dae-Il Nam and J. L. Stimpert. The Applicability of Porter's Generic Strategies in the Digital Age: Assumptions, Conjectures, and Suggestions [J]. *Journal of Management*, 2004, 30(5).

[9] 杨少杰.进化:组织形态管理[M].中国法制出版社,2019.

[10] 丁宏、梁洪基.互联网平台企业的竞争发展战略——基于双边市场理论[J].世界经济与政治论坛,2014(4).

[11] 陈兵.互联网平台经济应实现"强监管"与"促发展"并重[J].国家治理,2021(3).

2 规模经济与范围经济

在商务企业战略中,范围经济和规模经济是最基本的概念,也是决定市场结构和市场进入的关键要素。通过规模经济,商务企业可以增加产品生产数量以获得竞争优势,以低于竞争对手的成本进行生产经营活动。通过范围经济,商务企业可以增加产品种类来获得竞争优势,以多样化生产赢得市场份额。

规模经济和范围经济还会影响企业内部的组织结构。企业规模是否越大越好呢?为了弄清楚这个问题,本章将介绍以下内容:一是规模经济的定义;二是范围经济的定义;三是产生规模经济与范围经济的成因;四是规模不经济的原因;五是学习曲线。

2.1 规模经济的定义和来源

2.1.1 规模经济的定义

在某项产品或服务的生产过程中,如果在某个产量范围内,平均成本随着产量的增加而递减,那么可以认为在这个产量范围内存在规模经济。

规模经济的实现与追加投资扩大生产有关。当追加投资扩大生产时,产出增加的比例大于投入增加的比例,称为规模报酬递增,此时存在规模经济;当产出增加的比例低于投入增加的比例,称为规模报酬递减,此时存在规模不经济;当产出增加的比例等于投入增加的比例,称为规模报酬不变。

规模经济通常以成本—产出弹性 E_C 来计量。

成本弹性是指在技术水平和价格不变的条件下,总产量沿扩张线的相对变动所引起的成本的相对变动。可以用如下公式表示:

$$E_C = \frac{dTC/TC}{dq/q} = \frac{dTC/dq}{TC/q} = \frac{MC}{AC}$$

其中,E_C 表示成本的产出弹性,第一个等号后分母表示产量变化百分比,分子是总成本 C 变化的百分比,这个公式简单变化一下,可以写成边际成本 MC 除以平均成本 AC。

成本—产出弹性 $E_C < 1$ 表示规模经济,此时企业成本增加率低于产出增加率。

成本—产出弹性 $E_C > 1$ 表示规模不经济,此时企业成本增加率高于产出增加率。

成本—产出弹性 $E_C = 1$ 表示规模收益不变。

一般以边际成本和平均成本的关系来区别规模经济和规模不经济。

图 2-1 显示的是长期平均成本曲线与规模经济的关系,Q_1 点所在规模称为"最小最佳规模",Q_2 点所在的规模称为"最大最佳规模",Q_1、Q_2 之间称为"最佳规模区间",企业规模处于该区间内的任何一点都是适度的。超过 Q_2 点的范围即为规模不经济。

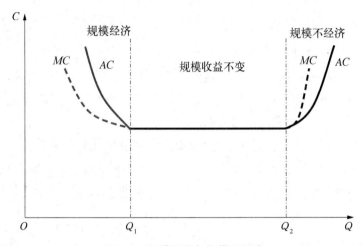

图 2-1 规模经济与规模不经济

依照规模经济的来源范围,可将规模经济分为产品规模经济、工厂规模经济和企业规模经济三个层次。产品规模经济是指在单一产品的生产过程中,随着生产规模的扩大而发生的单位产品生产成本降低,其主要来源于产品生产专业化的经济性;工厂规模经济是指工厂通过生产能力的改变,扩大生产规模,从而带来收益递增的现象,工厂规模经济主要来源于关键设备和关键生产线的规模使用而带来的经济效益;企业规模经济是指若干个生产同类产品的工厂或处于生产流程不同层次的若干工厂,通过横向合并或纵向合并成一个企业,从而产生的规模经济效益。这三个层次的规模经济存在从属关系,产品规模经济是"细胞",企业规模经济包含了工厂规模经济。

2.1.2 规模经济的成因

1. 生产过程中的规模经济

规模经济主要在生产过程中产生,除此之外,在购买中、广告中和研发中同样会产生规模经济和范围经济。其中,在生产过程中,产生规模经济和范围经济的成因主要包括四个方面。

(1) 固定成本的不可分割性和分摊,即这些固定投入能支持任何规模的产量。不可分割性则意味着即使产量非常低,投入的成本也无法减少到某个最小规模以下。分摊性则是指当产量较大时,固定成本将由更多单位的产品来分担,所以平均固定成本降低。若平均可变成本不随产量的扩大而显著增加,那么平均成本将不断下降。从单一企业角度看,资本密集型企业(固定资本成本在总成本中占的比重较大)的产品生产,规模经济更显著;而劳动密集型产品的生产,规模经济则不太可能显著。

(2) 与生产的专业化有关。市场规模会影响企业的专业化分工。只有某一细分市场足够大时,企业才会进入这一专业领域,专业化程度提高,从而形成显著的规模经济。例如,随着工厂规模的扩大,产品生产总量的增大,劳动者能够从事更加专业化的劳动。专业化分工使得劳动者能够从事更细小领域的工作,这便于劳动者熟练掌握工作技能,也避免了劳动者从一个工作向另一种工作转换而带来的时间损失和学习成本,进而提高了生产效率。早在1776年,亚当·斯密在《国富论》中以扣针制造业通过劳动专业化分工来提高生产效率为例进行了阐述。

(3) 与存货成本的分摊有关。企业必须要保证稳定的供货,就需要有存货,但存货会提高销售商品的平均成本。

例如,假设两家规模相同的医院都储备有血液代用品,其保质期为一个月。预计每个医院每个月会使用20升血液代用品。但是为了将缺货率保持在5%以内,每个医院都储备了50升血液代用品。如果每升血液代用品的成本为100美元,那么每个医院实际使用的每升血液代用品的期望平均成本就是250美元。

假设两家医院共享存货(如果它们合并的话就可以实现),当其中一家缺货时,就可以从另一家获得血液代用品。这就意味着,如果两家医院都保持当前50升的存货,它们的缺货率将远远低于5%。因此,它们可以以较低的存货从而也就是较低的存货持有成本来保持理想的5%的缺货率。在此情况下,合并后每家储备35升血液代用品即可保持5%的缺货率,那么成本可以从250美元降到175美元。

(4) 立方—平方法则和生产的物理性质。例如,天然气厂商通过管道来运送天然气。管道的输送能力取决于管道交叉处的面积,此面积随横截面半径平方的增加而增加。然而,建造管道所需的材料取决于管道的周长,而周长是随横截面半径的增加而增加的。因此,管道的输送能力每增加10%,所需材料的增加量少于10%。这样,平均可变成本随规模的扩大而减少。

2. 生产过程之外的规模经济和范围经济

上面我们主要讨论了生产过程中产生的规模经济和范围经济,实际上,在生产过程之外也会产生规模经济和范围经济。

(1) 购买中的规模经济和范围经济。大型企业通过大批量购买可以从其供应商处获得折扣,从而获得与较小竞争对手相比更多的成本优势。

(2) 广告中的规模经济和范围经济。一个产品分摊到每个消费者身上的广告成本可以用下面的公式计算:

$$\text{广告成本} = \frac{\text{发送信息的成本}/\text{接收信息的潜在顾客数}}{\text{信息传播带来的实际顾客数}/\text{接收信息的潜在顾客数}}$$

大企业花费在每个顾客上的广告成本较低,可能是由于分子比较低(全国性广告)、分母比较高(消费者可以选择的门店更多)。

如果一家企业在一个品牌名称下提供的产品种类很多,那么广告的作用可能更大,这就是品牌保护伞的效应。当然,有时企业也倾向于保持不同的品牌标志,如宝洁公司拥有飘柔、海飞丝、潘婷等知名洗发水品牌。

(3) 研发中的规模经济和范围经济。研发具有明显的不可分割性,工程设计和科学研究的性质意味着一个研发项目和研发部门必须具备一定的最小可行规模。

研发也具有范围经济。从一项研究中获得的灵感可能有助于其他项目的研究,研发的这种外溢效应会带来范围经济。与研究项目组合单一的企业相比,具有多样化研究组合的企业在确定创意的应用方向上可能会具有优势。有研究以制药企业为例,发现对于有 17 个研究项目的普通企业来说,增加两个研究项目,能使现有项目的生产效率提高 4.5%。

案例 2-1

在线旅游市场中的规模经济

传统理论认为少数企业占据比较大的市场份额可凭借其所占有的较高的市场份额来调动商品的价格,以达到自身所需来加强垄断程度。而在线旅游市场,伴随着垂直平台模式如去哪儿等企业的发展,比价功能使同一产品在不同代理商间的价格变得透明化,消费者有很多选择。在这种情况下,大企业很难再通过价格来左右市场,从而更难通过较高的价格来增加市场份额,使得竞争程度下降。规模经济在旅游企业中同样适用,企业因规模扩大而减少了生产或经销的单位成本。对于在线旅游业而言,产品开发以及市场营销投入,还有对消费者过高的促销让利等都会产生很高的成本。企业要想降低平均成本,由于较难通过价格来增加市场份额,那么就要扩大自身规模。

企业规模的不断扩大使得企业在进行生产时单位的平均成本降低,对于旅游业中的企业来说也同样如此。在现代社会发展不断加快,人们生活节奏不断加快的前提下,人们对于产品的创造性要求也越来越高,各大企业不得不付出更多的成本来满足消费者,各大在线旅游代理商为了降低成本和抢占更多的市场份额,也都纷纷开展横向的并购整合活动。在并购过程中,小企业因生存困难或者是其他一些原因纷纷被大企业所并购,所以随着并购的不断发展,市场中的垄断程度也在不断加强。过高的市场集中度也会带来一系列问题。例如,在线旅游市场被几家大企业控制,而这些大企业比如携程、艺龙等由于进入行业时间较长,在各方面都拥有小企业难以比拟的优势,操控市场价格也更容易,大企业由于生产成本较低可以通过较低价格来不断打击新进入的企业,而中小企业的生产成本就比大企业的高,根本无法降低产品价格来与大企业竞争。虽然大企业拥有很多的优势,但是大企业长时间的优势地位会使企业的创新力度和服务水平不断降低。其次,由于市场份额大,大公司在市场上处于举足轻重的地位,对监管政策的直接影响较大。大企业受共同利益的驱使,容易达成协议,形成对市场的控制,这也使得中小企业发展困难。

随着在线旅游市场的发展不断成熟,市场竞争也变得更加激烈。旅游业的监管政策主要针对线下的旅行社以及景点等,而对在线旅游市场尚未出台相应的标准和监管政策,所以导致了在线旅游市场在发展中出现了网上交易安全性较低、代理商缺乏信用保障、旅游网站管理不规范等情况,给在线旅游市场带来了不稳定因素,令人担忧。

近年国内网络投诉量急速增加,尤其是在线旅游市场。其中,受理在线旅游服务投诉 2 123 件,同比增长了 1.7 倍。监管政策的缺失,具体表现在缺少准入政策,缺少对旅游综合网站的建设要求,缺少针对旅游经营网站投诉处理与整治、整顿的措施标准。还有消费者遇到机票莫名被取消、退票难等问题,由于旅游网站与代理商之间缺乏责任判定的标准,导致消费者维权困难。

资料来源:蒋松林.基于规模经济的在线旅游业市场集中度问题研究[J].商场现代化,2016(10).

2.2 范围经济的定义和来源

2.2.1 范围经济的定义

范围经济指企业通过扩大经营范围,增加产品种类,生产两种或两种以上的产品而引起的单位成本的降低。当一家企业生产多种产品的总成本低于这些产品中每种产品分别由一家企业来生产所需成本的总和,就说明存在范围经济。

$C(Q_x)$ 表示一家单产品企业生产一定量的产品 x 的成本。$C(Q_y)$ 表示一家单产品企业生产一定量的产品 y 的成本。$C(Q_x, Q_y)$ 表示一家多产品企业同时生产同产量产品 x 和同产量产品 y 的总成本。

如果满足 $C(Q_x, Q_y) < C(Q_x) + C(Q_y)$,就存在范围经济,即由一家多产品企业同时生产同产量产品 x 和同产量产品 y 的总成本小于分别由两家单产品企业生产一定量的产品 x 的成本与一定量的产品 y 的成本之和。

若上述不等式带有等号,则称之为"弱范围经济";若上述不等式中不等号相反,则称之为"范围不经济"。范围经济在现实经济中广泛存在,例如,航空公司既运送旅客也发送货物,一口井既生产原油又生产天然气,高校兼顾教学与科研等均是范围经济的表现。

范围经济性的程度(SC)可以由以下计算公式得到:

$$SC = \frac{C(Q_X) + C(Q_Y) - C(Q_X, Q_Y)}{C(Q_X, Q_Y)}$$

SC 的值越大,表示范围经济性越大。

范围经济是一个与规模经济既相联系又有区别的概念(见表 2-1)。规模经济和范围经济都是企业实现资源有效配置的途径。当企业利用原有生产或销售过程来多生产同一种产品而能降低单位产品成本时,称之为规模经济;当企业利用原有生产或销售过程来多生产另一种(或几种)产品,并使得生产成本要低于分别独立生产这几种产品成本的加总时,则存在范围经济。

表 2-1 范围经济与规模经济的联系与区别

	规模经济(产量)	范围经济(种类)
定义	在一个给定的技术水平上,随着规模扩大,产出的增加,则平均成本(单位产出成本)逐步下降	由于同一核心专长而导致各项活动的多样化,多项活动共享一种核心专长,从而导致各项活动费用的降低和经济效益的提高
内部	随着产量的增加,企业的长期平均成本下降	随着产品品种的增加,企业长期平均成本下降
外部	在同一个地方同行业企业的增加,多个同行企业共享当地的辅助性生产、共同的基础设施与服务、劳动力供给与培训所带来的成本的节约	在同一个地方,单个企业生产活动专业化,多个企业分工协作,组成地方生产系统。通过企业之间的分工与协作、交流与沟通引起成本的节约

2.2.2 范围经济的成因

从范围经济发生的层次看,范围经济来源于以下四个方面。

1. 工厂范围经济

工厂范围经济是指在同一工厂内部生产多种产品所带来的成本的节约,即多产品经济。早期的工厂范围经济曾被视为规模经济。工厂范围经济在结合性工厂中表现为零部件、机械的共同利用、工艺管理(生产时间、质量、库存管理)费用的节约以及零部件搬运时间的节约等。例如,汽油、轻油、重油等石油产品在一个工厂内部同时用蒸馏设备生产,可以节约成本,因此,结合生产比不同工厂分别生产各种产品要经济。在垂直集中的工厂中表现为原材料和能源的继续利用(称为热处理经济,即在不同生产阶段发生的热能再利用),投入品搬运时间的节约,工程管理与质量管理的利益,以及靠合理工厂布局的建设投资的节约等。例如,在钢铁产业垂直集中的工厂中,炼铁、炼钢、轧钢以及钢材的最终加工等几个环节垂直集中在一个工厂里可以带来成本的节约。

2. 企业范围经济

企业范围经济主要是指企业从事多样化销售、管理和研究与开发等活动,以及生产单位的有效布局所带来的成本节约。

3. 产业范围经济

产业范围经济是指在多个部门或行业进行生产和销售活动所带来的成本的节约。产业范围经济主要来源于企业进行多部门生产和销售所带来的学习效应,同一销售网络销售多部门产品所带来的固定成本的分摊,以及管理、研究与开发等活动中所带来的协同效应,不同行业之间的信息溢出和技术溢出。

4. 地理范围经济

地理范围经济是指企业在多个国家和地区进行生产和销售活动所带来的成本的节约。这种节约主要来源于企业进行全球采购和全球生产所带来的产品质量的提高和成本的节约,企业进行全球分工所带来的成本节约,以及企业的全球销售和学习效应。

在经济全球化和全球市场迅速发展的条件下,影响企业价值链配置的主要是部门范围、地理范围和产业范围。部门范围是指企业所生产的产品和所服务的消费者群体的多样化;地理范围是指一个企业在其中竞争的国家和地区的宽度;产业范围是指一个企业在其中竞争的相关产业系列。一个比较宽的范围将允许一个企业利用三个范围中价值活动之间的相互关系获取竞争优势。服务于多产业的企业将比它仅在一个产业的竞争对手更能利用规模经济和学习曲线优势。利用销售网络服务于多部门的企业将比它服务于一个部门的竞争者获得更大的优势。同样地,在多个国家的生产经营能使一个企业按照每一国的比较优势完成零件制造和装配等活动。范围优势也允许一个企业增加它的知识基础,反过来会提供更多的学习机会,从而导致产品和加工技术领域新观念出现的可能性。范围优势对全球竞争战略的含义在于,它们能使一个企业通过对竞争范围和最终相互关系的熟练运用,使一个企业重新定义它在全球竞争中的位置。

2.3 规模不经济的来源

尽管规模经济和范围经济有很多来源,但是,企业的发展往往也有一个极限,当企业超过一定规模时,越大可能并不意味着越好,而是越糟糕。引起规模不经济的原因有很多,主要包含以下四种。

1. 劳动力成本与企业规模

企业越大,支付的工资越高。美国政府的统计数据显示,员工人数超过500名的企业比小企业的工资平均要高35%。导致工资差距的原因有以下三个方面:大企业比小企业更可能成立工会;与大企业相比,小企业中的工人更享受他们的工作,这就迫使大企业利用补偿性工资差别(compensating differential)来吸引工人;大企业需要从距离更远的地方招聘工人,需要补偿性工资来弥补员工交通成本。虽然大企业有较高的劳动力成本,但是其优势有两个方面:与小企业相比,大企业的员工流动性低,减少人员流动可以抵消因工资上涨带来的成本;大企业对非常称职、十分上进的人才更具吸引力,因为大企业的晋升机会较多。

2. 专门化资源过于分散

对于一家公司,专业化的投入是一种优势,在不投入更多资本的情况下扩大经营,扩张就可能使投入负担过重。例如,一名厨师成为店主,接二连三地开设许多分店,但不料所有饭店的表现都在下滑。

3. 冲突淘汰

当一个潜在客户要和一个专业服务公司从事一项新业务时,他可能会关心该企业是否和他的某个或多个竞争对手有业务往来,潜在客户可能担心专业化服务公司内部会出现利益冲突,敏感的竞争信息可能被泄露。

4. 激励机制与官僚效应

随着企业横向边界的不断扩张,会带来激励机制和官僚效应的问题。大企业在监督和与工人沟通方面遇到很多困难,从而导致很难对绩效高的员工进行提升。大企业制定的工作条例有时会束缚工人的创造性。

案例 2-2

互联网平台:大不是限制的充分理由

经济学家对于垄断的厌恶由来已久。主流观点是,垄断导致定价高于边际成本,会造成无谓损失(deadweight loss)。诺贝尔经济学奖获得者约翰·希克斯经常被引用的一句话是:垄断利润的最大好处是安静的生活。这种安静的生活,从消费者的角度来说是不用经受选择之苦,而从企业的角度来说,则是可以懒惰,不用挖空心思去提高质量和降低成本,即"享受"利本斯坦所谓的"X—非效率"。

希克斯对于垄断利润的论述,本质上刻画的是所谓的替代效应,是由和他一起荣获诺奖的经济学大师肯尼斯·约瑟夫·阿罗提出的。一个不受挑战的垄断者,创造和接受新技术就会替代既有利润,既有利润越大、越牢固,垄断者越不愿意创造和接受新技术。希克斯的论断,或者阿罗效应,对于受行政性壁垒庇护的垄断企业是比较恰当的,但用来描述互联网平台则有很大的问题。

第一,平台垄断的确会导致价格高于边际成本,但这并不代表平台竞争会导致更高的社会福利,这主要牵涉到生产效率与经济效率之间的权衡,即所谓的"马歇尔冲突"。如果生产某种产品(或提供服务)具有巨大的固定成本,则从生产效率的角度看,生产应该尽可能地集中,这样才能尽可能穷尽规模经济;但一旦生产高度集中,生产者就会具有垄断定价的能力,导致价格高于边际成本的社会福利净损失。

在传统的自然垄断案例中,规模经济主要来源于生产方的固定成本;但对互联网平台而言,规模经济的来源同时涵盖了供给面和需求面,既有互联网平台的固定成本,也有平台客户之间的网络外部性。这种差别至关重要。

如果强行地通过规制将市场结构从垄断平台转为竞争平台,社会就有可能遭受双重损失:一是每个平台的客户基础变小,进而每个客户所能享受的网络外部性的好处减少。二是平台固定成本的摊销范围变小,产品或服务的平均成本上升;而"羊毛出自羊身上",要让各平台都能活下去,平台定价必须高于平均成本,最终,与垄断平台相比,消费者支付的价格反而上升。

第二,在互联网世界中,由"安静的生活"所代表的"垄断利润"实际上是不存在的,原因在于熊彼特所强调的"创造性破坏"。

阿罗效应若要成立,必须有一个前提,就是在位者的垄断地位是不受挑战的,但在互联网时代,跨界竞争成为一种常态,任何一个垄断平台,随时都面临被"野蛮人"敲门、侵蚀,甚至替代的风险。最典型的例子是短信。十年前,电信垄断者可能怎么也不会想到,短信的命居然是被微信给革掉的。

第三,政府规制最重要的理论基础是市场失灵,但在互联网领域,不但判断市场失灵很困难,而且即便确认有市场失灵,找到能够改善市场绩效的规制方案更困难。

如前所述,将垄断视为市场失灵,其本质还是一种静态观点,从动态角度看则很难成立,因为动态效率往往超越静态的非效率。

进一步来看,即便认为垄断不合理,是立即采取政府规制来"纠正",还是采取"等等看"的策略,也值得探讨。互联网技术日新月异,针对某种商业模式的规制政策,从制定到实施,所耗费的时间可能大大超过了该商业模式的生命周期。既然计划赶不上变化,最好的策略可能就是"等等看"。

人类最大的理性在于认识到自己的理性不足。市场机制会失灵,政府干预也同样会失灵。

资料来源:寇宗来.五分钟经济学:互联网时代的经济逻辑.北京大学出版社,2021.

2.4 学习曲线

当企业生产规模不断扩大的时候,其长期平均成本在规模经济的作用下会不断下降。但在某些情况下,长期平均成本的下降却并不一定是受规模经济的影响,而是由于企业生产了越来越多的产品,企业从累积的生产中不断学习,由此产生了学习效应,从而使生产成本降低。

通常,学习效应产生的原因包括以下三个方面。

一是工人在刚开始接手一种新的工作时,对所从事的工作是不熟悉的。通过多次重复进行同样的操作,工人的技术能够逐步臻于熟练,从而提高劳动生产率,降低产品的工时成本和物料成本。

二是重复劳动次数越多,积累的经验越丰富,还能不断改进工作方法和革新技术,使工作效率和经济效益不断提高,这是工人通过实践中的学习积累了经验而达到的效果。

三是企业的协作者(如原料供应厂家)和企业合作的时间越长,他们对企业的了解越全面,其提供的协作就可能越及时有效,从而降低企业的平均生产成本。

那到底什么是学习效应呢?学习效应是指企业的工人、技术人员、经理等人员在长期生产过程中,可以积累产品生产、技术设计以及管理工作经验,从而通过增加产量导致长期平均成本下降。

学习曲线(learning curve)是指由于经验和专有技术的积累所带来的成本优势,通常可以用图2-2中的曲线来表示。学习曲线描绘了企业平均生产成本随累积产出的上升而下降的关系。

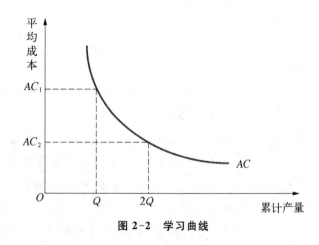

图 2-2 学习曲线

学习效应的大小为累积产量增加一倍时平均成本下降了多少,用公式表示即 $\dfrac{AC_2}{AC_1}$。据估计,该比值的中间值大约为 0.80。这意味着,对于一家典型的企业来说,当累计产量翻一番时,单位生产成本大约下降20%。

但是在不同的企业和行业之间,学习曲线的斜率有很大不同,所以任何一个企业在某一特定生产过程中的实际斜率一般在0.7—0.9,有时可能低至0.6,或者高至1.0(即不存在学习效应)。

2.5 学习曲线与规模经济的联系与区别

区分学习曲线所产生的成本节约和由于规模而产生的成本节约是很重要的。规模经济指在某一个特定的时点上,当经济处于一个比较大的规模时,能够以较低的单位成本进行生产;学习效应则是指由于累积经验而导致的单位成本的减少。

图2-3描述了在不存在规模经济的情况下如何实现学习效应。图2-3的左边是一个典型的学习曲线,平均成本随着经验的积累而下降;图2-3的右边是在不同的经验水平下的两条不同的平均成本曲线。两条平均成本曲线都是水平的,这就表明不存在规模经济。

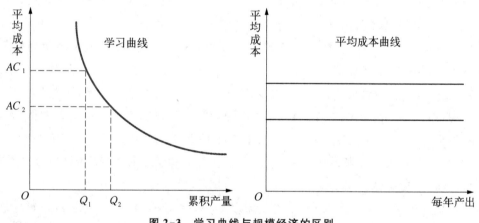

图 2-3　学习曲线与规模经济的区别

即使是在学习效用很小的情况下,规模经济也可能是很大的。例如,资本密集型的行业中,通常学习效用很小,规模经济很大。同样,规模经济很小时,学习效应也可能是很大的,例如,计算机软件开发等劳动密集的产业,通常规模经济很小,学习效应很大。从理论的角度可以这样理解,因规模经济而导致的平均成本下降,是由一个内生变量引起的;学习曲线导致的平均成本下降,是由外生变量引起的。

如果经理人不能正确区分规模经济和学习经济,就可能对市场盈利能力做出错误判断。例如,如果一个大企业,由于存在规模经济而具有较低的平均成本,那么,产量缩减将导致单位成本上升,但如果低的单位成本是学习效应的结果,减少产量就不一定会导致单位成本上升。

如果一个企业的成本优势来源于资本密集型生产和由此产生的规模经济,那么与那些由于一项复杂的劳动密集型生产流程的学习效应而获得成本优势的竞争者相比，它就可以更少考虑员工的流动问题。

案例 2-3

美团点评：打造"飞轮效应"，释放规模经济

美团作为早年间"百团大战"的优胜者，在线下商圈运营和商家关系维护方面积累了丰富的人才和业务经验，凭借着对餐饮商家的深度理解，美团快速切入外卖行业，在商家、用户、骑手方面大力投入，提高行业经营门槛，逐步建立起竞争壁垒和规模优势，在外卖和到店行业的市场份额稳居全国第一。

2019 年美团交易用户数达 4.51 亿人，交易金额达 6 821 亿元，同比增长 32.3%，是国内最大的生活服务平台。在服务方面，美团深耕餐饮产业链，为餐饮商家提供全链路解决方案，同时将外卖作为高频引流入口，推动到店、酒店、出行等业务的交叉销售，规模效应持续增强，成本费用结构优化，盈利能力大幅提升。

美团平台为生态内用户提供优质的服务体验和多样化的消费选择，用户规模和用户黏性持续增强，吸引更多的商家稳定入驻，从而进一步满足用户多元化的消费需求，持续驱动销售增长，实现商业模式的良性循环。美团已经成为本地生活圈的流量分配者，平台具备较强的议价能力，通过佣金、广告等多种方式提高变现率，规模经济带来成本费用结构优化，外卖、到店、酒店等核心业务已经形成稳健的底层盈利逻辑，可以为美团生态的基础设施建设和业务扩张提供充足的资金支持。截至 2020 年第一季度，美团坐拥 4.57 亿高频活跃用户，未来可以持续完善服务种类，深度挖掘用户剩余价值，增加变现渠道，在本地生活圈内实现"无边界"的增长。

本地生活圈流量具备高频、稳定的特点，已经成为电商巨头的兵家必争之地。2020 年以来，美团和阿里在同城零售领域的战略布局升级，二者形成全维度的竞争对抗。阿里以饿了么和口碑作为先锋，背靠天猫超市、淘鲜达、支付宝等资源支持，对美团具备一定的威胁性，但仍需在部门协同、用户补贴、商家运营等方面加大投入，缩小与美团的差距。目前看来，美团在外卖和到店领域竞争优势突出，生态圈内交叉引流效果更佳，预计本地生活服务市场的竞争格局短期内不会发生明显的变化。

美团外卖的业绩改善主要来源于规模效应下订单量的快速增长、收入变现率的提高，以及骑手成本的优化，分别对应美团外卖在用户、商家、骑手三个维度的优势。美团外卖起步较晚，但前期团购到店业务培育了一批成熟的地推，在线下商圈运营、商家沟通等方面拥有丰富的经验，签单和客户关系维护的能力强，帮助美团平台上线了大量外卖商家；同时，美团在搭建骑手网络和用户补贴方面也进行了大量的投入，快速建

立起外卖供应链规模优势。商家为用户提供了丰富的商品选择,用户为商家/骑手提供了大量订单,骑手的高效配送优化了用户体验,三者相辅相成,共同打造了美团坚实的竞争壁垒。

外卖行业竞争格局趋稳,美团外卖在用户、商家、骑手等方面的竞争壁垒较高,规模效应将带来用户激励减少和配送成本优化。

资料来源:龙凌波."打造'飞轮效应',规模经济释放".《中泰证券研究报告》.2020年10月.

思考题

1. 如何判定规模经济和规模不经济?
2. 简述规模经济和范围经济的区别与联系。
3. 如何理解和度量范围经济?请举出范围经济的一个实例。
4. 规模经济和范围经济的来源是什么?
5. 规模经济和学习经济有什么区别?
6. 某企业生产 X 和 Y 两种产品。在现有技术水平下该企业的生产成本如下所示:其中 $C(i, j)$ 表示生产 i 单位 X 产品和 j 单位 Y 产品的成本:

$C(0, 50) = 100$　　　$C(5, 0) = 150$

$C(0, 100) = 210$　　$C(10, 0) = 320$

$C(5, 50) = 240$　　　$C(10, 100) = 500$

该生产过程是否具有规模经济?是否具有范围经济?

参考文献

[1] 戴维·贝赞可等.战略经济学(第5版)[M].侯锦慎等译.中国人民大学出版社,2015.

[2] 刘志彪等.产业经济学(第2版)[M].机械工业出版社,2019.

[3] 芮明杰.产业经济学[M].上海财经大学出版社,2016.

[4] 干春晖.产业经济学:教程与案例(第2版)[M].机械工业出版社,2015.

[5] 林恩·佩波尔等.产业组织:现代理论与实践(第4版)[M].郑江淮译.中国人民大学出版社,2014.

[6] 杜朝晖.产业组织理论[M].中国人民大学出版社,2016.

3 企业的边界

我们知道任何产品和服务,不管是新能源汽车的生产还是新冠疫苗的研制,一般都会涉及许许多多的步骤和过程。从获取原材料开始到最终产品的分销的过程一般被称为纵向链条(vertical chains)。如何组织纵向链条是商业战略的一个中心问题。是由一家企业完成所有活动比较好呢?还是依赖市场中的几家独立企业共同完成更好呢?这是关系到企业的纵向边界问题。在这一章中,我们学习企业纵向边界和纵向一体化,讨论企业纵向边界的选择,这些纵向边界对生产效率的影响以及企业的横向边界对多元化经营的选择。

3.1 自制与外购的相关概念

纵向链条是指从获取原材料开始到最终产品的分销为止的过程。纵向边界(Vertical Boundaries)是指由厂商独立完成而不是在市场上向其他独立厂商购买的活动范围。

3.1.1 上游和下游

一般在一个经济运行体系中,商品沿着纵向链条移动,从原材料和零部件、中间产品形态到达最终产品状态,再经过分销到最终顾客。经济学家认为,处于纵向链条前端的环节为上游,处于纵向链条末端的环节为下游。

表 3-1 手机生产的纵向链条

纵 向 链 条	支 持 性 活 动
原材料输入(芯片、锂电池等)	会计
运输和仓储	财务
中间产品的预处理	人力资源管理

(续表)

纵 向 链 条	支 持 性 活 动
运输和仓储	法律服务
组装厂：手机生产	市场营销
运输和仓储	战略规划
手机店零售	其他支持性服务

3.1.2 自制与外购

企业的纵向链条涉及各种活动环节，同时还涉及各种支持性活动如市场营销、人力资源管理、法律支持、IT服务支持等。一些厂商通过自己完成上述各类活动，即自制；另一些厂商从市场上其他专业厂商处取得这些支持活动，即外购。

表3-2给出的自制或外购的连续谱图，列示了企业在自制或外购连续谱上，不同的生产组织方式。从一体化程度较低到一体化程度较高，企业生产组织方式依次有公开市场交易、长期契约、战略联盟和合营企业、母公司/子公司关系、活动在企业内部完成。从中我们可以看到，自制和外购是纵向一体化连续谱中的两极。本章我们将讨论的重点放在自制和外购这两种极端的选择上。

表 3-2 自制或外购的连续谱图

公开市场交易	长期契约	战略联盟和合营企业	母公司/子公司关系	活动在企业内部完成
一体化程度较低	→		一体化程度较高	

3.1.3 企业边界的确定

不管企业规模大小或者纵向链条有多少个环节，都需要确定自己的边界。要做出或者制定相关的自制或外购决策，企业需要比较自制和外购的成本与收益。

外购的收益主要有两方面：一是市场企业可以实现规模经济，而企业的内部部门由于只满足自身需求，可能无法实现规模经济；二是市场企业受到市场规则的约束，为了生存，它必须高效，具有创新精神，而企业整体的成功可能掩盖了内部部门效率的低下和创新精神的缺乏。

外购的成本主要包括三个方面：一是如果从某家独立的市场企业购买某项服务，而不是由企业内部自行提供，就有可能会损害纵向链条中的生产流程的协调性；二是当某项服务由独立市场企业提供时，私有信息有可能被泄露；三是可能产生与独立市场企业的交易费用，而如果由企业内部完成，这些成本是能够避免的。

案例 3-1

同程艺龙：与快手达成战略合作，丰富旅行体验

2020年11月27日，同程艺龙与快手在北京达成战略合作。双方将在供应链能力打造、用户流量共享、达人内容创作、品牌内容营销和数据信息共建等方面展开深入合作，共同探索短视频直播场景下的旅行服务。同程艺龙旗下的酒店、景点门票等产品供应链将陆续全面接入快手平台，并通过快手的POI入口打造"种草+拔草"的消费闭环，提升双方品牌核心竞争力。目前，快手用户已经可以在快手平台直接预订酒店等旅行产品，并能享受到同程艺龙提供的优质服务。未来，这一服务还将覆盖景点门票等旅游消费场景。

此外，双方将共建旅行内容流量池，通过旅行达人激励计划，鼓励快手用户创作优质旅行内容，激发用户的出游兴趣，并基于同程艺龙提供的旅行服务，帮助用户完成旅行消费决策、产品购买和服务体验的闭环——为用户提供更简单、便捷的旅行体验。当前，旅行行业呈现出消费需求日趋多元化、交易场景更加碎片化的趋势。同程艺龙相关负责人表示，同程艺龙作为国内领先的在线旅行平台，聚焦全旅行服务场景的打造和互通，实现旅行消费场景的多元覆盖，满足用户多元化的旅行消费需求，全面提升用户旅行体验。与快手的深度合作将在更为丰富的场景中为消费者提供优质旅行体验。

早在2020年3月，同程艺龙与快手就"旅游+直播"新业态达成了合作，同程艺龙提供旅行产品及联合各大旅游目的地推出系列短视频和直播活动，快手提供千万级流量扶持及优质达人资源。此次，双方合作进一步战略升级，将使同程艺龙触及更多潜在消费者，也让快手平台上的旅行产品更为丰富、多元，用户在浏览短视频或直播时直接预订旅行产品，实现多方共赢。

资料来源：根据品橙旅游整理而来。

3.2 外购的理由

企业进行外购主要是因为市场企业通常更有效率。外购有两个主要理由：一是利用规模经济和学习经济；二是避免代理成本和影响成本。

3.2.1 外购的理由一：利用规模经济和学习经济

与一体化的企业相比，市场企业能够以更高的效率完成大多数活动。这可能是因为

市场企业也许掌握一些专有信息或者专利,使得它们能以较低成本进行生产;也可能因为市场企业能够集合众多企业的需求,从而具有规模经济优势;或者因为在多家企业进行生产的过程中,市场企业能够积累自己的经验,从而获得学习经济。

我们前面已经学过规模经济、学习经济的内容,知道当存在规模经济或学习经济时,与规模较大、经验丰富的竞争对手相比,生产水平低下或者缺乏生产经验的企业可能会在成本上处于严重劣势。市场企业能够集合多家潜在采购商的需求,而纵向一体化企业的生产一般只能满足自己的需求。因而,市场企业通常可以实现更大规模的生产,从而降低单位成本。

为了更清晰地理解这一点,下面我们以汽车生产为例。

汽车生产企业往往需要很多上游企业的生产资料,例如钢铁、轮胎、自动防锁死刹车系统(ABS)、立体音响、电子设备等。像克莱斯勒这样的大企业,既可以自己生产像自动防锁死刹车系统这样的部件,也可以向独立的供应商,如博世公司购买。

图 3-1 描述了自动防锁死刹车系统的平均成本函数,根据图示,ABS 的平均成本曲线呈 L 形,这说明存在规模经济。

例如,当蔚来的汽车销售量足够大时,例如在 C 处,则没有必要使用市场,自身可以实现规模经济,应该自己生产。

当蔚来的汽车销售量太小时,如果在 A 处,则自己生产无法达到最小有效规模 B,此时最好寻找其他购买者。

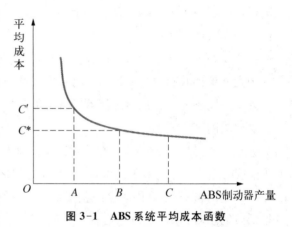

图 3-1 ABS 系统平均成本函数

3.2.2 外购的理由二:避免代理成本和影响成本

代理成本是指代理人消极懈怠所产生的成本,须以行政手段来遏制这种情况。代理成本会降低公司的盈利,因为员工或者管理人为自己利益而产生的行为和决策并不一定符合公司的利益。

代理成本在一个大型的纵向一体化企业的内部部门中,往往因不能引起高层管理者的注意而被忽略。原因可能是联合成本的存在,高层管理者很难衡量单个部门对企业整体盈利的贡献。由于市场竞争的缺乏,很难衡量大型企业内部各部门的绩效。高级管理层很难知道,相对于可实现的最佳部门绩效,某个内部部门的绩效到底如何。这会放纵部门经理进行那些不利于企业利益的行为。

除了代理成本,当业务在企业内部进行时还会产生另一类成本,即影响成本。影响成本不仅包括影响活动的直接成本(例如,为了推翻一个不利于自己的部门决策,部门经理向核心管理层游说所耗费的时间),还包括由于影响活动所造成的错误决策的成本(例如,由于某个效率低下的部门经理知道如何为获得稀缺资源而进行游说,而使得某些资源分配不当)。

3.3 自制的理由

前面我们讨论了外购的理由,虽然外购可以利用规模经济或学习经济来避免代理成本和影响成本,但外购也是有成本的。与外购相关的成本主要包括纵向链条中各个环节的不协调造成的成本、贸易伙伴不愿意收集和分享有价值的信息所造成的成本,以及交易费用。这三个成本问题都可以归结为制定和执行契约所导致的成本。

契约是对交换条件的共识。理想的契约是完备契约:即规定了每位当事人的责任和权利以及在交易过程中可能出现的每一个意外,约束当事人完成特定活动,消除机会主义。在某些情况下市场交易会产生巨大困难。最重要的原因就是缺乏足够有力的契约来保证交易有效地执行。

完备的契约要求非常严格,契约的当事人必须能够预测所有相关意外事件,并且对每一个意外事件共同制定一系列交易各方必须采取的行动计划。事实上,在现实生活中,契约都不是完备的。它们不能涵盖所有可能的权利、义务和行为,一般都包含没有定论或者模糊性的内容。

在一项交易中,当事人是相继履行义务而不是同时履行(同时履行会增加交易成本或不可能同时履行),在当事人之间会存在讨价还价的地位差别,为机会主义的出现埋下伏笔。

一般而言,有三个因素会阻止契约的完备性:(1) 有限理性;(2) 详细制定标准和衡量绩效的困难;(3) 不对称信息。

有限理性是指在处理信息应付复杂情形和寻求理性目标中个体能力的局限性,人们无法预测交易过程中可能出现的所有意外。

详细制定标准和衡量绩效的困难是指契约中的语言是模糊不清的,即便是数量化的指标也存在问题,如车的油耗值。

不对称信息是指当事人不能同等地获得有关契约所涉及的信息。不对称信息有两种基本形式:隐蔽信息和隐蔽行动。隐蔽信息是指一方当事人具备关于需求条件、技术、成本等方面的知识,而其他当事人不具备或不能学习这些知识,就存在隐蔽信息,发生逆向选择。隐蔽行动是指如果当事人一方能采取行动影响契约绩效,并且这些行动无法被发现或核实,就存在隐蔽行动,发生道德风险。

由此可见,合约并不能完全确保对方履行合同中的义务,如果这样的无效率导致的成本太大,公司应该选择在内部制造,而不是外购。

接下来我们进一步讨论不完备的契约可能导致成本很大的情况,这包括纵向链条中生产流程的协调、私有信息的泄露和交易费用等。

1. 纵向链条中生产流程的协调

生产流程的协调至关重要。没有良好的协调,就会产生瓶颈问题。一家供应商未能按时交付零件,可能导致另一家工厂停工。企业经常依赖契约来保证生产流程的协调。由于合约的不完备,企业不能完全依靠合约确保产业链的充分协调。无论是有意还是无意,上游企业都有可能不采取必要的措施来保证产业链协调。如果不协调,可能最终导致巨大的代价,下游企业即使诉诸法律,索取赔偿,也无法弥补其全部经济损失,因此,面临这样一种可能,企业希望使所有关键活动内部化,依靠行政命令控制,以实现适当的协调。

2. 私有信息的泄露

企业的私有信息是其他企业不知道的信息。私有信息通常会为企业带来市场优势。它可能与生产技术、产品设计和消费者信息有关。当企业借助市场来获得供给或销售产品时,它们就要面对失去对有价值私有信息的控制的风险。因此,面对这些情况,下游公司希望使所有关键活动内部化,依靠行政命令控制,以实现适当的协调,并保护私有信息。

3. 交易费用

交易费用的概念最早是由诺贝尔经济学奖得主罗纳德·科斯在《企业的性质》一文中提出的。交易费用包括谈判、制定和执行契约的时间和费用。当交易的一方或多方存在机会主义行为的时候就会产生交易费用。因此,交易费用还包含机会主义行为产生的不利后果,以及试图阻止机会主义行为的成本。

交易费用跟关系专用性资产密切相关。关系专用性资产指某项特定交易的投资。关系专用性资产通常对某项特定交易的效率起着重要的作用。不过,如果将某项关系专用性资产用于其他交易中,那么通常也会牺牲一定程度的效率,或者在调整该资产以适应新交易的过程中需要支付成本。专用性资产之所以提高了交易费用,是因为它们会引发高议价成本、投资不足、机会主义和要挟。

在涉及关系专用性资产的交易中,产品通常不存在"市场价格",交易双方需要进行价格谈判,可能产生高议价成本。

当需要专用性资产以推动交易进行时,专用性资产的投资水平往往也低于最优投资水平,结果可能带来低质量的产品和更高的交易费用。

当交易需要进行专用性资产投资时,买卖双方就有条件利用专用性资产的沉没成本特性进行机会主义投机。一旦企业进行了专用资产投资,交易对方可能会凭借专用性投资的沉没特性对其进行要挟。潜在的要挟使得企业不愿意进行关系专用性资产投资,这就提高了交易费用。

当关系专用性资产带来的交易成本太高,同时面临的环境极其复杂时,企业无法制定详细完备的合同,此时企业唯一的选择就是内部化生产,称为纵向一体化。

3.4 自制与外购的决策树

管理者首先必须估计市场是否提供了对纵向一体化的任何可替代的选择,即从市场采购是否有效率。如果没有,企业就必须在自制、外购与中间道路之间进行选择(见表 3-3),要么自己承担这项任务,要么通过建立合营企业或战略联盟获取独立供应商的支持。

表 3-3　外购的收益和成本

收　益	成　本
◇ 市场企业的规模经济更显著 ◇ 市场企业的学习效应更显著 ◇ 市场企业具有创新精神 ◇ 外购有利于减少代理成本 ◇ 外购有利于减少影响成本	◇ 不完备的契约可能使企业蒙受损失 ◇ 损害纵向分链条中生产流程的协调性 ◇ 企业的私有信息有可能被泄露 ◇ 交易费用(谈判、制定和执行契约的时间与费用) ◇ 阻止合作方机会主义行为的成本 ◇ 关系专用性资产与要挟

如果市场确实提供了对纵向一体化的可替代选择,那么管理者必须判断市场关系是否会受到信息、协调或要挟问题的制约。如果不存在这些问题,那么企业应该利用市场。但如果存在这些问题,那么经理人最终必须判断,通过详细契约(支持利用市场)或内部管理(支持一体化),这些问题能否得以消除(如图 3-2 所示)。

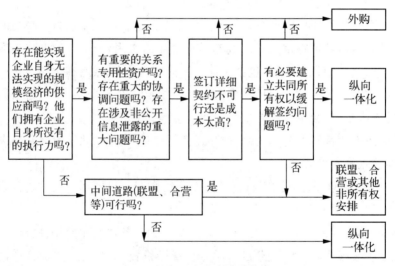

图 3-2　自制或外购的决策树

3.5　企业的横向边界:多元化经营的选择

著名企业战略管理学家安索夫(H. I. Ansoff)于 1957 年在《哈佛商业评论》发表论文《多元化战略》。在这篇论文中,安索夫根据美国 1909—1948 年最大的 100 家企业的发展和变化,总结出企业成长的四种基本方向:(1)在现有市场内增长;(2)开发新市场;(3)开发新产品;(4)多元化。

多元化战略是相对于企业专业化经营而言的，它是指一个企业同时在两个或更多行业从事经营活动，同时向不同的行业市场提供产品或服务。企业多元化经营意味着企业将组织新的发展方向，即企业将从现有的产品和市场中分出资源和精力，投入到企业不太熟悉或毫不熟悉的产品和市场上，因此，企业多元化经营不可避免地会带来风险。多元化经营是企业开拓经营空间、建立新的增长点的一种有效战略，然而不少涉足多元化的企业都以失败而告终。多元化经营作为一种战略，本身不存在正确与错误之分。一种发展战略的成败，关键是对自身资源和能力的分析和有效运用，以及适应战略的相关条件。

一般而言，多元化的程度分为三个等级：(1) 低度多元化(更倾向于专业化)，此时企业95%以上的销售额来自同一产品，或者其存在主导产品，即70%—95%的销售额来自同一产品；(2) 中等程度多元化，此时公司销售额的70%以上来自不同产品，而且各个产品之间在技术、生产、渠道等方面具有相互联系的特征；(3) 高度多元化，此时公司销售额的70%以上来自不同产品，而且这些产品之间没有任何联系。

3.5.1 多元化经营的种类

多元化经营有多种形式，可以分为：(1) 横向多元化(horizontal diversification)，这是指企业利用现有市场，采用不同的技术来发展新产品，增加产品种类。例如，某机械厂先生产收割机卖给农民，以后再生产农用化学品，仍然卖给农民，这就是横向多元化。(2) 纵向多元化(vertical diversification)，这是指企业利用生产上下游的优势，向上游原材料领域或下游加工阶段发展，实际上就是纵向一体化。(3) 同心多元化(concentric diversification)，这是指企业利用原有生产设备、技术，生产与原产品用途不同的产品。同心多元化又分为市场相关型、技术相关型、市场与技术相关型。(4) 混合多元化(conglomerate diversification)，又称非相关多元化，是指企业向与原产品、技术、市场无关的经营范围扩展，这种多元化经营模式，主要是企业凭借其雄厚的资金优势为追求高成长前景产业，或为规避风险，而开辟新领域。

国内一般将多元化分为相关多元化和不相关多元化两类：(1) 相关多元化，又称为同心多元化，是指虽然企业发展的业务具有新的特征，但它与企业的现有业务具有战略上的适应性，它们在技术、工艺、销售渠道、市场营销、产品等方面具有共同的或是相近的特点。例如，汽车制造厂生产汽车，同时也生产拖拉机、柴油机等；(2) 不相关多元化，是指企业在其他行业投资，把业务领域拓展到其他行业中去，新产品、新业务与企业的现有业务、技术、市场毫无关系。也就是说，企业既不以原有技术也不以现有市场为依托，向技术和市场完全不同的产品或劳务项目发展。

专业化经营也有其重要的组织、管理和战略优势，许多企业多年来持续集中于一项经营而不依靠多元化，同样取得了成功，如麦当劳、可口可乐、沃尔玛等。多元化时机到来有五个标志：(1) 现在行业的增长潜力已达不到公司的期望；(2) 将公司现有核心能力和资源转移到新行业的吸引力很高；(3) 进行相关多元化时，业务共享能节约大量成本；

(4) 拥有多元化经营所需的资源;(5) 具备多元化战略所要求的管理技能。

此外,多元化战略也有其优缺点。优点包括:(1) 分散了投资及就业的风险;(2) 范围经济的效应;(3) 交易内部化效应。缺点包括:(1) 管理跨度加大,管理效率下降;(2) 进入新的业务领域风险加大;(3) 削弱了原有产业。

3.5.2 多元化经营的动机

从上述企业多元化经营的分类可以看出,多元化经营主要包括向与原业务相关的领域多元化以及向与原业务完全无关的领域多元化。多元化经营,既可能是企业发展过程中自然而然的一种结果,也可能是企业核心战略的重要组成部分。多元化经营的动机多种多样。

1. 战略性行业转移

实现战略性行业转移目标的多元化经营以现有行业衰退为充分条件,其结果有两种:一是进入新行业后,企业同时在原行业和新行业领域经营,但在原行业的比重逐渐下降,而在新行业的比重逐步上升;二是进入新行业后不久,企业彻底放弃原行业经营,集中资源来经营新行业。

2. 范围经济

范围经济是指企业同时经营多个行业时,会产生比单一行业经营更多、更大的经济效益,即通常所说的"1+1>2"的效果。这类经济效益产生的原因在于诸行业间资源的依存性所决定的相乘(或称为协同)效应以及企业内部存在未利用资源的客观性。这类多元化经营活动的典型行业是石油化工、普通化工、冶金工业等。这些行业的企业一体化程度较高,垂直链较为完整,由此决定这类行业的企业较容易通过多元化经营来实现范围经济的战略目标。

3. 提高或获取核心能力

以提高核心能力为目标的多元化经营通常有两种形式:一是通过现有核心能力在新行业领域的运用来提高核心能力水平;二是从新的行业领域获取新的核心能力,再将现有的和新的融合为一个整体来提高核心能力。例如,日本佳能公司于 1960 年进入电子计算器行业,虽未取得成功,但佳能公司由此获得了微电子技术方面的能力。这种能力与佳能公司原拥有的精密机械技术和光学技术方面的核心能力相互结合,不仅提高了佳能核心能力的水平,而且在后来企业成长中,佳能利用上述核心能力成功地进入复印机等办公设备行业,使这些能力得以充分利用并提高。当企业尚未拥有核心能力,但明确自己的核心能力范围时,企业也可将获取核心能力作为多元化经营的目标。这个目标的设定及经营活动的展开应该考虑到企业现在经营的行业与新行业的关联程度。一般而言,关联程度越高,其获取核心能力的目标实现的成功率就越大。同时,新行业的选择不应超出设定的核心能力存在的行业领域,否则,获取核心能力的目标将难以实现。

4. 分散风险

当企业现在经营的行业由于市场、技术等变化导致经营风险加大时,企业通常采取多元化经营来实现分散风险的目标。如何通过多元化经营来分散风险呢?其中一个至关重要的问题是新行业的选择。但是,我们要注意行业间的关联性。很多研究证明,多元化经营与风险的降低没有直接关系。把鸡蛋放在多个篮子里造成的安全感往往会引起心理疏忽,同样会使鸡蛋全部被打破,有时还不如全部放在一只篮子里,再全力以赴看住篮子的效果好。认为"多元化经营一定可以分散风险"是不正确的,问题的关键在于如何从事和从事什么样的多元化经营。

表 3-4 多元化战略的动机

原因种类	原　因	方　　法
外部原因	产品需要趋向停滞	寻求需求增长快的新产品和新市场
	新行业吸引力较大	企业通过进入本企业以外的新产品、新市场追求高增长率和收益率
	需要的不确定性	企业为了分散风险,开发其他产品
内部原因	企业内部资源潜力	通过多元化以充分利用企业的富余资源
	实现规模经济	扩大企业规模,在数量与质量方面占有丰富的经营资源,享受规模经济效益
	达不到经营目标或原经营领域收益较差	寻求新的增长点,实现预期目标
	增加收益	利用剩余资源搞多元化经营,使企业组织保持一定的收益率

3.5.3 范围经济对多元化经营的制约

企业进行多元化经营的众多目的均可归结为对范围经济的追求。事实上,范围经济不仅是企业多元化经营的目的,还是企业多元化战略成功开展的保障。企业跨出原经营领域开展新领域的生产经营活动,需要新技术、新市场以及新的管理体制作为保障,而是否能够充分利用原有品牌、技术、销售等优势,跨产品、跨产业整合资源,获取范围经济,则往往决定了企业多元化经营的成败。一般而言,企业需要具备进入新产业的技术和管理知识、协调不同产业业务的能力,并分析比较多元化经营长期收益与成本,方可进入新领域进行多元化经营。

多元化经营让众多企业获得了巨大成功,也让许多企业陷入一蹶不振的境地。如海尔集团早期根据相关程度逐步进入高度相关的产业,获得了巨大成功,这让海尔从一家单一生产冰箱的企业发展成生产众多品类家电的企业。但其后对相关度较小的产业领域进发的非相关多元化战略,却让海尔产生了较大幅度的亏损。另一家空调领域龙头企业春兰集团,急于开展众多诸如汽车、摩托车等不相关领域的多元化业务,也陷入了亏损的境地。企业在选择多元化经营领域时,需要根据自身各方面的能力选择与其原有业务共同配合形成范围经济的业务进行多元化,而不应盲目扩张。

案例 3-3

2021 年海底捞为何推进多元化战略？

2021 年 3 月 1 日，海底捞发布公告称，该集团截至 2020 年 12 月 31 日止年度净利润相较上一财年的 23.5 亿元下降约 90%，主要源于新冠病毒爆发后全球各国及地区对消费场所实施的限制造成的重大影响。盈利预警发布后，中金将海底捞目标价下调 3%至 79.0 港元，维持"优于大市"评级。中国银行将海底捞评级调至卖出，目标价为 54.0 港元。花旗银行表示海底捞 2020H2 业绩不及预期，目标价为 55.0 港元。海底捞 PE 高达 126 倍，其原因为具备持续增长的业绩强力支撑。2015—2019 年，海底捞净利润由 2.7 亿元上升至 23.5 亿元，业绩持续增长源于不断扩张的门店。

2020 年疫情影响下，海底捞并未停止门店扩张步伐，但预计净利润不及 2015 年。虽有疫情影响，业绩下降程度仍超出市场预期。疫情得到控制后，海底捞能否维持强劲增长存疑。近三年来海底捞门店扩张速度加快，2019 年全球门店数增速达 64.8%。海底捞门店主要开设在购物中心，预计至 2025 年，海底捞中国门店扩张空间可达 2 500 家，并将以 3%的年增速平稳增长。

2020 年受新冠肺炎疫情影响，中国新开业购物中心数为 374 家，较 2019 年的 529 家降幅较大。在宏观经济风险和供应市场逐渐饱和背景下，商业地产开发投资更加谨慎，中国购物中心数将平稳增长。海底捞存量门店以一二线门店为主，2020H1 合计占比为 69%。以海底捞入驻较早的北京、西安作为一二线城市门店渗透率的参考，一二线门店渗透率分别为 34%、26%。假设一二线以外城市门店渗透率与一二线平均门店渗透率相当，且一二线购物中心数量占比（一线占 70%）在未来五年保持不变，估计海底捞门店渗透率约 32%。

2017—2019 年，海底捞平均整体翻台率超过 5 次/天，据中国饭店协会《2020 中国餐饮业年度报告》数据显示，行业平均翻台率均值为 2.97 次/天，平均翻台率为 3.08 次/天，海底捞翻台率已远超行业平均水平。餐饮业务依赖门店扩张实现增长，业务天花板明显。海底捞以一二线城市为主，正加快三线及以下城市门店扩张速度，但海底捞价格和定位处于中高端，门店扩张依赖购物中心，对下沉市场的覆盖仍有限。

自 2016 年海底捞加快扩张步伐起，原材料及人力成本占收入比例呈上升趋势，门店扩张将带来更多运营和成本压力，扩张上限也取决于海底捞对成本增加的承受能力。2015—2019 年，海底捞客单价以每年 3%的增速平稳增长。考虑提价对消费量的负面影响，客单价难以大幅提升，不能作为海底捞寻求增量的途径。翻台率和客单价上升空间有限,若只发展单一餐饮业务,海底捞长期增量将依赖于存在明显天花板的门店扩张,拓展新业务是海底捞现阶段的最佳战略。供应链能力是餐饮企业的核心竞争力:餐饮供应链包括食材及消耗品供应、仓储物流、批发采购、生产加工等多个环节。高效的供应链体系可保证原料供应稳定、品质控制严格、门店服务高质、运营效率高效、经营成本降低,实现餐饮门店标准化管理,有助于餐饮门店扩张。

海底捞供应链布局覆盖上游食材采购、仓储物流、调味品和下游门店装修、人力咨询及其他服务等。海底捞完善的供应链布局为其规模化的连锁经营提供强力支持。海底捞 2011 年引入"阿米巴"经营模式,将公司分割成"阿米巴"组织,每个组织构成一个独立的利润中心,进行扁平化放权管理。海底捞将各供应链环节均拆分为"阿米巴"进行独立核算,激励各公司自行探索利润增长机会。餐饮行业工作门槛低、晋升通道窄等特点导致高人员流动性。海底捞店长多通过内部晋升聘任,清晰的职业发展路径可有效解决餐饮行业人员流失率高的痛点。"师徒制"的利润分享机制也可激励员工晋升,同时激励店长提升餐厅利润。完善的培训制度是海底捞高质量服务水平的保障,也是吸引外部人才加入海底捞以提升自身竞争力的重要资源。海底捞内部组织由总部、教练、抱团小组、餐厅四部分组成。总部把控整体风险,日常运营放权给店长,相近区域内各店长之间形成"抱团小组",共同分享信息、资源并解决问题,教练为餐厅提供指引。该制度下,餐厅可获得多维度支持,解决问题的效率及透明度较高。

截至 2021 年 2 月,海底捞已发展十余家快餐品牌,核心产品主要涵盖面、盖饭、冒菜三大类别。海底捞快餐业务布局仍处探索阶段,品牌均处于初期创立期间,未开始大幅对外扩张。积极创立多家快餐子品牌目的或在于寻找最佳的商业模式,以便未来选取其中的 2—3 个优质标的着重发展。海底捞面馆品牌客单价约为 10 元,盖饭品牌客单价约为 20 元,冒菜类品牌客单价约为 30 元。

海底捞快餐品牌主要布局郑州、西安、北京,产品定价在一二线城市具备显著价格优势。2015—2020 年,中国快餐行业市场规模由 7 077 亿元增长至 9 824 亿元,年复合增长率为 6.8%。2019 年中国快餐营业额占整体餐饮市场营业额的 22%,而美国快餐营业额占比为 48%,排除饮食习惯差异影响后,中国快餐市场仍有较大提升空间。

快餐的原料、菜品、制作工艺均高度标准化,可复制性强。与主要位于商圈的正餐相比,快餐门店开设场景灵活,门店布局天花板更高。快餐的经营重点在于在保证产品稳定性的前提下提升生产及运营效率。海底捞强势的供应链体系可压低生产成本,打造高性价比产品,成熟的内部管理机制可提升运营效率,充分赋能快餐业务。海底捞凭借差异化服务在火锅餐饮市场独树一帜,但快餐产品要求高标准化,经营模式的差异在考验海底捞运营能力。

海底捞在正餐、休闲餐饮、外卖业务上均有延伸。拓展正餐业务旨在探索其他非火锅餐饮赛道,发展休闲餐饮及其他业务旨在为海底捞门店导流、延伸火锅及周边产品消费场景。据海底捞公告,海底捞计划于横向领域收购优质资源,增强其市场地位和竞争力,拟重点关注信誉良好、标准化程度高、管理完善且已建立供应链、集团可分享或补充其业务的餐饮企业。汉舍及 Hao Noodle 满足以上条件,可为海底捞集团带来中高端餐饮、面馆经营及海外餐厅运营经验。

据天眼查数据显示,中国已有7 892家"火锅食材"相关注册企业,其中超过5 300家在2020年以后成立,火锅市场规模扩张迅速。自2020年以来,火锅食材超市融资事件频发,且融资规模较大。

锅圈食汇于2020年7月获得6 000万美元C轮融资,懒熊火锅于2021年2月获得近亿元人民币A轮融资。火锅食材超市连接上游生产商和下游C端消费者,门店快速扩张能力取决于对供应链的掌控力度。海底捞完善的供应链体系可直接赋能至火锅食材店,无需另外搭建供应链体系,且强势的品牌影响力可吸引更多C端消费者。火锅食材超市赛道已汇集多个梯队品牌,相比专注零售的跨界品牌和专营品牌,海底捞存在品牌定位包袱,食材超市与火锅门店菜品价格相同,与家庭消费场景追求高性价比的理念不匹配。

资料来源:闵思杰."2021年海底捞为何推进多元化战略?"《慧博投资研究报告》.2021年3月.

3.6 组织纵向边界:纵向一体化及其选择

企业可以通过公平市场交易来组织交换,也可以在内部来组织交换。尽管我们讨论了影响市场交换效率和纵向一体化效率的相关因素,如规模经济、激励、协调、非公开信息的泄露和市场交换的交易费用,但我们还没有系统地研究在特定环境中,这些因素是如何相互制衡的。我们必须对其进行研究。这有助于我们了解不同行业间纵向一体化的差异(例如,铝业厂商要比锡业厂商的纵向一体化程度高),以及同一行业中的不同企业间纵向一体化的差异(例如,通用汽车的纵向一体化程度高于福特)。此外,同一企业的不同业务之间也存在这种差异。

3.6.1 技术效率与代理效率:纵向一体化的权衡

代理效率是指纵向链条中商品或服务的交换组织形式能够减少协调问题、代理问题和交易费用的程度,与交换过程相关。技术效率是指厂商是否在使用最低成本的生产组织方式和在此过程中的程度,与生产过程相关。

通常在两种极端状态下,市场最有利于降低生产成本,纵向一体化最有利于降低交易费用,但存在权衡问题。

图 3-3 显示了代理效率和技术效率间的平衡。该图描绘的是交换的商品量固定在某一特定水平上的情况,纵轴表示内部组织的成本与市场交易成本间的成本差异,正值表示内部组织成本大于市场交易成本,横轴表示资产的专用性,以 k 表示,k 值越高,资产专用性程度越高。

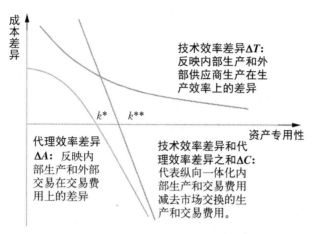

图 3-3 代理效率和技术效率间的平衡

曲线 ΔT 是技术效率差异曲线:任何水平上的资产专用性,内部组织生产最小成本均高于外部生产交易最小成本,差值为正。就技术效率而言,鼓励使用市场。当资产专用性提高时,外部市场供应商的销量(供给)减少,规模经济受到制约,优势会减少,差距缩小。

曲线 ΔA 是代理效率差异曲线:处在低水平的资产专用性时,在 k^* 点左侧,要挟问题不显著,市场交换的代理效率比一体化效率高,内部组织生产成本大于外部市场交易成本,鼓励市场交易;当资产专用性提高时,在 k^* 点右侧,市场交换的交易费用提高,内部组织生产成本小于外部市场交易成本,鼓励纵向一体化。

曲线 ΔC 是技术效率与代理效率差异综合曲线:k^{**} 点为分界点,在 k^{**} 点左侧,曲线为正,纵向一体化的生产和交易成本之和,大于市场交换的生产和交易成本之和,应该使用市场交换。在 k^{**} 点右侧,曲线为负,纵向一体化的生产和交易成本之和,小于市场交换的生产和交易成本之和,应该使用纵向一体化。

随着交易规模的扩大,企业对投入品的需求增大,纵向一体化使企业能更好地利用生产中的规模经济和范围经济。相对于市场企业,它的生产成本的劣势也将降低,ΔT 将向下偏移。同时扩大的规模更表明了最低交换成本的组织模式的优势,ΔA 顺时针旋转。曲线 ΔC 与横轴的交点向左移动。这就增加了纵向一体化在组织交易中的优势。

通过权衡分析,可以给出关于纵向一体化的三个重要结论:

(1) 规模经济和范围经济。当外部市场达到规模经济和范围经济的能力有限时,支持纵向一体化;当投入品的外部供给市场很广阔,生产商能以更低的成本生产产品或服务时,那么纵向一体化要劣于市场交换。

(2) 如果厂商的产品市场规模比较大,增长快,则支持纵向一体化。如果企业生产的产品增加,企业自身生产投入品就更可能像外部市场一样利用规模和范围经济的优势。这意味着,市场占有率较高的企业比占有率较低的企业,更可能从纵向一体化中获益。如果企业拥有多条生产线,则企业可以从纵向一体化产品零件生产中获得更多利益,从而也就能够达到显著的市场规模。但是如果企业是为追求时尚和新潮而进行小规模零件生产,则纵向一体化获益较低。

(3) 如果生产中涉及的资产专用性程度比较高,则支持纵向一体化。如果资产专用性非常高,即使在原材料的生产时表现出强规模经济特征或企业产品市场规模较小,纵向一体化也将比公平市场交换更加有利可图。

3.6.2 纵向一体化的替代选择

在自制和外购之间存在很多决策。这一节我们介绍三种组织变化的方法：渐进一体化、战略联盟和合资企业、合作关系。

1. 渐进一体化

在这种一体化中,企业既自制,又购买某种生产资料。渐进一体化有四点好处：一是它拓展了企业的投入/产出渠道,而不需要消耗大量的资本;二是企业可以利用内部渠道的成本和盈利能力信息来提升讨价还价能力;三是通过威胁外包,企业可以激励内部渠道的发展,而通过威胁内部化,可以激励外部渠道的发展;四是企业通过提升内部投入品的供应能力,可以避免受外部供应商的要挟。

2. 战略联盟和合资企业

在战略联盟中,两个以上企业就某个项目达成合作意向,或对信息和生产资源进行共享。合资企业是战略联盟的一种特殊形式,它是由两家或者多家企业合并而成的、一家双方同时控股的新的独立组织。战略联盟和合资企业处在介于公平市场交易和完全纵向一体化的中间状态,有利有弊(存在信息泄露、协调难、搭便车等问题)。联盟的参与者依靠信任和互惠准则(而不是契约)来处理彼此的关系,通过协商(而不是诉讼)来解决纠纷。

3. 合作关系——分包商网络和企业集团

日本和韩国的公司不是通过公平契约组成垂直产业链,而是依赖于上下游企业长期以来形成的错综复杂的非正式关系。这种合作关系主要有两种类型：分包商网络和企业集团。

许多日本制造商广泛运用独立分包商网络,并与其保持长期密切的关系,与美国和欧洲企业与各自的分包商之间的关系不同,在日本,这些关系一般涉及较高水平的制造商和分包商之间的合作,并且赋予了分包商一系列更复杂的责任。有学者研究了日本和英国的电子产业分包,并指出了它们之间的一些差异。日本的电子制造商和分包商的关系比英国的相应关系涉及更多的资产专用性。

企业集团与前文提到的分包商网络有许多共同点,但企业集团的机构体制联系设计更为正式。20世纪60年代以来,企业战略家就一直对日本的企业集团的看法莫衷一是,有的赞成,有的则持批评态度。企业集团,如日本的财团,其内部的企业是靠非正式的私人关系维系在一起的。西方企业的联系一般不会像日本企业集团那么紧密,部分原因在于法律禁止企业之间互相安插董事会成员,并且还涉及反垄断问题。

思考题

1. 请描述电脑游戏制作的纵向链条。
2. 试举例简要阐述企业外购的理由。
3. 请阐述企业自制的理由。
4. 大学一般倾向于高度一体化:许多系属于同一组织。在技术上,并不存在阻碍大学通过契约将各个独立的系联结在一起的因素,这就类似于网络型的组织将各个独立的业务部门联系起来。你认为大学为什么不采取这种组织方式呢?
5. 多元化经营的种类包括哪些?
6. 试阐述企业进行多元化经营的动机。
7. 纵向一体化的替代选择有哪些?
8. 下列各种情况中,为什么企业有可能从纵向一体化中受益?(1)在铁路终点站设置一个谷物升降机。
   (2)某产品制造商享有全国性品牌声望,但在地区市场上,它通过经销商安排广告宣传和促销活动。
   (3)一家生物技术企业开发出一种新产品,并交由另外一家已建立的医药公司生产、检验和销售。

参考文献

[1] 戴维·贝赞可等.战略经济学(第5版)[M].侯锦慎等译.中国人民大学出版社,2015.
[2] 刘志彪等.产业经济学(第2版)[M].机械工业出版社,2019.
[3] 芮明杰.产业经济学[M].上海财经大学出版社,2016.
[4] 干春晖.产业经济学:教程与案例(第2版)[M].机械工业出版社,2015.
[5] 林恩·佩波尔等.产业组织:现代理论与实践(第4版)[M].郑江淮译.中国人民大学出版社,2014.
[6] 杜朝晖.产业组织理论[M].中国人民大学出版社,2016.

中 篇

市场分析与战略定位

4 竞争者与竞争分析

在企业经营中,人们往往会对一些问题产生疑问,比如:为什么在同一行业中有的企业发展兴旺而有的企业却逐渐衰败?一个企业怎样在竞争中获得更高的收入?是什么使得新进入的企业在高度竞争的行业中取得成功?这些问题需要结合经济学理论中的"竞争"概念加以理解。

本章主要阐述与竞争分析有关的基本概念。第一节是竞争者识别与市场界定,主要介绍假定垄断者测试及其应用、产品的替代关系及其衡量、识别地域竞争者。第二节是市场结构与竞争,主要介绍衡量市场结构的指数,以及四种经典的市场结构类型。第三节将集中研究市场结构和竞争怎样影响企业质量的选择。第四节是网络经济下的市场结构,主要介绍网络经济下市场结构的新变化及竞争性垄断结构。第五节讨论市场结构的决定因素,主要介绍规模经济、产品差异化、进入与退出壁垒。

4.1 竞争者识别与市场界定

大多数职业经理人都可以很容易地识别出他们的竞争对手,并想办法回应竞争对手的战略。比如,可口可乐公司推出一种低糖饮料,百事可乐公司就需要作出回应。再比如,奔驰的双门跑车降价了,宝马的双门跑车就需要考虑如何进行回应。实际上,竞争环境纷繁复杂。企业往往面临多种类型的竞争者。而且在不同的市场,同一家企业面临的竞争者和竞争的性质都不一定相同,如投入品市场和产出品市场。例如,华为手机由多个不同类型的配件组装而成,每个部件所处的市场环境也各不相同,都面临着不同的竞争者和不同性质的竞争。面对纷繁复杂的竞争环境,需要建立起一套系统化的方法,来帮助人们识别竞争市场,分析竞争特点。

4.1.1 识别竞争者所需的基本要素

美国司法部作为反托拉斯机构,主要负责抵制反竞争行为,审查兼并企业是否会垄断市场以及现存的垄断者是否会滥用权力。为了作出判断,美国司法部运用一个简单的概念"假定垄断者测试"来识别并限制有害活动的潜在竞争者。

假定垄断者测试(Small but Significant and Non-transitory Increase in Price,简称SSNIP)是假定垄断企业对相关产品或服务施加一个微小但显著,而且是非临时的涨价后,能够有利可图,此时的产品市场就被认定为相关市场。在实际操作中,"微小但显著,而且是非临时的",是指假定的垄断者能够维持高于竞争对手5%的价格至少一年。例如,假设宝马公司想与奥迪公司合并,向欧盟委员会提出申请。根据SSNIP标准,如果合并后的企业可以通过将价格长期提高5%而获得大量收益,那么欧盟委员会会拒绝他们的申请,因为两个公司合并,造成欧洲的汽车市场更加集中,阻碍了竞争。

假定垄断者测试是由麻省理工的经济学家Morris Adelman于1959年提出的。F. M. Scherer分别在其负责的1972年、1975年和1981年审理的三个反垄断案件中使用了假定垄断者测试。随后,美国司法部在1982年《横向合并指南》中首次使用假定垄断者测试来直接界定相关市场和市场力。1992年欧盟在Nestlé／Perrier案中首次使用SSNIP,随后欧盟委员会于1997年颁布《欧盟委员会关于相关市场界定的通告》。SSNIP为识别竞争者提供了一个更为合理的分析框架,同时也可作为界定相关市场的定量分析工具,在国际上被多数国家或地区接受和采用。

什么是相关市场呢?就是在一定时期内,几种商品或者服务的竞争范围或区域。具体而言,如果几种商品或服务同属于一个相互竞争的商品市场,或同处于一个相互竞争的区域范围,那么就可以说这些商品或服务处于相关市场。

当一个公司销售商品呈现出垄断趋势时,政府或国际组织就会进行干预,其中一个重要的手段就是审理反垄断案。在审理反垄断案时,需要能够准确界定相关市场。界定相关市场是判定一个经营者是否处于垄断地位的前提。界定相关市场对审理垄断案件有重要影响。如果市场界定得过宽,垄断企业的市场份额相应较小,可能会遗漏企业阻碍市场竞争的行为,这样就不能达到规范企业市场行为的目的;但是,如果相关市场界定得过窄,反垄断机关就会对企业的正常市场行为进行错误的干预,这既是一种司法浪费,也会增加企业负担。所以,作为分析一切反垄断行为的出发点,相关市场界定的合理性与准确性越发成为各国反垄断法关注的重点。

4.1.2 将竞争者识别付诸实施:SSNIP的应用

能否成功运用SSNIP的关键是如何测试消费者对假定价格增长的反应。SSNIP把市场看作是一组产品群或一个区域,寻找最小的产品群(最窄的地理区域)来判断假定的垄断者是否能够赢利性地维持高于竞争价格的价格(通常假定增长5%)至少一年,如果假定的垄断者在最小产品群中实施价格上涨而不能赢利,就把下一个最接近的替代产品加入相关市场中,并再次运用SSNIP分析,这个测试过程反复进行一直持续到假定的垄断者可以赢利性地施加一个5%的价格上涨为止,这样界定的产品范围或地理区域就构成相关市场。

SSNIP标准是合理的,但是它却经常不太实用。奥迪绝对不会为了识别竞争者而和宝马、奔驰合并。即便如此,SSNIP还是给出了识别竞争者所需证据的类型。特别是从SSNIP中可以了解到,当一方提高价格时,会导致它的许多顾客将业务转向另一方,这时两个企业就形成了直接竞争的关系。这就是替代经济概念的本质。

我们在经济学中已经学习过,当两个产品X与Y互为替代品时,如果X的价格上升,而Y保持不变,那么X的销量就会下降,而Y的销量则上升。从一个直观的角度,当满足以下三个条件时,这些产品就具有替代关系:

第一,产品性能特征相同或类似。比如奔驰和沃尔沃汽车都有舒适的座椅、拥有好看的外形、很高的安全性、强劲的发动机等。

第二,产品使用场合相同或者类似。比如豆浆和可乐虽然都是饮料,但是豆浆主要作为早餐,可乐主要作为休闲食品,所以它们属于不同的市场。

第三,产品在同一个区域市场销售。如果产品在不同地区销售,或产品的运输成本高,或消费者不愿意长途跋涉去购买该产品,那么这些产品就属于不同的区域市场。比如,北京的一家卖水泥的公司和纽约的一个类似公司就不属于同一个区域市场,因为水泥的运输成本高昂,北京的公司不会想着去抢占纽约的市场份额。

在前面运用SSNIP测试法界定相关市场的过程中,需要判断几种商品或者服务的竞争范围或区域,实际上就是分析产品是否具有替代性。虽然识别竞争者的直观方法对于进行商业决策来说通常足够了,但是将直观方法与数据结合将会更加有益。

在经济学中,产品间的替代程度是由需求的交叉价格弹性来衡量的。如果有两种商品X与Y,交叉价格弹性就是当商品X价格每变化1%时,商品Y需求量的变化百分比。从形式上讲,如果E_{yx}表示商品Y相对于商品X的需求的交叉价格弹性,Q_y代表商品Y的销售数量,P_x代表商品X的价格,那么$E_{yx} = (\Delta Q_y / Q_y)/(\Delta P_x / P_x)$。当$E_{yx}$为正数时,就意味着当商品X价格上升时,顾客将增加对Y的购买。这样,商品X与Y就互为替代品。

另外,还可以运用其他定量方法来识别竞争对手。一种方法就是考察不同企业的价格如何随着时间的推移而变化,因为相近竞争者的价格将会高度相关。另一种方法是当现有的销售商将价格提高时,获取关于单个顾客购买类型的数据来预测他们会转向何处购买。

案例 4-1

3Q诉讼大战,"假定垄断者测试"争议点①

奇虎360与腾讯之间的纠葛由来已久,被业界形象地称为"3Q大战"。这源于2010年双方明星产品之间的"互掐"。2010年9月27日,奇虎360发布了其新开发的

---

① 根据 http://tech.sina.com.cn/z/360qq2013/ 及其他网络资料改编而成。

隐私保护器，专门搜集QQ软件是否侵犯用户隐私的信息。随后，QQ立即指出360浏览器涉嫌借黄色网站推广。2010年11月3日，腾讯宣布在装有360软件的电脑上停止运行QQ软件，用户必须卸载360软件才可登录QQ，强迫用户"二选一"。双方为了各自的利益，从2010年到2014年，两家公司上演了一系列互联网之战，并走上了诉讼之路。

双方互诉三场，奇虎360已败诉。其中奇虎360诉腾讯公司垄断案尤为引人注目。2013年3月28日，广东省高院一审认为，即时通信与微博、社交网络等构成紧密替代关系，而且相关地域市场为全球市场，相关市场上存在充分竞争，因此，腾讯不具有市场支配地位，驳回了原告奇虎360的全部诉讼请求。该判决为互联网领域垄断案树立了司法标杆。

这是国内首个在即时通信领域对垄断行为做出认定的判决，且事关腾讯、奇虎360两大巨头级企业，索赔金额高达1.5亿元，吸引了各界的眼球。在庭审中法庭总结的四个焦点问题中，最为关键的是对相关市场的界定，"对传统产业的相关市场界定已经很复杂了，互联网环境下的产品界定更加困难"。

关键的"相关市场"

在近7个小时的庭审激辩中，主要围绕的四个争议焦点：相关市场如何界定；被告在相关市场是否具有支配地位；被告是否滥用市场支配地位来排除、限制竞争；被告应当承担何种民事责任。

其中，相关市场界定是其他三个问题的前提。要构成垄断地位，前提必须先明确争议产品所处的相关商品市场和地域范围。范围确定，才有垄断之说。通俗来说，所谓相关市场反应，就是腾讯QQ与什么产品构成竞争的问题，QQ与MSN、SKYPE是否处于同一市场？与短信、电子邮件、微博等又是否处于同一市场？这种关系可以用分子、分母来比喻。腾讯QQ的市场份额是分子，相关市场是分母，如果把分母界定得越窄，份额就会越大，腾讯就越有可能构成垄断。反之则反是。因此，腾讯的律师希望把相关市场界定得越宽越好，奇虎360方面则希望界定得越窄越好。

在庭审中，奇虎360公司援引其专家辅助人RBB经济咨询公司的意见，称短信、电话、电子邮件、社交网络、微博等工具因功能单一、即时性差、使用习惯不同等原因，而应被排除在QQ所在的综合性即时通信市场之外。腾讯公司则反驳奇虎360公司"故意采用过窄"的方法来界定相关商品市场，使QQ的市场地位被"人为高估"。腾讯举例认为，MSN、人人桌面、网易POPO、阿里旺旺、米聊、飞信、微博等都具有即时通信的功能，与QQ存在竞争关系。

广东高院经审理后认为，由于奇虎360公司对本案相关产品市场界定错误，其所提供的证据不足以证明腾讯QQ在相关产品市场上具有垄断地位，故驳回原告全部诉讼请求。360诉腾讯滥用市场支配地位一案中，最大的创新是将"假定垄断者测试"

(SSNIP测试)应用到互联网领域相关市场的界定中来。按照假定垄断者测试的方法，一个被假定的垄断者在持续一段时间内适度提高价格，结果消费者转向了其他替代品，那么替代品与争议产品则属于同一市场；反之，则不属于。比如，假定百事可乐提价，消费者若转向选择可口可乐，那么两者就属同一市场，存在竞争关系。

法院采用假定垄断者测试分析方法，对可能与腾讯QQ形成竞争的四类产品进行了分析，并得出结论：腾讯QQ与"文字、音频及视频单一功能的即时通信""SNS社交网站及微博"等属于同一商品市场，与传统电话、传真、电子邮箱等则不属于同一市场。

"假定垄断者测试"争议点

"假定反垄断测试"以往主要用在传统行业中，本案的独特之处在于将其运用到互联网领域。但奇虎360方面的专家辅助人认为，免费是互联网产业通行的服务模式，无论是QQ软件还是360软件都是如此，而"假定反垄断测试"的分析方法以价格涨跌为基础（比如，一般考察5%—10%的涨价），将其应用于免费的互联网领域存在缺陷。

为此，本案合议庭创新性地确立了即时通信产品能否构成一个相关市场的界定标准：既考虑假定垄断者通过降低产品质量或者非暂时性的小幅提高隐含价格（如广告时间）而获取利润，更应当考虑一旦假定垄断者开始小幅度地持续一段时间收费，会否产生大量的需求替代。

相关专家指出，目前还不了解3Q案的"假定垄断者测试"的具体分析过程，但一直以来，一些律师和法官在实践过程中对这一方法存在误解。在国际上，对"假定垄断者测试"的使用主要有美国模式和欧盟模式，其中美国模式倾向于把方法与思想统一起来，不强调狭隘的数学分析方法；欧盟模式则在定性的同时强调定量，有时候往往把思想和方法割裂开了。中国在立法和实践中倾向于欧盟模式。本案判决对相关市场界定有很大的示范作用，尤其是在行政反垄断实践中。

4.1.3 识别地域竞争者

很多企业在销售产品、提供服务时会受到地域的影响，所以还需要从地理位置的角度来识别地域竞争者。我们通过以下两种方法分析地域的商品与服务，以便识别地域竞争者。第一是分析消费者的住址，消费者所住地域的同类企业就属于地域竞争者；第二是调查该企业所在地域的居民都在哪些店铺购买同类产品，这些店铺无论属不属于这个区域，都可以被列为地域竞争者。

例如，现在很多年轻人都喜欢点外卖，消费者一般都会点距离自己比较近的外卖。一家专门做烧烤的店铺，想要分析它的地域竞争者，就可以研究在本店铺下单的顾客都来自哪些地域，这些地域的烧烤店就是它的地域竞争者。还可以对店铺所在地域的居民做调查问卷，看看居民都会在哪些烧烤店消费，这些烧烤店也属于它的地域竞争者。

4.2 市场结构与竞争

4.2.1 衡量市场结构

市场结构是对市场内竞争程度,以及价格的形成等产生战略性影响的市场组织特征。市场结构决定着市场竞争或垄断的程度。经济学中判断市场结构的指标包括市场集中度比率和赫芬达尔指数。

1. 市场集中度比率

市场集中度比率(concentrate ratio, CR)是在市场中规模处于前 n 位企业的市场份额总和。其计算公式为

$$\mathrm{CR}n = \frac{\sum_{i=1}^{n} x_i}{\sum_{i=1}^{m} x_i} \tag{4.1}$$

其中,$i = 1, 2, \ldots; n$ 为选取的最大企业个数;m 为选取企业所在产业市场中的所有企业个数;x_i 为市场中第 i 个企业的销售额(生产量、职工数或资产总额)。实践中,以行业内最大的 4 家或 8 家厂商的指标份额来计算集中度较为常见,分别被称为 4 厂商集中度(CR_4)或 8 厂商集中度(CR_8)。

CR 的值介于 0 和 1,值越大表示市场集中度越高。CR 越大,市场越趋向于垄断;CR 越低,市场越趋向于竞争。市场集中度是衡量行业市场结构的一个重要指标。但是,市场集中度比率的局限性是无法反映产业内几个大企业之间的相对规模情况。例如,如果行业中最大的企业增加 10% 的份额,同时第二大企业减少了 10% 的份额,市场集中度则没有变化。

2. 赫芬达尔指数

赫芬达尔指数(Herfindahl Index,简称 HHI)是指市场中所有企业市场份额的平方和。其具体的计算公式如下:

$$\mathrm{HHI} = \sum_{i=1}^{n} q_i^2 \tag{4.2}$$

其中,q_i 为市场中第 i 个企业的市场份额;n 为产业市场中企业的数量。比如,在一个仅有两家企业的市场中,每一家占有 50% 的市场份额,那么赫芬达尔指数就等于 $(0.5)^2 + (0.5)^2 = 0.5$。拓展到在一个拥有 N 个相同规模企业的市场中,赫芬达尔指数就是 1/N。所以,赫芬达尔指数的倒数是一个等价算术式,可以等价于市场中相同规模的企业数量。比如,一个市场的赫芬达尔指数为 0.125,等价于有 8 个规模相同的企业。注

意,当计算赫芬达尔指数时,只需要关注市场份额为 0.1 或者更大的企业,市场份额很小的企业可以忽略不计。

一般而言,HHI 的值应介于 0 与 1。HHI 指数反映了产业内的集中与分散程度,HHI 越大,说明产业内的市场集中度越高。HHI 指数不仅易于获得数据,更能明显地反映市场控制力的大小,在实践中使用较多。如表 4-1 所示,HHI 大于 0.6 或者更高时,为完全垄断市场,HHI 低于 0.2 时,为完全竞争市场。下面我们将分别探讨完全竞争、垄断竞争、寡头垄断和完全垄断四种市场结构。

表 4-1 四种市场结构

竞争程度 ←

市场结构	完全竞争	垄断竞争	寡头垄断	完全垄断
企业个数(卖者个数)	很多	较多	一般只有几个	一个
进入市场的障碍	几乎没有障碍	障碍低	障碍大	其他企业进不去
企业对市场的控制能力	不能影响市场,只能接受市场价格	影响市场	对市场影响很大,联合起来可控制市场	控制市场
赫芬达尔指数范围	<0.2	<0.2	0.2—0.6	>0.6
实例	粮食、鸡蛋	服装、玩具 大多数产业	彩电 高校食堂	电力 自来水

垄断程度 →

4.2.2 完全竞争

在完全竞争市场上,有很多同质产品的生产者与具备完全信息的消费者,都只能被动地接受市场价格,对市场价格没有任何控制力量。企业面临的需求弹性无穷大,一旦企业的定价比市场价格高一点,销量就会下降为接近零。

完全竞争市场是理想的,现实中很多市场并不符合完全竞争市场的条件,但是当存在以下两个或三个条件时,市场竞争就会比较激烈,会趋向于完全竞争市场,价格也会被拉低。

1. 市场中存在许多卖家

在这样的情况下,卖家会给出各种各样的价格优惠以在竞争中占据优势地位。一旦某个卖家提高价格,就会失去顾客,所以总有一些企业愿意降低价格来提高市场份额,因为提高市场份额有助于给这些企业带来规模经济,从而提高长期竞争的地位。

2. 在消费者心目中，产品是同质的

在这种情况下，顾客的忠诚度通常比较低，因为任何商家的产品都能满足他们的需求。这也加剧了价格的竞争，消费者倾向于在低价的商家那里购买产品，价格越低，卖家的销售量就越大。例如，在网上销售的米、油等产品和线下超市里面的几乎是同质的，却比线下便宜一些，很多消费者就会选择在网上购买。如果产品不同质，消费者的忠诚度就比较高。像医疗服务，不同医院的差别很大，消费者对其信任的医院、医生的忠诚度比较高，并不会因为某个医院便宜而轻易更换。

3. 存在过剩的生产能力

过剩的生产能力意味着企业可以用低于平均成本的价格销售货物，弥补可变成本。假如一家柴油机制造业具有年产5万台引擎的生产能力，不同产量对应的成本如表4-2所示。但是在某个时间段经济比较萧条，这家公司接到的来年订单仅为1万台。此外，这家企业又从其竞争对手那里抢过来一位重要客户，这位客户订了1万台，所以该企业的来年订单数又增加1万台。这家公司向这位重要客户提供的发动机的价格为每台300美元，即使这个价格远低于此时对应的每台发动机700美元的平均成本，但这家公司的收益增加了300万美元，而总成本只增加了100万美元。因为销售额能弥补固定成本，所以按每件300美元的价格销售这一万台多出的发动机还是有益的。只要该订单的售价高于100美元的平均可变成本，那么这家公司接这位重要客户的订单就好于不接。这是在经济不景气的情况下企业为弥补成本而做出的决策，如果这种情况长期持续，使销售价格低于平均成本，企业可能选择退出该行业而不是长期遭受经济损失。

表4-2 生产能力的利用与成本

年产量 （台）	总可变成本 （万美元/年）	总固定成本 （万美元/年）	总成本 （万美元/年）	平均成本 （美元/台）
10 000	100	1 200	1 300	1 300
20 000	200	1 200	1 400	700
30 000	300	1 200	1 500	500
40 000	400	1 200	1 600	400
50 000	500	1 200	2 000	400

4.2.3 垄断

垄断者可以分为卖方垄断者和买方垄断者。当企业在产出品市场上的竞争对手很少甚至不存在时，这个企业就是卖方垄断者。我们分析卖方垄断者时，需要重点关注企业抬高产品价格的能力。当企业在某种投入品市场上面临很少的竞争或者没有竞争时，这个企业就是买方垄断者。分析买方垄断者时，要重点关注企业压低投入品价格的能力。下面本书重点讨论卖方垄断者。

卖方垄断者在制定价格时不需要考虑其他企业的反应,可以通过控制产品价格与产量来最大化自己的利润。卖方垄断者制定价格的依据是:最后一单位产品的边际收益等于最后一单位产品的边际成本。我们可以举个例子。如图4-1所示,一个垄断企业面临的需求曲线是 $P=100-Q$,边际成本曲线为 $P=10$。如果在竞争的市场中,按照价格等于边际成本定价的原则,也就是图中的交点 A,市场在 A 点达到均衡,此时价格为10,产量为90。在垄断市场,垄断者的总收益等于价格乘以数量,即 $100Q-Q^2$,相应的边际收益曲线为 $100-2Q$。按照边际收益等于边际成本的原则,在两者的交点 B 确定了产量为45,对应到需求曲线上的 C 点,可以得到价格为55,垄断企业才能实现利润最大化。可以发现,垄断市场的价格远高于边际成本,产量低于完全竞争时的水平。也就是说,垄断企业获得利润需要以减少产品数量为代价,所以政府通常会采取各种手段管制垄断行为。但是,也有学者认为,大多数企业形成垄断是因为发现了更有效的生产技术或者是新产品,限制垄断利润可能不利于创新。

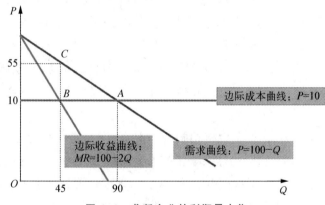

图 4-1 垄断企业的利润最大化

由一系列生产相似产品的企业构成集体行动的生产者组织被称为卡特尔组织,这个组织类似于一个大型垄断企业,其目的是通过协定,形成商品价格、产量和销售等方面的同盟,提高这种产品的价格并控制其产量,以获取高额利润。卡特尔在很多国家被认为是非法组织。迄今为止,世界上最著名的卡特尔当属欧佩克(石油输出国组织)卡特尔,它的宗旨是协调和统一成员国的石油政策,维持国际石油市场价格稳定,确保石油生产国获得稳定收入。

4.2.4 垄断竞争

现实中的市场既不是完全竞争,也不是完全垄断,而是竞争和垄断同时存在,市场价格中既具有竞争因素,又具有垄断因素,即垄断竞争。

1. 垄断竞争市场的特点

垄断竞争市场是指一个市场中有许多厂商生产和销售有差别的同种产品的市场组织。例如书籍、服装、电影、餐馆、家具等都属于垄断竞争市场。垄断竞争市场主要有以下三个特点：

(1) 市场中有许多卖家。其中每一个卖家与市场相比都很小，所以假设每一个卖家的行动都不会极大地影响其他卖家。

(2) 每个卖家的产品存在差别。每个卖家的产品与卖家略有不同，因此，每个卖家都不是价格接受者，他们面临一条向右下方倾斜的需求曲线。

(3) 每个卖家可以自由进入或退出市场。因此，市场上企业的数量要一直调整到经济利润为零时为止。

2. 产品差异化

在垄断竞争市场中，每个卖家销售的产品存在差别。产品差异化指的是同一产业内不同企业生产的同类商品，由于在质量、款式、性能、销售服务、信息提供和消费者偏好等方面存在着差异，从而导致产品之间不完全替代的现象。产品差异化可以分为水平差异和垂直差异。

(1) 垂直差异是指一个产品与竞争产品相比存在明显的优势或者劣势。如30万元一辆的汽车和10万元一辆的汽车相比，质量更高，其配件性能、外观设计等都更优良。垂直差异也可以理解为质量差异，消费者关于质量的偏好次序是一致的，都认为较高的质量是更好的。以通信业为例，虽然各大运营商不断拓宽自己的业务，开发新的功能，如彩铃等，但大部分客户认为通信质量是最为重要的，因此提高通信质量是这类企业追求的主要目标。

(2) 水平差异表现为，在给定价格相同的情况下，产品的一些特征增加了，另一些特征减少了。比如同一款饮料，分为柠檬味和芒果味；同一款书包，分为白色和黑色；同是可乐，有人喜欢可口可乐，有人喜欢百事可乐。此外，地理位置是产生水平差异的一个重要因素，消费者更喜欢去附近的商店或超级市场购物。就像做饭的时候众口难调，消费者的偏好也不尽相同，消费者的最优选择与自身偏好有关，所以在描述水平差异时，不存在"好"与"坏"的评判。又如，患者去看病，往往对价格不是很关心，特别是在有医疗保险可以报销的情况下。他们关心的是选择什么样的医生，谁的医疗水平比较高。如果他们从医生那里获得很好的治疗，一般不愿意转向别的医生，对医生忠诚度很高。

水平差异的程度受到什么因素影响呢？水平差异的程度取决于消费者搜寻成本的高低。搜寻成本越高，就越难找到适合自己的产品。为了降低消费者的搜寻成本，企业往往会做广告来突出产品的特点，帮助消费者了解产品。如果搜寻成本太低，水平差异程度变小，产品的价格和收益也会降低。例如，在网店购买洗发水，不同品牌的洗发水的香味、作用都存在一些差异，客户可以从详情页、后台用户的评价，甚至向网点卖家咨询等渠道轻松地了解到每一种洗发水的特点。这样就大大降低了客户的搜寻成本，水平差异程度较低。

3. 垄断竞争市场的进入

垄断竞争市场的每个卖家可以自由进入或退出市场，当企业获得超额利润的时候，会有其他企业进入该行业。例如,服装市场是垄断竞争的,比较容易进入。如果服装市场的利润很大,其他厂商就会花费足够的资金用于开发、生产、广告和促销等,以推出自己的新品牌,这就会降低已有品牌的市场份额和盈利性,直到不存在超额利润时,其他厂商就会停止进入。

在短期,垄断竞争市场的短期均衡条件是边际收益等于边际成本,即 $MR = SMC$。图4-2 中短期均衡的点为 E 点。E 点对应的产量为 OQ^*,价格为 OP。此时对应的短期平均成本为 OG,所以,垄断竞争厂商是有利润的,其利润为 $GFHP$。

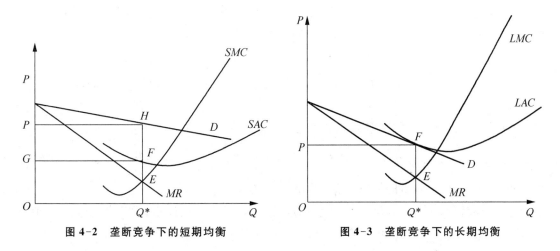

图 4-2 垄断竞争下的短期均衡　　　　图 4-3 垄断竞争下的长期均衡

长期的情形则不同,如图4-3 所示。在垄断竞争市场中,每家厂商的规模都不大,而且厂商数目很多,厂商进出市场都非常自由。所以,当厂商在短期内有利润存在时,就会吸引新的厂商加入。在长期,厂商可以任意变动一切生产投入要素。如果一行业出现超额利润,会有新厂商进入,最终使超额利润消失,从而达到长期均衡,此时整个行业的超额利润为零。因此,长期垄断竞争市场与完全竞争市场一样,由于总收益等于总成本,只能获得正常利润。

长期内垄断竞争厂商仍然会维持在 $MR = MC$ 条件下生产,即图中的 E 点。E 点所决定的产量为 OQ^*,价格为 OP。而且在长期均衡时,平均收益等于平均成本,因此,利润为零。此时不会有新的厂商加入,也不会有旧的厂商退出,市场达到长期均衡。所以,垄断竞争市场的长期均衡条件是:(1)边际成本 = 边际收益;(2)价格 = 平均成本 = 平均收益。

4.2.5 寡头垄断

在完全竞争市场或者是垄断竞争市场,销售者众多,销售者的定价或生产策略不会影响其他竞争者的价格或者产量。但是,在一个仅有少数销售者的市场中,某个销售者的定价和生产策略会影响其竞争者的定价和策略,这就是寡头垄断市场的特征。寡头垄断市场是指只有少数几个卖家的市场,每个卖家都提供与其他卖家相似或相同的产品。经济学家建立了几个寡头垄断模型,分析企业如何对竞争者的行为作出回应。下面通过两个最古老、最重要的寡头垄断模型来理解这个概念,即古诺产量竞争模型和伯川德价格竞争模型。

1. 古诺产量竞争模型

古诺产量竞争模型,简称古诺模型,由奥古斯丁·古诺于1835年提出。古诺模型最初是只有两个寡头厂商的简单模型,也被称为"双寡头垄断"。假设有两家芯片制造商,企业1是三星,企业2是镁光。它们生产相同产品,且产品价格相同。在古诺模型中,它们共同面临的市场的需求曲线是线性的,假设为 $P = 100 - Q_1 - Q_2$,两个企业都准确地了解这条市场的需求曲线。每个企业可以选择各自的产量 Q_1 和 Q_2,一旦确定了各自的产量,就可以根据市场需求曲线计算出产品的价格 P。

假设三星和镁光的生产总成本分别为 $TC_1 = 10Q_1$,$TC_2 = 10Q_2$。

古诺模型假设两个企业都是在已知对方产量的情况下,各自确定能够给自己带来最大利润的产量,即每一个厂商都是以自己的产量去适应对方已确定的产量。

假设三星预测镁光的产量为 Q_{2g},那么三星的利润 π_1[①]为

$$\pi_1 = 收益 - 总成本 = P_1 Q_1 - TC_1 = (100 - Q_1 - Q_{2g})Q_1 - 10Q_1$$

那么,利润最大化时的产量为 $Q_1 = 45 - 0.5Q_{2g}$

这个利润最大化时的产量 Q_1 就是建立在三星对镁光产量预测基础上的最佳反应值,这是关于 Q_{2g} 的递减函数,我们将这条线称为三星的反应函数。

同样地,可以计算出镁光对三星产量预测基础上的反应函数为:$Q_2 = 45 - 0.5Q_{1g}$

在古诺均衡中,每个企业对竞争对手产量的估计都"正确",也就是说,它对竞争对手产量的估计值和对手实际上所选择的产量是一致的。

因此,可以计算出古诺均衡的解。

$$\begin{cases} Q_1 = 45 - 0.5Q_2 \\ Q_2 = 45 - 0.5Q_1 \end{cases}$$

得出的解为 $Q_1^* = Q_2^* = 30$

把两个企业的反映函数在同一张图(见图4-4)中画出来,如图4-4所示,曲线 R_1 是企业1三星的反应函数,它表示对于企业2镁光的任一产出水平 Q_2,三星实现利润最大化的产量。曲线 R_2 是企业2镁光的反应函数,它表示对于企业1的任一产出

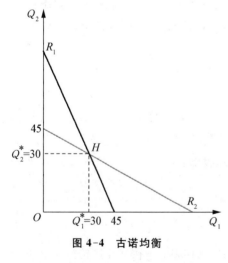

图4-4 古诺均衡

---

① 利润 π_1 可以写为 $90Q_1 - Q_1^2 - Q_{2g}Q_1$。如果我们将 Q_{2g} 看作一个常量,并求 P_1 对 Q_1 的导数,将得到 $\partial P_1/\partial Q_1 = 90 - 2Q_1 - Q_{2g}$,将该导数设为零,就可以解出关于 Q_1 的方程,进而得到利润最大化时的 Q_1 的值。

水平 Q_1,镁光实现利润最大化的产量。古诺均衡产出用 Q_1^* 与 Q_2^* 表示,位于两条反应函数的交点,在图 4-4 中每家企业的均衡产出为 30。

还可以进一步计算出市场均衡时的价格和每家企业获得的利润。

先求出此时对应的均衡价格:$P^* = 100 - 30 - 30 = 40$,

每个企业的利润:$\pi^* = 40 \times 30 - 300 = 900$。

如果把行业中的这两个企业看作一个整体,可以根据下式计算出利润最大化时的产量:

$$\pi = (100 - Q) \times Q - 10Q$$

此时 Q 为 45,对应的价格 P 为 55。

实现行业利润最大化的产量 45,而前面我们计算出这两家企业各自实现自己利润最大化时,生产的产量之和为 30 + 30 = 60。这就是寡头垄断行业的特征:对个体的自我利益的追求并不能使整个行业的利润最大化。

2. 伯川德价格竞争模型

古诺模型是一种产量竞争模型,而伯川德模型是价格竞争模型。约瑟夫·伯川德在 1883 年提出了伯川德模型。该模型假设:第一,各寡头厂商通过选择价格进行竞争;第二,各寡头厂商生产的产品是同质的,边际成本为 MC,无固定成本,并且没有生产能力的限制;第三,寡头厂商之间也没有正式或非正式的串谋行为。

伯川德模型的核心在于,寡头企业的产品之间有很强的替代性,所以消费者的选择就是价格较低的产品;哪位寡头的产品价格更低,则哪位寡头将赢得整个市场,而定价较高者则完全不能得到任何收益,从而亏损。

如图 4-5 所示,市场上有企业 1 和企业 2 两家企业。边际成本均为 MC。企业 1 关于定价的决策如图 4-5 黑色曲线所示。对于企业 1 而言,价格定得比企业 2 高会导致零需求和零利润,而价格制定得略低,企业 1 可以获得市场上的所有需求。

因此,当企业 1 预计企业 2 的定价小于边际成本 MC 时,企业 1 为了避免亏损,只能选择价格 $P_1 = MC$,这就是图 4-5 中的下面一条黑色横线部分;当企业 1 预计企业 2 的定价 P_2 大于边际成本 MC,且小于垄断成本 P^M 时,企业 1 选择略低于 P_2 的定价 P_1,这就构成了图 4-5 中的黑色斜线部分;当企业 1 预计企业 2 的定价 P_2 大于垄断价格 P^M 时,企业 1 选择定价为垄断价格 P^M,这就是图 4-5 中的上面一条黑色横线部分。这个最优定价过程就是企业 1 对企业 2 选择的最优

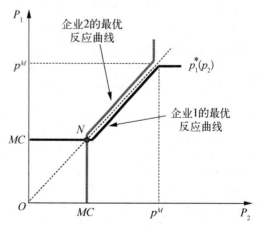

图 4-5 伯川德模型均衡点的形成

反应,也被称作企业 1 的反应函数。

由于企业 2 与企业 1 具有相同的边际成本,所以它的反应函数曲线和企业 1 的形状相同,它们对称于 45 度线,如图 4-5 中红色曲线所示。图 4-5 中反应曲线的交点 N 就是纳什均衡,在这个点,没有哪个企业能通过单方面改变价格获利。点 N 反映出这两个公司的最优定价都等于边际成本 MC。

"价低者获得全部市场份额",伯川德价格竞争模型中的市场竞争格局导致寡头之间竞相降价,直至价格等于边际成本时达到均衡,故称为"伯川德均衡"。所以在伯川德价格竞争模型中,只要有一个竞争对手存在,企业的行为就同在完全竞争的市场结构中一样,价格等于边际成本。

伯川德价格竞争模型的假设实际上也存在一定的缺陷:第一,如果企业的生产能力是有限的,它就无法供应整个市场,价格也不会降到边际成本的水平上;第二,该模型假定企业生产的产品是完全替代品,但如果企业生产的产品不完全相同,就可以避免直接的价格竞争。

4.3 质量竞争

产品属性,如性能和耐久性,也同样重要,企业在这些因素上的竞争的激烈程度丝毫不亚于在价格上的竞争。尽管如此,质量竞争可能比价格竞争对利润的损害更小。随着质量的提升,企业可以提高价格以弥补成本。但是,有一些行业的企业可以成功,如医药行业,有一些行业的企业却只能失败,如美国 20 世纪 90 年代的麦片行业。本节我们将集中研究市场结构与竞争怎样影响企业质量的选择。为了简化讨论,我们将把所有非价格的属性归为质量这一个单独因素,企业除了降价就只能通过提高产品质量来扩大需求。

4.3.1 竞争市场中的质量选择

在一个竞争市场中,所有产品或是同质的,或是显示出纯粹的垂直差异。当产品表现出垂直差异时,对于任一价格组合,所有消费者对他们最偏好的商品都会持一致意见。企业也许在不同价位上提供不同质量水平的产品,但市场会迫使所有企业对单位质量制定相同的价格。这个结论依赖于一个隐含的关键性假设:消费者能够对每个卖主的产品质量进行充分评估。如果消费者不能全面地判断质量,那么,那些质量低而价格高的卖者仍然会拥有客户。这可能会激励企业把单位质量价格提高到竞争性水平之上。

要想了解消费者信息如何影响产品质量,我们只需要观察二手市场中存在的逆向选择问题、劣币驱逐良币问题就可以了。在二手市场上,消费者无法断定他们所购买产品的质量,那么一些卖主可能会降低质量,只出售低质量产品,但仍然索要现行价格。当然,消费者也许会认识到,由于他们对质量的认知不足,他们更容易购买到次品。他们甚至可能会因为猜测产品质量不高而坚持不愿对产品支付高价。这给高质量产品的卖主出了一道难题：他们无法从疑虑重重的消费者那里获得应有的收益。高质量产品的卖主也许会拒绝销售他们的产品,因为他们认为自己得到的价格不足以弥补其机会成本。如果他们想得到与其质量相称的价格,他们必须依靠退款保证、独立的消费者杂志的评论,以及高质量的名望来使消费者确信其产品不是次品。

案例 4-2

多家快递时效升级,质量竞争扩充发展空间①

顺丰、中通、京东物流于2021年4月1日升级时效。其中顺丰时效产品线从四类精简至三类,"顺丰即日"细分自新产品"顺丰特快"系列,在指定时间内寄递可于当晚8点前送达,覆盖范围在191个城市的基础上持续扩张且收费仅高于其他特快件2元左右;原"顺丰次晨"与"顺丰标快"部分路线并入"顺丰特快",覆盖超9万条流向,核心城市互寄及大部分城市主城区内可实现次晨送达,在提速的同时维持原价;剩余产品并入新版"顺丰标快",在保持时效的同时收取更低价格。中通推出"标快"产品,提供次晨、隔晨、次日、隔日等时效承诺。京东物流强化公铁空跨区网络能力建设,在部分地区实现同省次晨达、跨省次日达。这次行业整体升级产品或推进行业迎来拐点,将发力点切入产品质量,并将发展方向引入竞争环境相对健康的高端快递。

从综合角度看快递行业,低端电商快递竞争已经历数年且未来仍具备持续性,随着极兔、众邮、丰网入局,竞争激烈程度得到进一步刺激,而产品同质化导致降价成为主要竞争手段,发展路径相对单一,且对行业发展提升程度有限;高端时效快递方面,高端快递客户对价格敏感度相对较低而对时效性、服务水平等要求较高,良性行业竞争可通过提升行业整体服务质量水平、制定更高产品标准等赋予行业发展空间,并促进业内竞争发展方向多元化。

另一方面,快递产品的升级也将从供给端创造需求,从扩充寄递产品品类、提升客户覆盖面两方面扩大单量来源,形成市场扩张—利润增厚—优化产品的良性循环。运输产品品类方面,省内及同城即日产品在实现高时效性的同时价格大幅低于同城配送,可覆盖更多生鲜食品等相对紧急的商品;覆盖人群方面,本次时效升级即日送达产品覆盖一二线省份等地,可满足更多细分购物需求,进一步促进高端消费、生鲜购物等模式的线上化渗透。从整体上看,随着线上消费习惯固化,快递行业维持高景气度的确定性较强,高端快递细分领域的竞争预计相对良态化。

---

① 根据《长城证券交通运输周报》第13期及其他网络资料编写而成。

4.3.2 有市场影响力的卖家的质量选择

有市场影响力的卖家认为质量对其产品需求非常重要。图 4-6 表示卖主的产品在两种质量水平上所面临的需求量。我们已将质量定义为任何能提高需求量的因素,并反映在图 4-6 中。质量好时的需求量比质量差时要大。高质量需求曲线(D_H)和低质量需求曲线(D_L)之间的垂直差代表了消费者愿意为质量支付的附加价值。如图 4-6 所示,随着质量的上升,需求曲线趋于陡峭。如果那些愿意为某种产品支付最高价格的消费者也愿意为提高质量支付最高的价格,那么就会出现上述情况。

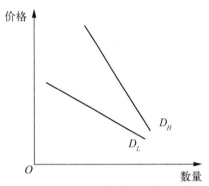

图 4-6 不同质量水平下的需求曲线

假定一家有影响力的卖家要为其所有产品选择单一的质量水平。这可能是一家为全部产品选择单一可靠性水平的器具生产商,或者是一家为全部车型选择单一安全水平的汽车制造商。卖家应该选择什么质量水平呢?与其他经济权衡一样,卖家对质量的选择应该是使提高质量的边际成本等于消费者增加对产品的需求所带来的边际收益。

质量提高的边际收益依赖于质量提高带来的需求增长和销售额外单位产品的利润增量。同时,提高质量的边际成本非常高昂。例如,对于一所大学来说,它试图将由于主机出故障而带来的数据丢失的机会最小化。这所大学可以通过运行数据备份系统来使损失最小化。每次程序的运行都需要很高的成本,如操作人员和计算机停用的时间等。如果该大学想将损失限制在最多 1 个星期的工作量上,它每年必须运行 52 次备份程序。若将损失限制在 3 天的工作量上,则需每年运行 122 次。若将损失限制在 1 天的工作量上,就需运行 365 次。为了提供越来越多的额外保护,就需要运行越来越多的次数。要获得更多保护确实是非常高昂的。这意味着企业的价格成本边际是决定它提高质量意愿的重要因素。当然,需要特别说明的一点是,提供高质量产品的销售者只有在消费者知情的情况下才能获利。

有时,市场结构会导致与提高质量相冲突的动机。一家垄断企业的价格—成本比率可能比竞争性公司高,但也许会面临更少的边际消费者。产品水平差异对提高质量也有相似的双重影响,产品水平差异能创造忠实客户,他们使得卖主可以提高价格成本边际,通过改进质量来吸引新客户,从而增加收益。另一方面,当产品水平差异大时,忠实的消费者就不大可能转向其他卖主,这意味着所有卖主都面临更少的边际消费者,也就是新增消费者。

4.4 网络经济下的市场结构

网络经济是一种建立在 Internet 基础之上,以现代信息技术为核心的新经济形态。

互联网是以高新技术驱动的新兴产业,区别于传统产业的特征包括:需求多样化及由此产生的长尾效应、双边市场特征、网络外部性、注意力经济及锁定效应与正反馈等。这些特征共同作用于互联网企业,使其在网络经济下产生了不同于传统行业的市场行为。因此,网络经济下的市场结构产生了新的变化。网络效应作为网络经济的显著特性,极大地影响着企业的行为和绩效,颠覆了传统的竞争模式。合作竞争成为网络经济下企业之间关系的本质属性,也使网络经济下的市场结构呈现出新的变化。

4.4.1 网络经济下市场结构的新变化

1. 市场结构呈现多层次复合性特征

在传统经济下,可以使用市场集中度等对单个企业的边界进行测量,进而确定该市场的结构。而在网络经济下,多个企业以网络为边界参与产品生产过程,分工合作的模式突破了单一企业或产业的界限,出现了从企业层面看是一种产品市场结构,从产业或行业层面看则是另一种产品市场结构的新特点。也就是说,网络经济条件下的市场结构是双层或多层复合结构。网络组织(如虚拟企业)内各个企业的市场地位共同决定了该网络组织的市场地位。例如,通用汽车和丰田汽车的竞争,从企业层面看是两家公司之间的竞争,而从网络组织层面看却是两家公司供应链之间的竞争。通用汽车在北美市场失败的原因之一,在于它作为供应链上的核心企业,未能和其供应商德尔福共同应对德尔福的破产危机,使得通用汽车所在的供应链在与其他供应链的竞争中落于下风。相比而言,丰田汽车与其供应商的联系要紧密得多。因此,作为供应链中的核心企业,自身的成败一定程度上也要依赖于所处供应链的整体竞争力和经营绩效。

2. 市场结构表现出暂时性垄断态势

传统产业组织理论认为,某一行业的垄断市场结构一旦形成,则在相当长一个时期内很难改变。在网络经济下,网络效应、正反馈将导致"强者更强、弱者更弱"的最终结果,从而使网络经济的市场结构趋于垄断化。但这种垄断并不必然地抑制和排斥竞争,网络经济条件下竞争的形式多样化,包括技术竞争、标准竞争等多种竞争形式。不难看出,网络经济的市场结构有别于传统市场结构,垄断和竞争两种因素同时存在,其矛盾与斗争不断加剧。因此,网络经济下的市场势力或垄断只是一种基于技术创新或知识创新优势所形成的暂时垄断,竞争与垄断交替出现,共生共存。

例如,在共享单车市场,ofo 小黄车自 2015 年 6 月启动以来,连接了 1 000 万辆共享单车,累计向全球 20 个国家、超 250 座城市、超过 2 亿用户提供了超过 40 亿次的出行服务。ofo 小黄车与摩拜是当时的共享单车独角兽企业。到 2018 年 9 月,因拖欠货款,ofo 小黄车被凤凰自行车起诉,市场份额开始下滑。而 2016 年 9 月成立的哈啰出行,在 2019 年初开始反超两大巨头并成为新的共享单车之王。2021 年 4 月 24 日,哈啰出行正式在纳斯达克递交赴美上市招股书。在竞争激烈的共享单车市场中,未来市场格局的变化还拭目以待。

3. 技术创新是市场结构优化的动力

传统经济理论认为,市场结构对创新行为只起单向的静态决定作用,而技术创新对市场结构的反作用则不十分明显。网络经济下技术创新为产业组织结构的优化增加了强劲内在动力。技术创新能够使网络经济市场中的垄断与竞争形成高度的统一,促使垄断和竞争相互促进而不是相互排斥。网络经济下的企业要想具有市场支配力量就必须掌握先进的科学技术。但是,先进的科学技术是在不断更新的,所以,市场中所有的企业一刻都不能松懈,时刻都在受竞争对手的威胁,要一直保持着企业的技术创新性才不会被竞争对手逐出市场。例如,我国通信业务市场是属于技术创新活动集中的市场,在该市场中,中国移动、中国联通、中国电信这三个企业都拥有先进的仪器和生产设备,因此能够制造出创新性的产品,提供给消费者。由于独有的创新性的优势经验累积,这些企业能够预测未来行业的技术趋势和发展方向,制定的企业技术创新战略也是非常具有建设性的。

4.4.2 竞争性垄断

1. 竞争性垄断的含义

在网络经济下,由于信息产品的特征和高度的技术竞争,出现了竞争和垄断同时被强化的态势。在竞争和垄断双强态势的作用下,竞争和垄断自行有组织地结合在网络经济的市场结构中,形成了竞争性垄断这种特殊的市场结构。这种市场的开放程度越高(进退无障碍),竞争越激烈,技术创新的速度也就越快,所形成的行业垄断就越强,集中度也就越高;而垄断性越强,集中度越高,市场竞争反而越激烈。

国内最早提出"竞争性垄断"概念的是李怀和高良谋,他们通过对微软案例的观察,分析了新经济的冲击和竞争性垄断的出现。该理论被接受并运用于网络经济市场结构的研究。这里的"垄断"是指垄断地位,而不是指垄断行为。企业要想占据垄断地位并维持下去,就得不断提高自己的竞争力,而提高竞争力的最有效手段是技术创新(制度创新是前提和保障)。而这种竞争性垄断是基于技术竞争,特别是技术创新,从而区别于传统经济中的垄断和垄断竞争(见表4-3)。

表4-3 不同垄断市场结构的比较

市 场 类 型	竞 争 性 垄 断	垄 断 竞 争	寡 头 垄 断
企业数量	较多	很多	很少
竞争程度	很强	强	较强
市场集中度	一个或几个企业占有绝大多数市场份额	较低	高
进入与退出壁垒	主要是政策壁垒、技术	较低	较高
定价方式	基于消费者偏好或免费	高于边际成本定价	价格合谋等方式
技术创新速度	很快	较快	较快

2．竞争性垄断的特征

（1）市场中的厂商集中度较高。在竞争性垄断市场中，始终有一个或几个技术领先者占据着市场的主要份额，市场中的赢利能力和利润水平存在很大的悬殊。在该市场中，垄断的态势已经形成。但是谁能处于寡头和垄断位置的不确定性非常大，高度的竞争特别是技术创新可能随时导致市场位置被置换，即竞争性垄断市场结构中垄断位置的置换率非常高。

（2）竞争与垄断双重加强的二律背反。网络经济下，垄断结构的垄断程度与竞争程度都得到了强化。一方面，由于技术的不兼容性和标准化等网络特征的存在，网络经济下的企业一旦通过技术创新等方式获得垄断地位，将会强化企业的垄断地位，出现"赢者通吃"的局面，进而导致市场中的垄断程度不断增强。另一方面，市场中的竞争程度也更加激烈。在网络经济下，垄断结构行业的进入壁垒很低，企业可以自由进入与退出。为了从市场中获得更多的经济利润，新进入的企业或潜在竞争者也会通过技术创新、体制创新等各种方式试图取代已有垄断企业的位置。为了维持自身的垄断地位，具有垄断结构的企业需要不断创新。

因此，网络经济下的垄断态势完全不同于传统经济下的垄断含义。传统的垄断结构意味着竞争对手的减少，竞争程度的降低。在商务新经济下，不仅垄断结构的垄断程度得到了加强，而且竞争程度也更加激烈，竞争性垄断市场结构是高效率的，这种在传统经济下完全无法实现的二律背反特征在新经济中得到了充分的体现。

（3）社会总福利增加。传统经济下垄断结构会导致消费者剩余和总剩余同时减少，这是由于垄断企业的定价远高于竞争时的价格，价格的提高又导致消费者购买量的减少，从而导致消费者福利和社会总福利的损失。那么，网络经济下垄断结构是否也会带来上述的损失呢？答案是否定的。由于网络经济市场中存在很强的网络效应，即网络外部性，庞大的市场份额使每个网络成员的收益显著增加，同时又给企业创造了巨大的网络收益，进而增加了消费者和生产者的总剩余，社会总福利得以增加。

案例 4-3

竞争性垄断市场：全球计算机操作系统[①]

操作系统是一种管理计算机的软件。最早的操作系统是 DOS，微软、IBM 都曾开发过此操作系统。随着计算机硬件和软件的不断升级，微软的 Windows 也在不断升级，从架构的 16 位、32 位再到 64 位，系统版本从最初的 Windows1.0 到大家熟知的

---

① 根据"文鹏．网络经济下竞争性垄断与技术创新关系研究[D]．华中科技大学，2007．"及其他网络资料编写而成。

Windows 95、Windows XP、Windows Vista、Windows7、Windows 8、Windows 8.1、Windows 10、Windows 11 和 Windows Server 服务器企业级操作系统。除了 Windows 系列操作系统之外,目前还有 Linux、Mac、嵌入式操作系统等多种操作系统。

表 4-4 计算机操作系统的市场份额

操作系统	公司名称	所占市场份额
Windows 系列	Microsoft	86%
Mac	Apple	11%
Linux	RedHat	3%

数据来源:"Net Applications",东方证券研究所,2018 年 12 月。

根据表 4-4 的市场份额及其他相关资料可以发现,计算机操作系统行业完全符合竞争性垄断市场的特征。主要表现在,第一,该市场中有一家企业的市场份额很大,远远超过第二位企业。第二,该市场中的竞争与垄断双双强化。微软自开发出 Windows 操作系统后就一直占据着该市场的垄断地位;但同时,由于其他操作系统的不断优化与升级,它们对微软的垄断地位也形成了极大的威胁,使得该市场中的竞争程度十分激烈。第三,消费者的福利增加。Windows 操作系统的出现使人们对计算机的使用更加方便、简洁,同时该系统的网络价值随着使用人数的增加而不断提升,反过来又增加了消费者的福利。因此,在网络经济下,计算机操作系统可以视为最典型的竞争性垄断市场结构之一。

竞争性垄断市场结构的形成与微软公司的技术创新能力相关。微软公司自诞生以来依赖于 Windows 操作系统在桌面 PC 的绝对领先优势,在包括数据库、办公软件等领域获得了相当大的优势份额。正是其在该行业中拥有绝对的垄断优势和地位,才使得整个 Windows 操作系统不断升级与完善。微软公司技术创新速度很快,公司几乎每隔两年就会推出一款主流的操作系统,而对于每款操作系统,微软公司几乎每天都在不断地更新与完善。

比尔·盖茨最有名的一句话是,"我们离破产只有 14 天了"。他深知,在操作系统这个行业,如果你一旦停止创新,潜在的竞争对手将会马上超过你,并取代你的垄断地位。尽管 Mac、Linux 等操作系统的市场份额远不如 Windows,但相关开发公司也在不断地进行技术创新,对自己的产品不断升级与完善,满足消费者更深层次的需求。

微软具有强烈的危机意识,它每年都投入几十亿美元开展技术应用与发展项目。在新产品问世时,就将原先的产品大幅降价,为了保持其固定的用户,微软的新软件均具有兼容旧软件的功能,这就保持了市场的连续性。但对于其竞争对手而言,微软的技术是不兼容的。在操作系统这个竞争性垄断市场中,竞争程度更加激烈,导致微软一刻也不敢放慢技术创新的步伐。

4.5 市场结构的决定因素

市场经济的运行是由需求和供给双方共同推动、相互作用而形成的,市场结构是由现有和潜在的各个参与方在市场中所处的地位以及对市场运行的影响程度所决定的。其中企业规模经济水平、产品差异化的程度、市场进入和退出壁垒、市场需求增长的速度、企业横向与纵向一体化的行动以及产业政策和法律法规等,都会对市场结构的形成产生重要的影响。规模经济水平、产品差异化程度、市场进入和退出壁垒等被认为是最主要的因素。

4.5.1 规模经济水平

规模经济水平会对市场结构产生影响。规模经济是指随着生产规模扩大,企业平均成本趋于降低的情形。其意义在于,在那些具有规模经济特征的产业里,企业生产规模越大,生产效率就越高,竞争的结果是大企业将占据更大的份额,大企业打击弱小和低效企业以及阻止潜在企业进入的能力也越强,市场也就越趋向集中。

如图 4-7 所示,一般而言,平均成本曲线成 U 形,随着产量的扩大,在 Q_1 的产量范围内,单位产品的生产和经营成本下降,即长期平均成本曲线下降的呈现趋势,这就形成了规模经济。在长期平均成本的最低点所对应的产出就是最小有效规模。市场所能容纳的厂商数为市场的总需求除以这个最小有效规模。在其他条件一定的情况下,一个行业的最小有效规模越大,说明沉没成本越大,潜在进入者进入的可能性越小。因此企业在现有条件下,尽可能提高最小有效规模,可以有效增加新进入者的进入难度。

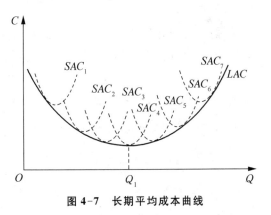

图 4-7 长期平均成本曲线

如果规模经济曲线很陡,那么小规模进入所带来的成本劣势就越大。换言之,规模经济曲线越陡,小规模进入的可能性就越小。企业可以利用最小有效规模,构建行业进入壁垒,从而有效地阻击潜在进入者。例如,美团作为本地生活龙头,已达成规模经济。美团现坐拥 4.57 亿高频活跃用户,已经成为本地生活圈的流量分配者,佣金、广告等变现率持续提高,规模经济带来成本费用结构优化,外卖、到店、酒店等核心业务盈利稳健,为美团生态的基础设施建设和业务扩张提供充足的资金支持,未来可以深度挖掘用户剩余价值,增加变现渠道,在本地生活圈内实现"无边界"的增长。

4.5.2 产品差异化程度

企业控制市场的程度取决于它们使自己的产品差异化的程度。除了完全竞争市场中产品是同质的,以及寡头垄断市场中产品是单一的以外,产品差异是普遍存在的。企业对于那些与其他产品存在差异的产品拥有绝对的垄断权,这种垄断权构筑了其他企业进入该市场或行业的壁垒,形成竞争优势。企业通过打广告等各种方法将自己的产品区别于其他同类产品,吸引购买者,提高消费者的偏好和忠诚。产品差异化给其他企业征服现有客户造成障碍,又能在同一市场上使本企业与其他企业区别开来,以便争夺市场竞争的有利地位。

产品差异化程度对市场结构的影响可以归纳为两个方面。一方面,产品差异化对市场集中度的影响。市场上规模较大的在位企业通过扩大产品差异化程度,可以保持或提高市场占有率,从有助于增强市场集中的倾向。相反,规模较小的企业也可以通过产品差异化提高自身的市场占有率,从而降低市场的集中度水平。另一方面,产品差异化可以形成市场进入壁垒。在位企业的产品差异化可以使顾客对该企业的产品形成一定的偏好甚至是忠诚度,这对于那些意图进入的企业而言,无疑会形成进入壁垒。同时,为创造和宣传产品的差别,需要企业具有一定的研究开发实力和营销能力,潜在厂商因为无法支付高额研究开发费用和广告宣传费用而无法进入。

例如,字节跳动的迅速发展,得益于今日头条与抖音的爆款产品力与差异化运营。其中,今日头条最大的竞争产品是腾讯新闻。两款的产品定位及产品目标客户群体不同,腾讯新闻旨在发布最新、最全面的新闻资讯,注重权威媒体专业性。今日头条采用千人千面算法,投放个性化资讯,并激励自媒体发展,旨在满足用户偏好及满足用户分享生活观点及发挥专业知识的诉求,提高用户黏性。字节跳动推出今日头条爆款产品的成功之处在于抓住了互联网时代的机遇,同时公司优秀的技术实力和贴近年轻人的产品运营能力是产品获得持续竞争优势的保证。

4.5.3 进入壁垒与退出壁垒

企业进入或者退出市场的难易程度对于市场结构以及由此而产生的企业行为起到了关键壁垒作用。与在位企业相比,同样有效率的企业不能很容易地进入市场,那么在位企业就会拥有并可以行使市场势力,在高于边际成本的水平上定价,这样的市场就是不完全竞争的。

一般来说,若一个产业的进入和退出壁垒都高,则会强化现有企业对市场价格和产量的支配力,形成垄断性市场结构;与之相反,产业的进入和退出壁垒都很低,整个市场结构就富有竞争性;而进入壁垒低,退出壁垒高,则会导致市场中卖方集中度降低,市场竞争无法实现对劣势企业和生产能力的有效清除,产业潜伏着过度竞争的危险。

1. 进入壁垒

进入壁垒是指那些能让在位者赢得正经济利润,而同时使行业的新进入者无利可图的因素。进入壁垒较高的产业中,市场结构趋于垄断;而进入壁垒和退出壁垒较低的产业中,市场结构趋于竞争。根据进入壁垒的一般理论,进入壁垒可以分为结构性进入壁垒和战略性进入壁垒。

(1) 结构性进入壁垒。结构性进入壁垒指在位者有天然的成本或营销优势,或者可以从有利的法规中获益。这种在位者的优势并不是在位厂商有意识地造成的,而是厂商在利润最大化的经营过程中自然产生的。上述规模经济最终表现为给想要进入市场的企业造成进入壁垒。实际上,关键资源的控制、绝对成本壁垒、网络效应等都会带来结构性进入壁垒。

第一种结构性进入壁垒是对关键资源的控制。如果在位者控制了生产的关键资源,就不会受到进入壁垒的影响。如戴比尔斯公司在钻石制造方面、美铝公司在铝生产方面、美国优鲜沛公司在蔓越莓生产方面,由于控制了基本的投入原料而保持了垄断地位或形成了卡特尔。它们积累的知识、技术上的投资、贸易关系和品牌身份都创造了不对称性,这使得向新进入者销售投入品变得毫无意义。这些企业的成功表明,企业应该获得主要的投入品来取得垄断地位。但是,这种做法存在以下风险:第一,当企业刚认为它已经控制了现有投入品的供应时,新的资源就可能出现了。例如,最近在加拿大西北部发现的钻石就动摇了戴比尔斯公司对世界钻石市场的控制。第二,稀缺资源的拥有者能在出售给可能的垄断者之前将价格抬得很高。戴比尔斯公司试图将加拿大的大部分钻石买尽,但是高价使卡特尔的利润受损。

第二种结构性进入壁垒是绝对成本壁垒。这是指在位企业在任一产量水平下的平均成本都低于潜在进入者。图 4-8 显示了绝对成本壁垒的含义,潜在进入者和现有厂商的最低平均成本分别为 P_2 和 P_1,不论处于何种生产产量水平上,现有厂商平均成本线始终低于潜在进入者的平均成本线。两者平均成本线之间的差距就构成了绝对成本壁垒。如果现有产商制定高于 P_1 但低于 P_2 的价格,那就能有效阻止潜在进入者的进入行为,而且自身还能获得不菲的利润。例如,美国高通公司在 1989 年研发出用于无线和数据产品的码分多址(CDMA)技术后,随即向市场推出基于该技术的手机。

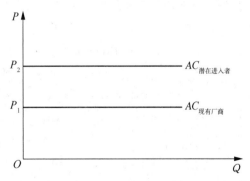

图 4-8 现有厂商的绝对成本壁垒

与此同时,高通公司也向其他手机厂商授权有偿使用该技术。由于技术上的垄断性,使得高通公司拥有了绝对成本优势,但恰恰也是绝对成本优势的存在,使得高通后来退出了手机销售市场,转向发放 CDMA 专利许可。如今,高通已拥有 3 900 多项 CDMA 及相关技术的美国专利和专利申请。高通公司已经向全球超过 130 家电信设备制造商发放了 CDMA 专利许可。

第三种结构性进入壁垒是网络效应。网络经济呈现出明显的网络化和知识化特征,虚拟企业的出现也促使企业之间的行为从市场转向网络。如果行业中存在网络效用,那么在位企业由于已经拥有相应的消费者群体,从而自然获得相对于潜在进入者的在位优势,消费者会更加倾向于购买在位企业的产品。潜在进入者需要大量投资于广告或折扣促销等活动,才可能吸引部分消费者购买其产品,这毫无疑问增加了进入的难度。

案例 4-4

金山办公:网络效应构建高壁垒①

金山公司主要从事 WPS Office 办公软件产品及服务的设计研发及销售推广,产品市场占有率在行业中领先。计世资讯数据显示,2016—2018 年国内 WPS 用户占国内办公市场用户总规模的比例分别为 27.81%、38.40%、42.75%,领先于其他国内办公软件厂商。在企业级市场,该公司业务已覆盖 30 多个省、市、自治区政府,以及 400 多个市县级政府,政府采购率达到 90%。

办公软件领域是强网络效应行业。近年来互联网的迅速普及,使得文字处理、数据分析、PPT 演示等办公软件成为刚需,也是 C 端用户学习、工作、生活以及 B 端企业开展业务不可或缺的工具,拥有庞大的用户群体。而这些办公文档在产生、传播、存储、呈现的过程中形成了庞大的集群网络。而云计算、移动互联网等新技术在办公软件领域的应用,带来了协同办公的普及,进一步增强了网络外部性,提高了网络效应。一款办公软件产品给用户带来的效用越高,往往周边的人都会逐渐转向使用这款产品,带来网络规模及价值的提升。

金山公司践行 Freemium 模式,网络效应铸就公司的高壁垒,未来主要产品月活及付费率有望持续提升。公司通过"免费"的策略持续获取新客户,降低用户的获取成本,而优异的产品性能以及产品在文档格式、操作系统等方面良好的兼容性成为这种创新销售策略成功的基础。通过为用户带来边际效用的持续提升,构建了强网络效应优势。在付费的增值服务方面,金山公司通过高研发不断创造价值点,提升付费率。而云存储、稻壳模板等与用户内容深度相关的功能点有望增强付费客户的黏性。

(2)战略性进入壁垒。当在位者发动进攻以阻碍进入者时就产生了战略性进入壁垒。这种壁垒本质上是人为的,由企业故意的行为所引发,使进入者处于不利状态。战略性进入壁垒主要包括限制定价、掠夺性定价和产能扩张等。在这里我们主要分析限制定

---

① 根据东方证券行业报告及百度百科资料编写而成。

价和掠夺性定价。

第一种战略性进入壁垒是限制定价。限制定价(limit pricing)是指在位者在发生进入前,依靠实施低价来阻碍进入的做法。对于一个垄断性市场,哪怕是只有一个厂商进行垄断,仍然存在其他竞争者随时进入的威胁。在位者在认识到这一点后,会心甘情愿地牺牲一些短期利润,适当地降低价格,使市场对潜在的进入者不具有那么大的吸引力。限制定价是一种短期非合作策略性行为,它通过在位厂商的当前价格策略来影响潜在进入者对进入市场后利润水平的预期,从而影响潜在厂商的进入决策。

假设存在一个存续期为两年的市场。每年的需求是给定的。在第一年,市场中仅有一个掌握了工艺专用技术的企业进行生产,我们将该公司称为 N。另外一个公司我们称为 E。在第二年,E 开发了新技术准备进入市场。简单地分析可以发现,依靠限制定价,N 公司在第一年将获得一个较低的利润,但第二年可以成功阻止进入者,并将获得完全垄断利润。这时的总利润会大大超出 N 公司采用设定第一年为垄断价格而在第二年与 E 分享市场利润时的总利润。

第二种战略性进入壁垒是掠夺性定价。掠夺性定价(predatory pricing)指的是为将其他企业逐出市场而设定低价的做法。掠夺性企业期望在将竞争对手赶出市场时付出的任何代价,都可以在以后通过施加市场力量而得到弥补。掠夺性定价有别于一般意义上的竞争性定价,它对市场竞争缺乏积极作用,是一种反竞争的低价,因此许多国家都会对掠夺性定价行为进行管制。各国法律判断掠夺性定价的标准基本一致,即判断定价是否低于产品平均成本。掠夺性定价和限制定价的不同是,限制定价是针对还没有进入市场的企业,而掠夺性定价却是针对已经进入市场的公司。

在网络经济中,企业从事掠夺性定价的可能性大大高于传统经济。由于存在网络经济效应,企业的竞争主要是获得用户数量。因此,企业可能采取低价渗透的方式来吸引用户群,在企业的产品成为市场标准后,为了阻止进入者,企业可能会继续使用渗透定价的策略。此时企业的行为就是掠夺性定价,因为一旦成功阻止进入者进入,企业就能够在将来的竞争中处于有利位置。例如,2020 年 10 月,美国众议院反垄断小组通过对数字市场竞争状况长达 16 个月的审查结果,控诉了苹果、亚马逊、谷歌和脸书四家垄断平台存在的共同竞争问题,并指出这些平台通过自我优待、掠夺性定价、排他性行为等方式滥用其控制力,以寻求进一步扩张。

2. 退出壁垒

所谓退出壁垒,指的是企业在退出某个行业时所遇到的阻碍。退出一个市场,就是一个公司停止生产,并将其资产重新部署或出售。当决定是否要退出市场时,企业必须对比其资产在其他最佳使用方式下产生的价值和继续留在该市场中产生的价值。由于退出障碍的存在,一个公司将不得不继续待在该市场中。

退出壁垒通常源于沉没成本。例如,企业不论是否停止生产都必须承担义务。这些义务代表了沉没成本。这样义务的例子包括劳动合同、购买原材料的承诺。因为这些成本是有效沉没的,继续生产的边际成本很低,退出的吸引力降低。对投入品供应商的债务,是考虑从单一的市场中退出的多样化经营公司的一个巨大的退出障碍,因为这个退出部门的供应商会要求企业将用于其他部门的资源用来保证支付此款项。关系专用性资产的转售价值较低,是退出的第二个障碍。政府的限制是退出的第三个障碍。例如,一些国家禁止医院在没得到管理机构批准的情况下倒闭。退出障碍的存在使得在位企业必须努力去应对来自潜在竞争者的挑战。

案例 4-5

数字阅读:免费阅读意味着没有"沉没成本"?①

传统阅读产业商业化主要通过付费阅读及 IP 运营授权,流量争夺下,传统数字阅读的付费模式受到挤压,免费阅读应运而生,数字阅读在 2020 年开启免费阅读,其核心商业化来自广告流量收入(用户可通过购买会员去广告)。

经过了 2019 年的激烈交火和 2020 年头部企业的攻防战,各平台的产品类型同质化程度较高,作品参差不齐,2021 年的免费阅读战事已走入中场阶段。第一,市场格局基本稳定,番茄、七猫免费阅读平台占在线阅读头部位置,同质化素材致使用户注意力提升难度加大,短视频平台流量瓶颈已显;第二,用户留存问题也凸显出来。因免费阅读的下沉打法并结合广告吸引的用户留存转化较弱(新增用户的留存问题也影响免费阅读 App 通过广告点击盈利的变现方式)。

因此,免费阅读领域还需探索可实现盈利的方式,如稳定的大规模用户广告消费,或打造内容 IP 步入多元化开发路径,均需要更为精细的优质用户获取方式。但回归到"付费"与"免费"的问题上,对部分用户来说,免费意味没有"沉没成本",内容喜好与自身喜好不匹配后即弃文,即使看完,黏性较弱后也难沉淀粉丝经济,难以带来后端的衍生品的商业化,同时在商业化较难良性运营下也难以孵化出头部的 IP 内容。

免费阅读历经两年发展,面对流量瓶颈以及内容同质化、用户审美疲劳后需借助优质内容吸引画像更丰富与口味更多的用户群体,进而达到站内生态的重构。新商业动作,例如开发微短句、借助影视作品反哺 IP、吸引用户成为平台新方法。七猫、米读、番茄先后在快手、抖音发布由站内小说改编而成的微短剧,快手联盟也在积极探索阅读赛道,针对图书推出"阅读+"的变现方式,突破行业变现天花板。

---

① 参照国海证券行业报告"阅读的尽头是什么?——传媒行业深度报告"及网络资料编写而成。

思考题

1. 市场集中度一般是通过计算市场份额得到的。在经济全球化的条件下,市场越来越开放,这样的计算还需要考虑什么因素?
2. 查询国内相关的第三方支付工具的资料,并分析国内第三方支付市场的结构及特点。
3. 跳舞机是一个双寡头垄断市场。两家跳舞机生产商 A 公司和 B 公司进行竞争并达到古诺均衡。该行业的需求曲线为 $P=100-Q$,这里的 Q 表示的是 A 公司和 B 公司所生产的跳舞机的总量。目前,每家企业的边际成本均为 40 元,并且没有固定成本。试证明,如果每一个企业生产 20 台机器并且获利 400 元,则均衡价格为 60 元。
4. 市场中竞争者数量的增加是如何影响整体产品质量的?在什么环境下,高质量的企业可以通过进入竞争市场获得成功?
5. 当前我国房地产业面临的进入壁垒和退出壁垒有哪些?

参考文献

[1] Morris Adelman. Economic Aspects of the Bethlehem Opinion[J]. *Virginia Law Review*, 1959, 45: 686.

[2] Aral, S., Brynjolfsson, E., and Alstyne, M. W. V. Information, Technology and Information Worker Productivity[J]. *Information Systems Research*, 2011, 23: 849-886.

[3] 戴维·贝赞可等.战略经济学(第5版)[M].侯锦慎等译.中国人民大学出版社,2015.

[4] 马浩.战略管理学精要[M].北京大学出版社,2015.

[5] 陈林,张家才.数字时代中的相关市场理论:从单边市场到双边市场[J].财经研究,2020,46(3):110-124.

[6] 张谦,李冰晶.数字平台捆绑销售策略的垄断动机研究:基于交叉网络外部性视角[J].管理学刊,2021,34(2):65-79.

[7] 傅瑜,隋广军,赵子乐.单寡头竞争性垄断:新型市场结构理论构建——基于互联网平台企业的考察[J].中国工业经济,2014(1):140-152.

[8] Roithmayr, D. Barriers to Entry: A Market Lock-In Model of Discrimination[J]. *Virginia Law Review*, 2001, 86: 727-799.

[9] 王晓晶.电子商务与网络经济学(第2版)[M].清华大学出版社,2014.

[10] 孙佳梅.网络经济视角下的反垄断规制研究[D].哈尔滨商业大学,2014.

[11] 李怀,高良谋.新经济的冲击与竞争性垄断市场结构的出现:观察微软案例的一个理论框架[J].经济研究,2001(10):29-37.

[12] 吕献红.网络经济下的竞争性垄断市场结构与企业竞合[J].吉林工商学院学报,2009,25(2):47-49.

[13] 孙佳梅,邱凯.网络经济下竞争性垄断市场问题研究[J].商业经济,2013,(18):83-84.

[14] 刘志彪等.产业经济学(第2版)[M].机械工业出版社,2021.

5 价格竞争

本章中我们重点分析企业在市场中的静态价格竞争和动态价格竞争。企业的价格会发生变化,其价格决策会影响到竞争对手,竞争对手的应对措施反过来也会对企业自身产生影响。当我们观察现实中不同行业的企业时,会发现不同行业的价格竞争情况是不一样的。

那么,什么条件影响一个市场中价格竞争的强度呢?为什么一些市场中的企业看起来可以协调它们的定价行为,从而可以避免代价高昂的价格战?而在其他一些市场中,激烈的价格竞争却会成为常态?为什么在一个原本平稳的市场中会突然爆发价格战?如果一个企业承诺总与其竞争对手的价格保持一致,那么这样的价格策略到底有没有意义?什么时候公司要与竞争对手的价格保持一致呢?什么时候公司应该按自己的价格经营呢?这些是本章要讨论的问题。

本章还探讨非价格竞争,尤其是有关产品质量的竞争,我们将探讨市场结构对企业选择产品质量的影响,以及消费者信息对产品质量竞争性质的影响。

5.1 静态价格竞争模型

5.1.1 伯川德模型

将古诺的双寡头垄断模型中的数量策略变成价格策略就成了伯川德模型。法国数学家约瑟夫·伯川德在1883年回顾并评论了古诺的工作,他将价格竞争的缺失视为古诺分析的一大弱点。伯川德的贡献是他发现使用价格作为决策变量不同于将数量作为决策变量,接下来,我们将古诺的双寡头垄断模型中对生产数量进行选择做了修正,改为每个厂商对自己索要的价格进行选择。假设有两个厂商同时选择决策,每个厂商生产同质产品,且边际成本固定为 c。每个厂商都知道市场需求结构,逆需求函数为 $P = A - BQ$。当厂商选择价格而不是产量时,改写需求函数,将总产出作为因变量更方便①。因此,我们有

---

① 在古诺模型中厂商选择产量时,使用逆需求函数,将价格视作因变量比较好。而在伯川德模型中,厂商选择价格,通常将产量视作因变量比较好。

$$Q = a - bP, \text{其中 } a = \frac{A}{B}, b = \frac{1}{B} \tag{5.1}$$

首先从厂商 2 的角度考虑定价问题。为了决定针对对手厂商 1 的最优反应价格,厂商 2 必须先计算基于自己价格 p_2 和厂商 1 价格 p_1 条件下的产品需求。经过理性分析,厂商 2 的推理如下:如果 $p_2 > p_1$,厂商 2 将无法出售任何产品。由于产品是同质的,消费者只从最便宜的厂商那里购买产品。定价高于厂商 1 则意味着厂商 2 将失去所有顾客。如果 $p_2 < p_1$,情况则相反。当厂商 2 定价低于厂商 1 时,厂商 2 的产出将满足整个市场的需求,而厂商 1 不出售产品。最后,我们假定,如果 $p_2 = p_1$,则两个厂商平分市场。当两个厂商定价一致时,会有相同数量的顾客光顾。

因此,厂商 2 的产出需求 q_2 可以用以下形式表达:

如果 $p_2 > p_1$, $q_2 = 0$

如果 $p_2 = p_1$, $q_2 = \dfrac{a - bp_2}{2}$

如果 $p_2 < p_1$, $q_2 = a - bp_2$

如图 5-1 所示,需求结构是不连续的。对任意 p_2 大于 p_1,q_2 的需求为 0。但是当 p_2 降至等于 p_1 时,需求从 0 跳跃为 $\dfrac{a - bp_2}{2}$。当 p_2 进一步下降至低于 p_1 时,需求又跳跃为 $a - bp_2$。

厂商 2 需求曲线的非连续性并没有在古诺模型的数量形式上呈现出来。这是厂商策略之间极其重要的区别。这是因为将需求的非连续性代入了利润函数,形成了利润的非连续性。厂商 2 的利润可表示为 p_1,p_2 的函数:

如果 $p_2 > p_1$, $\Pi_2(p_1, p_2) = 0$

如果 $p_2 = p_1$, $\Pi_2(p_1, p_2) = (p_2 - c)\dfrac{a - bp_2}{2}$

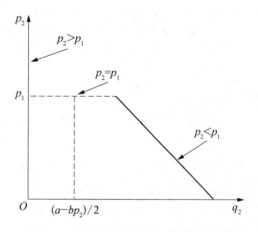

图 5-1 伯川德模型中厂商 2 的需求曲线

注:当 $p_2 < p_1$ 时,厂商 2 的需求与行业需求相等,都为 $a - bp_2$;如果 $p_2 = p_1$,则两个厂商平分整个市场;而当 $p_2 > p_1$ 时,厂商 2 的需求降为 0。

如果 $p_2 < p_1$, $\Pi_2(p_1, p_2) = (p_2 - c)(a - bp_2)$

为了用到厂商 2 的最优反应函数,我们必须找到 p_2,使其对任意 p_1 都能满足厂商 2 的利润 $\Pi_2(p_1, p_2)$ 最大化。例如,假定厂商 1 选择非常高的价格——甚至高于完全垄断价格 $p^M = \dfrac{a + c}{2b}$。因为厂商 2 选择任何低于 p_1 的价格都可以得整个市场,所以它的最优反应是选择完全垄断价格 p^M,从而得到完全垄断利润。

相反，如果厂商 1 设定了一个非常低的价格——低于单位成本 c 呢？当然，这是一个异乎寻常的选择。然而，如果我们希望构建出一个完整的厂商 2 的最优反应函数，我们就必须决定它对于所有可能 p_1 的值。若 $p_1 < c$，厂商 2 的最优定价是高于 p_1。这意味着厂商 2 不出售任何产品，其利润为零。而其他任何选择都会导致亏损。如果 p_2 小于或等于 p_1，那么厂商 2 就会发生正的产出，而这时的价格低于单位成本，厂商 2 每出售一单位产品都会造成损失。

关于厂商 2 对 p_1 极端选择的最优反应的讨论就到此为止。接下来考虑更常见的情况。当厂商 1 的价格高于边际成本 c 但小于等于完全垄断价格 p^M 时，情况会怎样呢？简单的回答是，厂商 2 会设定一个比 p_1 稍微低一点的价格。可用图 5-2 来说明该策略背后的直觉知识。图 5-2 中描绘了 p_1 满足 $\frac{a+c}{2b} \geq p_1 > c$ 时厂商 2 的利润水平。

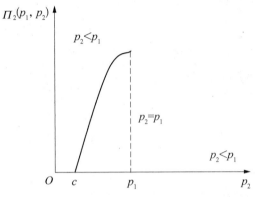

图 5-2 当厂商 1 的价格高于成本但低于完全垄断价格时，厂商 2 关于 p_2 的利润函数

注：当厂商 2 的价格从边际成本 c 上升到仅低于厂商 1 的价格时，其利润连续上升。相较于 $p_2 < p_1$ 时，$p_2 = p_1$ 时厂商 2 的利润有所下降，而 $p_2 > p_1$ 时，厂商 2 的利润为 0。

注意，当厂商 2 的价格从边际成本 c 上升到仅低于厂商 1 的价格时，其利润连续上升，只要 p_2 小于 p_1，消费者就只从厂商 2 购买产品。但是，如果 p_1 小于等于 p^M，厂商 2 通过把价格降低到低于 p_1 而获得垄断地位是受到一定约束的。特别是，当厂商 2 定价为 p^M 时会失去所有顾客，所以无法达到垄断价格和获得相应的利润。但厂商仍然希望尽可能接近那个结果。当然它可以与厂商 1 的价格完全保持一致。但只要它这么做，它就会和对手平分市场。厂商 2 不再设定 $p_2 = p_1$，而是仅在 p_1 的水平上略微降价，它就可以得到双倍利润。此时每单位边际利润仅发生了极小的下降。正如图 5-2 所示，这是一笔非常值得的交易。换言之，对 $p^M \geq p_1 > c$ 来说，厂商 2 的最优反应是令 $p_2^* = p_1 - \varepsilon$，其中 ε 为任意的最小值。

最后，考虑厂商 1 的价格为 $p_1 = c$ 的情况。显然，厂商 2 没有动力将价格削减到低于 p_1。这样做只会导致厂商 2 的损失。厂商 2 的最优选择是使 p_2 等于或大于 p_1。若价格高于 p_1，则厂商 2 不出售任何产品，其利润为零。若价格等于 p_1，则厂商 2 将有正的销售额，但在每单位所出售的产品上它都不赚不赔，其相应的利润依然是零。所以，当 $p_1 = c$ 时，厂商 2 的最优反应是使 p_2 大于或等于 p_1。

前面的讨论可用以下厂商 2 的最优反应函数来总结：

如果 $p_1 > \frac{a+c}{2b}$，$p_2^* = \frac{a+c}{2b}$

如果 $c < p_1 \leq \frac{a+c}{2b}$，$p_2^* = p_1 - \varepsilon$

如果 $c = p_1$，$p_2^* \geqslant p_1$

如果 $c > p_1 \geqslant 0$，$p_2^* > p_1$

类似地，对于给定的 p_2，厂商 1 的最优反应 p_1^* 为

如果 $p_2 > \dfrac{a+c}{2b}$，$p_1^* = \dfrac{a+c}{2b}$

如果 $c < p_2 \leqslant \dfrac{a+c}{2b}$，$p_1^* = p_2 - \varepsilon$

如果 $c = p_2$，$p_1^* \geqslant p_2$

如果 $c > p_2 \geqslant 0$，$p_1^* > p_2$

现在我们可以确定这场以价格为策略的双寡头垄断博弈的纳什均衡了。我们知道，在纳什均衡中没有人有动力改变它的策略。例如，策略组合 $\left(p_1 = \dfrac{a+c}{2b}, p_2 = \dfrac{a+c}{2b} - \varepsilon\right)$ 不是纳什均衡。这是因为，在该组合中厂商 2 将价格削减到低于厂商 1 的价格，在此价格下能够达到仅低于垄断的销售水平。而此时，厂商 1 将没有顾客，得到零利润。因为厂商 1 将价格降低到低于厂商 2 的价格就能得到相当大的利润，所以它也希望这么做。因此，该策略不是纳什均衡。换句话说，因为厂商 1 知道将价格定为 $p_1 = \dfrac{a+c}{2b}$ 时，厂商 2 只要将价格降低极小的数 ε 就能偷走厂商 1 的顾客，使它的利润为零，所以厂商 2 也不会期望厂商 1 将价格定为垄断价格。

伯川德的双寡头垄断模型恰好只有一个纳什均衡——价格组合 $(p_1^* = c, p_2^* = c)$①。如果厂商 1 设定价格且预期厂商 2 也将这样定价，如果厂商 2 也以同样的方式行动，那么没有一个厂商会有动力改变。因此，伯川德双寡头垄断模型的结果是市场价格等于边际成本。当然，这也是完全竞争情况下的结果。唯一的区别是，完全竞争情况是许多小厂商，而这里只有两个大厂商。

毫无疑问，这就是伯川德所说的当策略变量从数量变成价格时所获得的不同结果。这绝不是装饰性的或微小的改变，这种替代性的阐述有着巨大的影响。所以，更进一步地研究这一巨大影响的性质与来源是非常有用的。

5.1.2 重新考虑伯川德模型

与古诺分析一样，双寡头垄断市场的伯川德分析也无法免受批评。批评的主要来源是伯川德模型的假定——两个厂商之间任何价格的偏离将导致高价厂商立即失去所有对其产品的需求。该假定引起了两个厂商需求和利润函数的非连续性。该假定也是每个厂

---

① 如果价格不能连续而只能为整数，那么存在两个纳什均衡。一个是每个厂商使价格等于边际成本，即 $p_2 = p_1 = c$，另一个是每个厂商使价格等于边际成本加 1，即 $p_2 = p_1 = c + 1$。

商最优反应函数的形成基础。

消费者对极小的价格差别的反应似乎是非常极端的,更重要的是存在两个原因使得厂商即便索要高于竞争对手的价格也并不会失去所有顾客。一个原因是产能约束使得对手厂商无法为整个市场需求以低价提供产品或服务。第二个原因是两种产品可能并不是完全替代的。

对于产能约束的重要性,可以举例如下。在一个较小的地区有两处滑雪胜地——雪绒花和雪景花,这两个滑雪场分别位于地区的不同方位,滑雪者将这两处的服务视作相同的,总是选择去缆车票价较低的那一处滑雪。雪绒花是个很小的滑雪场,每天只能容纳1 000名滑雪者,而雪景花相对较大,每天可容纳1 400名滑雪者。当新片区滑雪已变得极为流行时,新片区滑雪服务的需求被估计为 $Q=6 000 - 60P$,其中 P 为每日的缆车价格,Q 为每天的滑雪人数。

两个滑雪场地进行价格竞争。假定提供缆车服务的边际成本是相同的,均为每名滑雪者10美元,由以上信息可知、两个滑雪场都将价格定为等于边际成本这一结果并不是纳什均衡,当缆车价格为10美元时,总需求为5 400人,这远远超出了两处滑雪胜地的总容量。如果每个滑雪场明白需求的范围,它们就可能会增设缆车、滑雪坡道、停车设施等来增大容量。尽管如此,纳什均衡也不可能以价格等于每名滑雪者10美元的边际成本而结束。为什么呢?我们用以下方法思考:如果雪绒花定价11美元,雪景花就可以定价10.09美元来偷走雪绒花所有的顾客,为所有的5 400名滑雪者服务。但是只有当雪景花真的能服务这么多顾客时,这才是一个可置信的威胁,才能阻止雪绒花最初定价11美元。而对雪景花来说,建造这么大的容量是一种很短视的行为。因为当雪绒花定价11美元时没有任何滑雪者,而当雪景花定价10.09美元服务所有滑雪者时,雪绒花会报复性地定价10.08美元从而夺走全部市场需求。同样地,除非雪绒花也拥有5 400人的容量,否则这无法成为一个可置信的威胁。

将以上分析进行逻辑延伸。每个滑雪场被迫将价格降至边际成本,这暗中依赖于每个滑雪场都有着足够的容量来服务于整个竞争市场5 400名滑雪者的供给。但是,当两个滑雪场都要价10美元时,它们平分市场,每个滑雪场仅为2 700名滑雪者服务。如果每个滑雪场在均衡时只能服务2 700名滑雪者,那么它就不太可能建设5 400人的容量。但是除非每个滑雪场都建设5 400人的容量,否则将没有压力使价格下降至边际成本10美元。

一般来说,用 Q^c 表示竞争性产出或价格等于边际成本时的总产出,即 $Q^c = a - bc$。若没有一个厂商有能力生产 Q^c(没有厂商能独自生产以满足竞争性价格所引起的总市场需求),每个厂商只能生产较少的数量,那么伯川德结果 $p_1 = p_2 = c$ 就不会是纳什均衡。理由先前已经解释得很清楚了。在纳什均衡中,每个厂商的选择都是针对对手策略的最优反应。考虑价格等于边际成本 c 且每个厂商利润为零的原始伯川德模型解。由于我们现在引入了产能约束,厂商(如厂商2)可以考虑提价。如果厂商2将 p_2 提高到超过边际成本,即超过 p_1,那么它肯定会失去部分需求,但是并不会失去全部。厂商 1 没有足够的生产能力来服务整个市场。仍然有部分顾客属于厂商 2。厂商 2 从这样的顾客($p_2 > c$)那里赚取利润,此时其利润不再是零,而是正数了。显然,对 $p_1 = c$ 而言,$p_2 = c$ 不再是最优反应了。因此,在产能约束下的策略组合($p_1 = c$,$p_2 = c$)不是纳什均衡。

一旦我们开始考虑产能约束,先前的博弈就变成了两阶段博弈。在第一阶段,厂商决定生产能力。在第二阶段,它们进行价格竞争。而如先前所说,没有厂商能够获得足够的生产能力使其在边际成本定价时服务整个市场。如果没有厂商能达到如此大的生产能力,那么,价格等于边际成本的伯川德解就不是纳什均衡了。但是,在带有产能约束的价格竞争模型中,均衡是毫无价值的。它使我们远离有效率的结果,而更接近古诺模型的结果。

让我们重新回到滑雪胜地雪绒花和雪景花之间的竞争,并额外增加一个假定。假定在对滑雪场的需求超过其容量的价格上,滑雪场服务的总是最热切的滑雪者即支付意愿最高的人。例如,当每个滑雪场定价 30 美元时,市场总需求为 3 000 人。这超过了总的市场容量 2 400 人。因此,每个滑雪场需要以某种方法来定量配给或选择真正会来滑雪的人。我们的假定是,它们将按照支付意愿的大小顺序来为顾客服务。这有时也被称为"有效配给假定"。例如,雪绒花会选择支付意愿的前 1 000 名潜在滑雪者。若我们以这种方法进行,那么,我们会得到雪景花在任意价格上的剩余需求曲线。

我们特别感兴趣的价格是 60 美元。假定每个滑雪场定价为 $p_1 = p_2 = 60$ 美元。此时总需求为 2 400 人,刚好是两个滑雪场的总容量。这是一个纳什均衡吗?我们可以用先前的逻辑来确定雪绒花要价 60 美元时雪景花的需求函数,以此来回答这个问题。在有效配给假定下,这可由图 5-3 说明。雪景花的需求曲线可由最初的需求曲线减去 1 000 个单位得到,即 $Q = 5\ 000 - 60P$(或转换成 $P = 83.333 - Q/60$)。当雪绒花要价 60 美元时,雪景花的边际收益曲线也如图 5-3 所示。

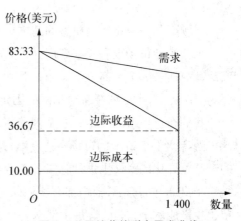

图 5-3 雪绒花的剩余需求曲线

注意,当价格改变时,雪景花面临的需求也改变了,它总是受到容量 1 400 名的限制。我们再来考虑雪景花的要价与雪绒花同为 60 美元的情况。这是最优反应吗?为了核实这一点,可以进一步提问:雪景花有动力改变这个价格吗?答案是:没有。雪景花已经达到其最高容量了,降价并不能增加顾客数量。提价也不是具有吸引力的选择。这会使需求低于 1 400 名的容量。由于边际收益大于边际成本,失去顾客就意味着利润损失。因此,在雪绒花也要价 60 美元的前提下,雪景花没有动力偏离 60 美元的定价。按照同样的逻辑,在雪景花要价 60 美元的前提下,雪绒花也没有动力偏离 60 美元的定价。因此,$p_1 = p_2 = 60$ 美元是该博弈的纳什均衡。

出售同质产品进行价格竞争的厂商很少选择能满足竞争性价格下整个市场需求的生产能力。结果是每个厂商的产出和生产能力都小于竞争水平。换句话说,这意味着价格必须上升到需求等于总的产业生产能力的水平——这明显高于边际成本。这样,当厂商受到产能限制时,伯川德解的有效率的属性就崩溃了。

思考:现在假定滑雪的市场需求增加为 $QP = 9000 - 60P$。然而,由于环境限制,滑雪场无法增加其容量来服务更多的滑雪者。此时,纳什均衡结果是什么?即雪绒花和雪景花的利润最大化价格是多少?

5.1.3 空间背景下的伯川德模型

伯川德认为,价格竞争会自发地趋向边际成本定价。但是有很多人对该观点提出了质疑。产能约束就是原因之一。第二个原因是,可能无法获得伯川德的有效率结果。两个厂商往往并不像伯川德所假定的那样生产同质产品。以发廊为例。没有两个设计师能够设计并剪出完全相同的发型。没有两家发廊有着完全相同种类的设备或装置。只要两个厂商不是并排而立,那么它们的地理位置就存在不同。当索要不同价格时,这些因素就足以使某些消费者对一家发廊产生偏好。简而言之,地理位置、设备或者理发风格上的不同,其中每一个因素都足以使一家发廊定价稍微高于其对手,但又不会立即失去所有顾客。

回顾产品差异化空间模型的基本设置:消费者沿着一单位长度(比如说一千米)的直线均匀分布。市场上有两家商店,但是同一公司无法经营这两家商店,而是分别由竞争厂商经营商店。一个厂商位于城镇的西边,位置为 $x = 0$。另一个厂商位于城镇的东边,位置为 $x = 1$。每个厂商都有着相同的固定的单位生产成本 c。

我们在这一市场中定义一个消费者的位置,并认为它是最受消费者偏好的产品。因此消费者位于距离 x 的市场左边一端,这一距离可能在空间模型更加地理化或以更一般的产品差异化的意义上进行计算。消费者对哪种样式、位置的产品最好的意见不一致,但是对于最偏好的产品,他们都有着相同的保留需求价格 V。自然而然,我们假定 V 相比单位生产成本 c 充分大。每个消费者至少买一单位产品。如果消费者购买了与其最偏好的位置"很远"的产品,他们会受一定的效率损失。如果消费者 x 消费产品1(其位置为 $x = 0$),他会蒙受 tx 的损失;如果他消费产品2(其位置为 $x = 1$),他会蒙受 $t(1 - x)$ 的损失。如果他以价格 p_1 购买商品1,他的消费者剩余为 $V - p_1 - tx$,如果他以价格 p_2 购买商品2,那么他的消费者剩余是 $V - p_2 - t(1 - x)$。当然,他将会选择购买能够给他带来更多消费者剩余的商品,且这一消费者剩余大于 0。图 5-4 展示了这样的市场环境。

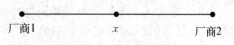

图 5-4 主街道空间模型

我们仍然用服务的位置差别来隐喻其他性质的差别。所以,除了假设两家商店在地理上相互分离,我们也可认为两个不同的厂商销售的产品有着某些不同的特征,如软饮料例子中的含糖量以及汽车例子中的行驶舒适度。在各种情况下,我们的单位线都可以表示产品某个特征的差异程度,且在这条线上每个消费者都有着最偏好的产品规格。在软饮料的例子中,两个厂商可以是百事可乐和可口可乐。在快餐食物的例子中,两个厂商可以是肯德基和麦当劳。而在汽车的例子中,两个厂商可以是福特和通用。

正如伯川德所假定的,两个厂商通过定价 p_1、p_2 进行竞争从而争夺消费者。而价格的选择是同时进行的。与往常一样,我们寻找纳什均衡作为这个博弈的解。如果在均衡中 $V > c$,则两个厂商就都有正的市场份额——否则将意味着至少有一个厂商的价格定得太高使得其没有市场份额,因而是零利润。但是厂商总能通过降价获得正的利润。所以零市场份额的情况不是纳什均衡的一部分。我们进一步假定,纳什均衡的结果是整个市场的需求都得到满足,即假定其结果包含了这样的市场配置:消费者不是从厂商 1 就是从厂商 2 购买产品。只要每个消费者的保留价格 V 足够大,该假定就成立。当 V 很大时,厂商就有动力将产品出售给尽可能多的顾客。这是因为,如此高的支付意愿意味着每位顾客都可被索要足够高的价格,使得每笔销售都能获得可观的利润。

整个市场需求得以满足的假定暗示存在着某种消费者——边际消费者 x^m。对他而言,从厂商 1 购买产品和从厂商 2 购买产品是没有差异的,即两种方式效用相同,用代数方法表示为

$$V - p_1 - tx^m = V - p_2 - t(1 - x^m) \tag{5.2}$$

等式(5.2)可用来找到边际消费者 x^m 的位置,即

$$x^m(p_1, p_2) = \frac{(p_2 - p_1 + t)}{2t} \tag{5.3}$$

在任意价格 p_1、p_2 下,所有位于 x^m 西边或左边的消费者都从厂商 1 购买,所有位于 x^m 东边或右边的消费者都从厂商 2 购买,即 x^m 是从厂商 1 购买的市场份额,$(1 - x^m)$ 是从厂商 2 购买的市场份额。若总的消费者人数用 N 表示,在整个市场需求得以满足的前提下,厂商 1 在任意价格组合 (p_1, p_2) 上的需求函数为

$$D^1(p_1, p_2) = x^m(p_1, p_2) = \frac{(p_2 - p_1 + t)}{2t} N \tag{5.4}$$

厂商 2 的需求函数为

$$D^2(p_1, p_2) = [1 - x^m(p_1, p_2)] = \frac{(p_1 - p_2 + t)}{2t} N \tag{5.5}$$

需求函数的意义是,每个公司在自己的价格下需求正在减少,但是在其竞争对手的价格下需求却增加了。注意,与原始伯川德双寡头垄断模型不同,这个模型中任意厂商的需求曲线在 p_1、p_2 上都是连续的。这是因为,当产品有差异时,厂商将 p_1 定得比对手的价

格 p_2 高一点点,并不会导致所有顾客的流失,因为比起厂商 2 的产品风格(或位置),某些顾客更喜爱厂商 1 的产品种类,所以他们仍然会高价购买厂商 1 的产品。

需求函数中的连续性将继续存在于利润函数中。厂商 1 的利润函数[①]为

$$\Pi^1(p_1, p_2) = (p_1 - c) = \frac{(p_2 - p_1 + t)}{2t} N \tag{5.6}$$

厂商 2 的利润函数为

$$\Pi^2(p_1, p_2) = (p_2 - c) = \frac{(p_1 - p_2 + t)}{2t} N \tag{5.7}$$

为了得到厂商 1 最优反应的定价策略,我们需要计算出厂商 2 给定价格 p_2 情况下厂商 1 的利润如何随价格 p_1 而变化。最直接的方法是对等式(5.6)的利润函数关于 p_1 求导。然后,在给定 p_2 并令导数为零时,解得厂商的最优反应价格 p_1^* [②]。而将厂商 2 的需求函数转换为逆函数形式,对边际收益等于边际成本求解,该标准求解方法也同样有效。

然而,更严谨的应用方法的替代解决方案是将公司 1 的需求曲线转换成其逆形式,并在边际收益等于边际成本的点求解。从等式(5.4)可得,我们可以将厂商 1 关于厂商 2 价格给定的逆需求函数写为 $p_1 = p_2 + t - \frac{2t}{N} q_1$。厂商 1 的边际收益为 $MR_1 = p_2 + t - \frac{4t}{N} q_1$。令其等于厂商 1 的边际成本,得到利润最大化的一阶条件,$p_2 + t - \frac{4t}{N} q_1^* = c$。在给定厂商 2 的价格下,求厂商 1 的最优产值,我们得到

$$q_1^* = \frac{N}{4t}(p_2 + t - c) \tag{5.8}$$

当我们将等式(5.8)中的 q_1^* 值代入厂商 1 的逆需求函数时,我们发现厂商 1 的最优定价是令其等于厂商 2 的价格。这是根据厂商 1 的最优反应函数定义得到的。厂商 1 的最优反应函数为

$$p_1^* = \frac{(p_2 + c + t)}{2} \tag{5.9}$$

其中,t 为每单位运输距离或每个消费者的效用成本。当然,对厂商 2,我们重复以上步骤。因为两个厂商是对称的,所以每个厂商的最优反应函数都是竞争对手的写照。因此,厂商 2 的最优价格反应函数为

---

① 这里用 N 表示市场上消费者数量。
② 令 $\partial \Pi^1(p_1^*, p_2)/\partial p_1 = 0$,得到 $p_1^* = \left(\frac{p_1 + c + t}{2}\right)$。

$$p_2^* = \frac{(p_1 + c + t)}{2} \tag{5.10}$$

纳什均衡为最优反应价格组合(p_1^*, p_2^*)，其中p_1^*是厂商1对p_2^*的最优反应，p_2^*是厂商2对p_1^*的最优反应。我们可以用p_1^*、p_2^*代替等式(5.9)和(5.10)右边的p_1、p_2。联合求解，得到一对纳什均衡(p_1^*, p_2^*)：

$$p_1^* = p_2^* = c + t \tag{5.11}$$

图5-5展示了两个厂商的最优反应函数。两条曲线均向上倾斜。纳什均衡价格组也如图5-5所示。均衡时，每个厂商的要价均等于单位成本加上t值。t值是由消费者购买的产品与最偏好产品之间的距离所引起的每单位距离的效用成本。在此价格上，两个厂商平分市场。边际消费者的位置为$x = 1/2$。每个厂商的利润相同，都为$(p_1^* - c)N/2 = tN/2$。

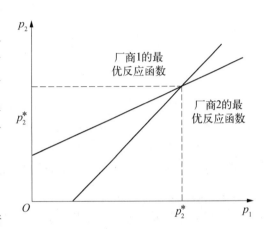

图5-5 不完全替代产品价格竞争的最优反应函数

回到先前两家发廊位于相距一千米的主街道上的例子。两家发廊的潜在顾客都住在主街道线上，且均匀分布。在自己的住所位置，每位消费者愿意为一次理发最多支付50美元。但是，如果消费者需要旅行去理发，则每千米花费5美元。每家发廊每次理发的固定单位成本为10美元。每家发廊都想要通过定价实现利润最大化。我们的模型预测这个城镇理发的均衡价格将高于边际成本，为15美元。

与先前分析相关的两个观点值得强调一下。首先，注意参数t的作用。这被用来衡量每个消费者对获得最偏好产品种类的估价。t越大，消费者就越乐意支付高价以接近最偏爱的产品。也就是说，一个很大的t值表明，消费者愿意高价购买心仪的产品类型而非低价购买不满意的产品，因此厂商无须为索要高价而担心。所以，当t很大时可缓和两个厂商间的价格竞争。很大的t值意味着有效的产品差异化使价格竞争不再那么激烈了。

然而，当t下降时，消费者不再那么重视更偏好类型的获得，而更关注最优价格的获得。这强化了价格竞争。在极限情况下，当$t=0$时对消费者来说差异化毫无价值。消费者将所有产品视为同质产品。价格竞争变得非常激烈，迫使其与原始伯川德模型一样在边际成本处定价。

第二个观点与厂商的位置有关。我们简单假定两个厂商位于小镇的两端。通常，厂商的位置或设计的产品也是其选择的对象之一。不幸的是，允许厂商在模型中同时选择价格和定位策略会使问题太复杂而难以计算。这种不确定性背后的直觉思维仍然具有启发性。两种相反的力量使得价格和位置的选择组合难以确定。一方面，两个厂商希望避免定位在同一点。因为如果这么做会消除产品间的所有区别。此时的价格竞争会如原始伯川德模型一样激烈。另一方面,每个厂商又有某种动力靠近城镇的中心。这能使厂商获得尽可能大的市场。评价两种力量之间的平衡会造成难以确定最终均衡。

案例 5-1

与瑞幸咖啡学定价:3.8 折的活动如何赚钱?

"烧美国人的钱,补贴中国人喝咖啡。"瑞幸咖啡的鼎鼎大名曾经无人不知。这个被冠以"疯狂"的互联网咖啡品牌,自 2017 年成立,在不到两年的时间就在美国纳斯达克上市,融资 6.95 亿美元,成为世界范围内从公司成立到 IPO 最快的公司;截至 2019 年 12 月 16 日,在华的门店数就超出耕耘中国市场 20 多年的星巴克 600 多家。"补贴"和"烧钱"可以说是瑞幸咖啡撕不下的标签。

看似疯狂补贴,仔细看并不疯狂。瑞幸咖啡烧钱很疯狂,但并不粗暴,相反还很精细。以瑞幸推出的 3.8 折返工优惠券为例。3.8 折优惠券很简单,任意饮品 3.8 折,只能买一杯饮品。

第一个原则:优惠规则简单直接,消费者很容易理解,收下券的概率大增。

如果消费者产生兴趣,去下单的时候会发现:

需要购满 35 元才能免运费。这个是很常见的策略,通过设定一定的门槛让客户加购产品。

第二个原则:虽然设置了门槛,但是门槛不高,消费者很容易通过加购完成。

第三个原则:用优惠的形式设置门槛,购满 35 元可以免除运费,与 3.8 折优惠不能挂钩:没有购满 35 元仍然可以用 3.8 折的券;没有 3.8 折券,这个运费政策仍然存在。免运费是作为常规优惠提出,本质上是设置了门槛。在家居行业的应用中,这个费用必须是像运费这样大众接受的额外费用,比如运费、辅料费等。如果客户不选择加购,6 元的配送费可以覆盖营销成本。如果选择加购,这时候其他产品的定价也很有学问。如果客户选择买多一杯饮品,因为 3.8 折只限一杯,这时候客户往往会购买贵的饮品,因为买贵的产品享受 3.8 折意味着更省钱。这时候只要客户加购,整个活动策略就已经成功了。不过到这里整个活动策略还不完整。

如果客户不加购饮品,又不想出运费,怎么办?

客户因为各种原因,比如只有一个人喝,不加购饮品怎么办?瑞幸提供的方案是可以买小吃。可以看到这个牛乳原价 8 元,卖 6.9 元,这个又是典型的用优惠创造门槛。

因为 28 元的饮品+6.9 元=34.9 元,距离免运费还差 0.1 元。如果客户到了这一步,付出这么多时间成本,他最可能做的决定是买多一瓶,这时候他会觉得这一瓶是白得的。如果客户买了两瓶牛乳,这时候成本实际也得到了覆盖,因为牛乳根本没那么贵。

第四个原则:创造条件让客户满足优惠门槛。消费者到最后并不会觉得被套路,反而会觉得自己的精打细算节省了不少费用,商家也可以在赚钱的基础上完成活动营销。这是皆大欢喜的营销模式。消费者无论选择哪种方式商家都不会亏钱:(1)只买一杯饮品+运费,运费覆盖了成本,可以保本;(2)买两杯饮品或两杯以上,其他饮品覆盖了成本,可以赚钱;(3)购买两个小吃享受免运费,小吃覆盖了成本。消费者最后还是享受3.8折,但卖方并不需要付出3.8折所需的成本。

总结活动策略:第一个原则,优惠规则简单直接,吸引客户;第二个原则,虽然设置了门槛,但是门槛不高,加单容易;第三个原则,用优惠的形式设置门槛,避免逆反心理;第四个原则,创造条件让客户满足优惠门槛,避免流单。怎么理解用优惠的形式设置门槛?

(1)满35元,免运费。这个运费本来就有,卖方提供了一个优惠,满35元就可以免除运费。这里虽然是给客户设置门槛,让他买多一点,但在向客户表述中就变成了优惠政策。其核心就在于要让客户认为这个"优惠条件"是所有条件下都存在的,而不是专为3.8折的优惠券设置的。

(2)打折后产品刚好凑不够35元。牛乳打折前8元,加饮品已经超过35元,买一瓶可以免运费,因为打折变6.9元,变成要买2瓶才能免运费。虽然是为客户提供了1.1元的优惠,但实际上是设置了让客户买2瓶的门槛。

资料来源:https://xw.qq.com/cmsid/20200318A0FZZE00。

5.2 动态价格竞争

在一个市场当中,企业与竞争对手进行竞争,随着时间的变化,企业会反复地对其价格进行调整,这就是我们所说的动态价格竞争。一个企业的行为势必会对其竞争对手造成影响。一旦其竞争对手采取对抗措施,能获得短期利益的竞争行为,在长期可能会对企业造成损害。例如,一个企业今天降价并从竞争者手中抢来了生意,但是这会招致竞争对手将来以相同的降价措施作为反击,最终降价企业可能得不偿失。

我们之前已经学过古诺模型,知道在古诺模型中,企业决策会向古诺均衡点收敛,图5-6就说明了这样一个收敛过程。这个收敛过程让我们误以为古诺模型是一个动态模型。事实上,古诺模型并不是动态模型。我们可以回忆一下古诺模型的推导过程。

假定有两个企业,企业1和企业2进行古诺竞争。企业2制定一项产量决策;然后企业1对企业2选择的产量水平做出反应,它利用以企业2选择的产量为变量的反应函数选择自己的产出水平(见图5-6)。企业2再对企业1选择的产量水平做出反应,它也会利用以企业1选择的产量为变量的反应函数选择产量。这一过程不断重复,直至达到古诺均衡 q_1^* 和 q_2^*。同伯川德模型一样,古诺模型也是静态的,而非动态的。它们之所以是静态的,是因为在每一个模型中,所有企业都同时做出一次性的产量或价格选择。一个企业自己做出的产量或价格决策,会将其对竞争对手造成的影响,以及竞争对手可能的反应都考虑在内。这样的决策过程,最终的竞争均衡结果一定是古诺均衡点。图5-6

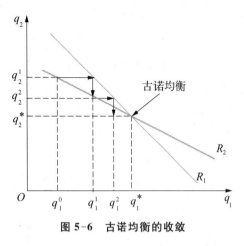

图5-6 古诺均衡的收敛

所描绘的收敛过程,仅仅是为了强化说明古诺均衡是"稳定"的。

古诺模型和伯川德模型都是将复杂的行业竞争现象进行了高度简化,这些模型抓住了企业竞争的本质,但与现实情况却差距甚远。无论是古诺模型还是伯川德模型,都不能完整地解释为什么在某种高度集中的寡头市场中,企业能在没有合谋的情况下将价格维持在竞争水平之上,以及为什么在其他同等集中度的市场上,价格竞争却比较激烈。一个重要的原因就是这些模型的静态本质。要解释现实中的企业竞争情况,我们需要进一步研究价格竞争的动态模型。

5.2.1 动态价格竞争

关于动态价格竞争,我们首先假设:在其他条件相同的情况下,企业希望产品价格更接近于垄断水平,而非伯川德模型或古诺模型下达到的水平。这是符合现实的,因为接近垄断水平的价格可以让企业获得更高的收益。

假设图5-7描述了世界手机市场的需求和成本曲线。设想这个市场由两家公司组成:华为公司和苹果公司。这是一个成熟行业,需求既不增长,也不萎缩,两家企业都能获得相同的技术和生产要素,因此有相等的边际成本和平均成本。我们假定边际成本在整个可能的产出水平范围内是每一部手机恒定为2 000元。买者将这两家企业的产品视为完全相同的可替代品。因此只会考虑价格进行选择。

如果两个企业合谋,那么两个竞争者可以

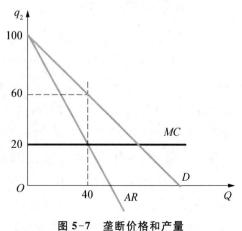

图5-7 垄断价格和产量

收取垄断价格：每一部6000元，并且他们将每年共同生产40万部的手机产品。它们如何分割这个市场是无法根据垄断理论推导出来的，但考虑到两个公司完全相同，我们可以假设它们将市场对半分。如果是这样的话，合谋垄断的结果将使每家公司获得更多的年利润。但是，如果两家企业打算像伯川德竞争者那样竞争，它们的价格将为每一部8000元，而它们的年利润将为零。

在伯川德竞争水平之上操纵价格的正式协议，称为合谋，这在许多国家是违法的。为了逃避法律的制裁，企业可能不是采用正式协议，而是通过其他途径将价格定在超过竞争水平之上。我们用"合作定价"（cooperative pricing）这个术语来表示这样一种情形，即企业的价格高于古诺竞争或伯川德竞争所得到的价格。

当企业非合作地制定价格决策时，能实现合作定价吗？换句话说，假设两个企业都单方面地将价格设定在只有成功合谋所能达成的价格附近，那么，这个价格水平能够持续下去吗？

事实上，当企业有条件地采取针锋相对战略（tit-for-tat strategy）以及冷酷触发战略（grim trigger strategy）时，合作定价是可行的。接下来我们就对这两个战略逐一进行分析，重点是针锋相对战略。

5.2.2　针锋相对战略与冷酷触发战略

经济学家爱德华·张伯伦认为，在集中的市场中，卖方会认识到，通过将价格降低至垄断水平以下所获得的利润可能转瞬即逝。

如果一方理性并机智地寻求其利润最大化，它将意识到当存在两个或只有少数几个卖者时，其自身的举动会对竞争产生重大影响，并且由此会达到理想的境地；它们会接受这种影响所带来的损失而不存报复之心。既然任何一方降价的结果是不可避免地降低自己的利润，那么就不会有人这么做；尽管各个卖者是完全独立的，但均衡结果是相同的，就如同它们之间存在一个垄断协议。

上面的例子中，假定华为和苹果现在将价格定在伯川德均衡时的2000元和垄断价格的6000元之间的某个价位，例如，每一部4000元。再假定苹果公司最近在其他市场遭受了挫折，并正在考虑将其价格提升至6000元的垄断水平。你也许会认为，如果苹果公司没有与华为公司达成共同提价的协议就将价格升至6000元，这将会是非常愚蠢的。毕竟，若苹果提高了它的价格，而华为没有，那么华为会占领100%的市场。若将价格定为4000元，华为的年利润将升至1200万元，这比它跟随苹果的领导并将其价格提升至垄断水平时所获得的年利润多了400万元。这样，华为和苹果公司会面临一个囚徒困境的局面：即使索要垄断价格对两家公司都有利，但如果苹果公司将其价格提高至垄断水平，而华为保持低于苹果公司的价格，则华为将会从中获利。

但现在假定价格每周都能变动，所以如果苹果公司想撤销它的价格上涨，则它最多等一个星期就能这样做。再假定苹果公司能及时地观察到华为的价格决策，那么苹果公司将立即知晓华为是否将跟随它涨价。

在这样的情况下,苹果公司的涨价决策风险极小。若华为公司拒绝跟随涨价,苹果公司能在一星期后将价格回调至 4 000 元,最多,苹果公司损失了一个星期现行价格的利润(600/52 = 11.54 万元)。对苹果公司来说,不仅其提价的风险低,并且如果它站在华为公司的立场,就会明白华为公司不得不跟着一起提价。

要明白为什么,可以假定两个企业都用 10% 的年利率对未来利润进行贴现。摊至每周,大约是 0.2%(即 0.002)的贴现率。

苹果公司的理由如下:如果华为公司坚持当前 4 000 元的价格,苹果公司很快就会知道华为公司会预期若它不跟随提价,苹果公司在第一个星期后会将价格回调至 4 000 元。通过将价格维持在 4 000 元,华为公司的利润将出现一个星期的"上弹",从每周 11.54 万元增加至 23.07 万元(23.07 万元,即 1 200 万元/52)。然而,当苹果公司撤销了价格的上调后,华为公司的周利润又将回到 11.54 万元。这样,华为公司周利润的贴现值(用百万元表示)将是这样的一个量:

$$0.230\,8 + 0.115\,4/(1.002) + 0.115\,4/(1.002)^2 + 0.115\,4/(1.002)^3 + \cdots$$

结果等于 5 793 万元。

如果华为公司跟随苹果公司提价至 6 000 元,每一方都能获得 800 万元的年利润,转化为周利润是 15.38 万元。在跟随苹果公司提价后,华为公司的周利润贴现值为

$$0.153\,8 + 0.153\,8/(1.00) + 0.153\,8/(1.002)^2 + 0.153\,8/(1.002)^3 + \cdots$$

这个值等于 7 705 万元。显然,华为公司跟随苹果公司提价将获利更多,即使它拒绝提价至 6 000 元也能在第一个星期获利较多。

因为华为公司保持与苹果公司价格同步,将收获颇丰,并且如果华为公司不跟随提价,苹果公司损失也极小,所以苹果公司将其价格涨至 6 000 元是明智的。

如果华为公司的行为是理性的,那么它将按苹果公司所期望的那样行动(出于以上所描述的原因),即华为公司将配合苹果公司的提价。这样,即使每个企业都是单方面行动,这个结果仍相当于垄断的结果。通过简单的计算可以发现:只要华为公司的周贴现率小于 50%(对应于 2 600% 的年贴现率),就能保持垄断价格。毫无疑问,这一年贴现率是很容易实现的。

这里苹果公司提价后,华为公司也跟着提价的战略称为针锋相对战略。如果苹果公司向华为公司表明它将采取针锋相对战略,那么,华为公司就会明白,如果它不追随苹果公司将价格提升至 6 000 元,苹果公司在第一个星期后会将其价格回调至 4 000 元的初始水平。作为最好的应对措施,华为公司将实际经历前面所述的相同的推理,并发现配合苹果公司的 6 000 元价格是值得的。

我们可以很容易地将苹果公司和华为公司例子中的逻辑扩展至任意数量的企业和任

意跨度的价格时期(例如,一个月、一个季度或一年)。用 π_0 表示主流价格为 p_0 时的行业利润,用 π_M 代表当所有企业索要垄断价格 p_M 时的行业利润。整个行业的利润在价格为垄断价格时要高于价格为主流价格 p_0 时的利润,即 $\pi_0 < \pi_M$。

不过,如苹果公司和华为公司的例子一样,设想该行业的 N 家企业每一家都面临"囚徒困境"。如果一家企业期望它的对手们都将价格提至垄断水平,它如果坚持一个较低的价格 p_0,那么所获得的利润要大于跟着提高价格而获得的 $1/N$ 倍的垄断利润。这样,一段时期内,一家企业因拒绝参与全行业统一的提价至垄断水平的行动而获得的利润为 $\pi_0 - (1/N)\pi_M$。

假定企业间的相互竞争是无限的(也就是说,一段时期接一段时期,没有结束),每一家企业都使用每一时期的贴现因子 i 对将来的利润进行贴现。如果每家企业都相信它的竞争者会在现阶段将价格从 p_0 提至 p_M,并采取针锋相对战略,那么,它会发现,只要不等式(5.12)成立,那么将价格定为垄断价格就符合其自身利益:

$$\frac{\frac{1}{N}(\pi_M - \pi_0)}{\pi_0 - \frac{1}{N}\pi_M} \geq i \tag{5.12}$$

如果不等式(5.12)中的情况不变,每家企业将独立地(即未经共谋)将价格提至垄断水平。尽管这看上去很可怕,但实际上聪明的竞争对手一定会跟随,只要贴现率满足要求。我们来看一个具体的算例。假定 $N = 5$,$\pi_M = 10$ 万美元/月,$\pi_0 = 4$ 万美元/月,那么利润成本比率超过不等式(5.12)左边的起点水平值,合作价格就能够持久维持下去。简单计算一下,这个起点水平值为 0.6。这意味着,只要月贴现率低于 60%(或者年贴现率低于 720%),所有企业都有动机独立地将价格提升至垄断水平,因为他们知道,他们的竞争对手也会明智地将价格提升至垄断水平。

5.2.3 无名氏理论

不等式(5.12)中的利润成本条件意味着,如果所有的企业都相当耐心(即贴现率 i 不是特别大),则合作结果将会持久。这个结果是总被重复提到的囚徒困境博弈理论的一个特例,称为"无名氏理论"(folk theorem)。无名氏理论认为,只要贴现率足够低,任何一个介于垄断价格 p_M 和边际成本之间的价格都可以维持,就如同这里所研究的无限重复囚徒困境博弈中的均衡一样。当然,运用除针锋相对战略以外的战略对形成其他这些均衡是必需的。例如,一种均衡是使每家企业在每个时期的定价与边际成本相等。假定它预期竞争对手会如此行动,那么企业最好的办法就是自己也这样做。

5.2.4 协调

无名氏理论意味着即使所有企业都单方面行动,合作定价行为在寡头垄断行业仍是一个可能的结果。不过,可能存在许多其他的结果,所以无法保证一定会产生合作定价。在有可能出现更没有吸引力的结果的情况下,想达成合作定价是一个协调问题(coordination problem)。为了得到这种合作的结果,行业中的企业必须在某个战略(例如针锋相对战略)上进行协调,这使得各家企业为了自身利益而避免进攻性的降价。

解决协调问题的一个显而易见的(但在大多数国家也是非法的)方法是达成共谋协议。若缺乏协议或公开的沟通,实现协调是比较困难的。无论怎样,行业中的每个企业必须采取某种战略,如针锋相对战略,将该行业推向合作价格。为了达成目标,诱发合作战略必须是一个聚焦点(focal point),这种战略极具吸引力,使得每一个企业都预期其他所有企业都会采纳它。

5.2.5 针锋相对的战略为何这样诱人

针锋相对战略不是唯一能使企业在非合作均衡下维持垄断价格的战略。像针锋相对战略一样,另一种战略在充分低的贴现率下也能导致垄断价格,这一战略就是冷酷触发战略(grim trigger strategy)。

如果企业采取冷酷战略,就意味着:从这个时期开始,我们将价格定为垄断价格 p_M。在以后各期,如果任何企业的价格偏离 p_M,我们将在下一时期降价至边际成本,并在后续各期永远保持不变!

冷酷触发战略依赖无限期的价格战威胁来阻止企业利用降价抢夺竞争对手的市场份额。

与冷酷触发战略相比,为什么我们认为企业一定会采用针锋相对战略呢?一个原因是针锋相对战略是一个简单、容易描述、容易理解的战略。通过譬如"我们不会降价"或"我们将跟随对手的价格,不论它们的价格有多低"的宣言,企业能容易地向对手表明,它遵循针锋相对战略。

这里要注意这样的一个问题,就是误解的产生。在现实世界中,企业可能会误解它们的竞争对手。误解是指:企业误认为竞争对手将实行某一价格,而实际上对手实行的是另一个价格,或者企业误解了对手的定价决策的原因。

如果两家企业正采取针锋相对的战略,并且一个合作行为被误解为不合作行为,可能会发生什么?将合作行为误解为不合作行为的企业会采取不合作的做法作为回应。这导致其对手也会以不合作的做法作为对此的回应。误解会导致这样一个模式:在该模式中,企业行为在合作与不合作之间改变。如果在这个动态过程中,又有一次合作行为被误解为不合作行为,最终的模式会更糟:企业会陷入每个时期都选择不合作行为的怪圈。

这解释了现实中我们为什么观察不到寡头垄断企业会一直采取合作行为,尽管这样的行为是理性的。因此,一个企业在面临竞争对手降价时,更为明智的做法是,企业在作出反应之前,应认真了解对手竞争计划的细节以及这一竞争行为的动机,避免误解的发生。

当然,现实中由于反垄断法的存在,这类默契合谋可能同样被认定为违法行为。这里我们不做过多讨论,只是从经济学的角度分析针锋相对战略的可行性。

案例 5-2

微信是如何灭掉 MSN 和飞信的?

腾讯市值破四万亿港元,跻身全球前五大公司,微信贡献巨大。一将功成万骨枯,微信一统江湖的厮杀中,剑锋所指,皆披靡,无论敌我,非死即伤。微信获胜的秘诀依然是互联网时代的经济逻辑。互联网时代,谁的用户基础大,谁就享有显著的网络外部性优势;一旦触发和引爆正反馈机制,必将所向披靡,赢者通吃。托翁说,幸福的家庭都一样,不幸福的家庭却各有各的不幸。QQ、MSN 和飞信,同样是败在微信手下,但落败的方式各有不同。对微信而言,QQ 同出一门,亦敌亦友,有竞争,也有合作;MSN 和飞信,则是必须赶尽杀绝的竞争者。微信替代 QQ,是腾讯壮士断腕的一次自我革命;微信击败 MSN,是腾讯蓄谋已久的生死决战;微信斩杀飞信,是腾讯跨界突袭的成功典范。对照中国历史,你会惊讶地发现,微信击败 MSN,好似秦赵之间的长平之战;微信斩杀飞信,则像刘备袭夺西川,费力不多,但收获甚大。

微信击败 MSN

腾讯和微软,在即时通信领域,早已交战多年,相互胶着,胜负难分。

腾讯的企鹅大军,主将 QQ,粉丝无数;而微软的视窗大军,主将 MSN,拥趸也不少。QQ 起于本土,编织关系网,收罗游戏玩家,不分出身,不问贵贱,来者不拒,多多益善。但总的来说,最喜欢用 QQ 的,是中小学生、网吧、打印店,等等。MSN 则漂洋过海,来自大洋彼岸的美利坚,又有比尔·盖茨的神光加持,自然吸引了无数城市"小白"。这些人,有点点"小清高",不喜欢眼前老有个企鹅跳来跳去,也不喜欢自己工作、学习时被"嘟嘟嘟嘟"的声音所打扰。

腾讯认识到,与微软连年激战,之所以难分胜负,是因为 QQ 的粉丝和 MSN 的拥趸是两拨人,难以合群。物以类聚,人以群分,形成这种社会群体身份认同差异的原因是傲慢与偏见。用现在流行的话说,喜欢 MSN 的人,觉得使用 QQ 的人有点"low";而喜欢 QQ 的人,对推崇 MSN 的人也看不顺眼,觉得"装什么装"。笔者亲身体验,与 MSN 相比,QQ 就像是成群的企鹅,的确有点吵、有点闹,但要论信息传输速度、文件传输大小,QQ 甩了 MSN 不止一条街。但即便如此,QQ 的粉丝和 MSN 的拥趸,都是各自阵营的坚定支持者,不愿改弦易辙。

2011 年 1 月 21 日,决战终于到来。腾讯果断临阵换将,撤下 QQ,换上微信。QQ 变微信,"我们聊天吧"的新马甲让人倍感亲切。有钱就是任性,一场漫天飞舞的红包雨,让每个人都放下矜持、抛弃偏见,粉丝和拥趸互相认同、鸿沟不再,微信很快将 MSN 的拥趸悉数纳入帐下。结果,微信既有了原来 QQ 的粉丝,又有了 MSN 的拥趸,网络外部性优势大增。MSN 再也难以招架,三年后黯然退出中国。

微信斩杀飞信

中国移动开发飞信,已经将触角伸到互联网,可面对互联网的蓝海,却一门心思只想怎么对付中国联通和中国电信。中国移动对付中国联通和中国电信的方法,就是制造非兼容性。但在当妈的看来,非兼容性必然会导致三个儿子之间的补贴竞争,而补贴消费者,怎么看都是国有资产流失。

面对政府的互联互通规制,中国移动大哥所能做的实际上非常有限。既要即刻赚钱,又要杀伤对手,飞信已经是一个非天才不能设计的"华丽飞刀"。上次说过,飞信的运营模式是,中国移动的任何用户,只要下载一个 PC 客户端,注册一下,就可以给手机用户免费发短消息,但只能给中国移动用户发。

杀伤对手,很容易理解,不是我的用户,不能享受免费;反过来,要享受免费,就必须成为我的用户。杀伤对手的关键,是把对手的用户吸引过来。但免费的话,又如何即刻赚钱?这实际上是个很微妙的事情。

不要忘了,飞信只是从 PC 客户端发短消息免费,而手机用户间互发短信,仍然是一条一毛钱。短信交流,本质上是一个发送者与接收者之间的互动游戏。

有飞信之前,发短信有成本,回短信也有成本。如果没什么特别重要的事情,除非土豪,还要是一个能够熟练掌握手机输入法的土豪,没有人会愿意有事没事就给别人发短信。

但引入飞信之后,电脑打字很快,又免费,于是在发送者与接收者的互动游戏中,发送者就有了"过度"发送信息的激励。

在我的印象中,许多单位正是在这个时候,不管大事小事,开始广泛使用飞信发送集体通知,上百号人,"哗"的一声,免费发送完毕。收到信息的人怎么办?总归要确认一下吧,哪怕回复两个字"收到"或者"谢谢",仍然要一毛钱。现在明白了吧,飞信赚钱的奥妙正是互联网逻辑下的"失之东隅,收之桑榆",失在发送短信,收在回复短信。

公允地说,如果单将眼光放在电信竞争的格局之下,飞信的确是个一箭双雕的妙招,既能杀伤对手,又能即刻赚钱。但问题是,企业竞争就好比下围棋,没有全局眼光,局部下得再精彩,最终也难逃投子认负的结局。互联网时代,一旦排斥中国联通和中国电信用户的飞信,遇上拥抱中国移动、中国联通、中国电信以及各种身份认证的微信,就输掉了用户基础;等到腾讯发起暴风骤雨式的攻击,引爆网络外部性背后的正反馈机制,飞信败局已定。

资料来源:寇宗来.五分钟经济学:互联网时代的经济逻辑.北京大学出版社,2021.

5.3 动态价格竞争模型

5.3.1 斯塔克尔伯格模型和产量竞争

斯塔克尔伯格模型与古诺模型类似,两家厂商都选择产量进行竞争,但是现在两家厂商的行动是序贯的而不是同步的。第一个行动并选择其产量水平的厂商被称为领导厂商,第二个行动的厂商被称为跟随厂商。序贯选择产出使得竞争是动态的,但是厂商仅仅接触一次,他们的相互作用产生了一个一劳永逸的市场出清结果。

市场需求可用需求函数来表示:$P = A - BQ$。厂商 1 作为领导者首先行动,厂商 2 作为跟随者在领导者做出产量选择之后选择自己的产出。每个厂商都有相同的不变单位生产成本 c。行业总产出 Q 等于每个厂商的产出之和,即 $Q = q_1 + q_2$。

厂商 1 首先行动,选择 q_1,此时,它是如何选择的呢?假设两个厂商都是理性的,且都知道对方也知道这一点。因而,厂商 1 在选择时将考虑最优估计下的厂商 2 对观察到的 q_1 选择的理性反应。换句话说,厂商 1 将计算厂商 2 对于每个 q_1 的最佳反应,并假设厂商 2 会做出对应产出的最优反应,然后选择 q_1,从而最大化厂商 1 的利润。

此时我们可以求解出厂商 2 的最优反应函数 q_2^*。对于产出 q_1 的任何选择,厂商 2 面临的反需求曲线和边际收益曲线分别为:

$$P = (A - Bq_1) - Bq_2$$

$$MR_2 = (A - Bq_1) - 2Bq_2 \tag{5.13}$$

设定边际收益等于边际成本,求出厂商 2 的最优反应 q_2^* 作为一阶条件的解:

$$A - Bq_1 - 2Bq_2^* = c \tag{5.14}$$

从而可以得到:

$$q_2^* = \frac{(A-c)}{2B} - \frac{q_1}{2} \tag{5.15}$$

如果厂商 1 是理性的,厂商 1 将了解式(5.15)描述的厂商 2 对于厂商 1 选择的每个可选择的 q_1 的反应。我们将式(5.15)写成隐函数 $q_2^*(q_1)$,在需求函数中厂商 1 能够用 $q_2^*(q_1)$ 代替 q_2^*,这样反需求函数可以写成:

$$P = A - Bq_2^*(q_1) - Bq_1 = \frac{(A+c)}{2} - \frac{Bq_1}{2} \tag{5.16}$$

相应地,其利润函数可以写成:

$$\pi_1[q_1, q_2^*(q_1)] = \left(\frac{(A+c)}{2} - \frac{Bq_1}{2} - c\right)q_1 = \left(\frac{A-c}{2} - \frac{Bq_1}{2}\right)q_1 \quad (5.17)$$

以上我们已经求解出了厂商 1 的需求和利润,其只取决于它自己的产出选择 q_1。这是因为依据厂商 2 对于 q_1 会按其最优反应函数选择 q_2 的事实,厂商 1 能够有效地设定 q_2。简而言之,作为先行者,厂商 1 取得了操纵它的竞争对手产出选择的能力。为了求解出厂商 1 的利润最大化产出 q_1^*,可以通过式(5.16)表示的厂商 1 的需求曲线找出其边际收益曲线,即 $MR_1 = \frac{(A+c)}{2} - Bq_1$,找到边际收益等于边际成本下的产出 q_1^*。另一方法是,求出式(5.17)中利润最大化的一阶条件,使用微分并且令 $\frac{d\Pi_1[q_1^*, q_2^*(q_1^*)]}{dq_1} = 0$,从而求出 q_1^*。通过这两种方法我们都能得到:

$$q_1^* = \frac{(A-c)}{2B} \quad (5.18)$$

因为厂商 1 的这个选择,厂商 2 通过式(5.15)选择其最优反应,即

$$q_2^* = \frac{(A-c)}{4B} \quad (5.19)$$

方程式(5.18)和式(5.19)给出了各个厂商的斯塔克尔伯格—纳什均衡产出水平。此时,领导者的产出正好等于一个统一定价的垄断者选择的产出水平。这是当需求和成本是线性时斯塔克尔伯格模型的显著特征。

行业总产出是式(5.18)和式(5.19)表示的两个产出之和,总和为 $Q^S = \frac{3(A-c)}{4B}$。将其与之前的古诺纳什均衡行业产出 $Q^S = \frac{2(A-c)}{2B}$ 进行比较,明显较低,斯塔克尔伯格模型产生了更高的行业产出。相应地,斯塔克尔伯格模型分析的均衡价格低于古诺分析的均衡价格。图 5.8 阐明了价格和产出的结果。

斯塔克尔伯格模型的一个核心结论是,两个厂商的产出存在差异性。从消费者偏好和生产技术的角度来看,厂商是相同的,它们生产相同的产品且拥有相同的不变单位成本。但是因为一个厂商首先行动,两个厂商的产出是不一样的。比较 q_1^* 和 q_2^*,可以发现,领导者比跟随者占有大得多的市场份额,并赚取大得多的利

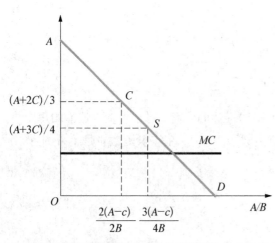

图 5-8 古诺模型和斯塔克尔伯格模型的产出比较

润。先行者具有明显优势,而对应地,较晚进入市场则处于劣势。

斯塔克尔伯格模型中,厂商 2 具有相对低的产出的一个有趣的补充现象是,即使厂商 2 拥有关于产出选择 q_1 的完全信息,这个结果仍然会发生。事实上,我们假设厂商 2 在选择 q_2 之前能够完全观察到厂商 1 的选择。在古诺双寡头模型中,厂商 2 没有这样的具体信息。因为古诺模型基于同步行动,每个厂商只能理性地猜测竞争对手的产出选择。自相矛盾的是,当厂商 2 拥有关于厂商 1 选择的完全信息时(斯塔克尔伯格模型例子)比信息不完全时(古诺模型例子)做得更差。这是因为,说信息是完全的相当于说厂商 1 的选择在厂商 2 观察到的时候是不可撤销的。在斯塔克尔伯格模型里,厂商 2 行动的时候,厂商 1 已经完全执行了 $q_1 = \dfrac{(A-c)}{2B}$。在古诺模型里,$q_1 = \dfrac{(A-c)}{2B}$ 不是对选择 $q_2 = \dfrac{(A-c)}{4B}$ 的最好反应,因此,厂商 2 不会预测厂商 1 会产生那个产量。相反,在斯塔克尔伯格模型中,我们没有导出厂商 1 对 $q_2 = \dfrac{(A-c)}{4B}$ 的最好反应的选择。反而,当厂商 2 的决策规则是根据厂商 1 选择的产出来选择最好的 q_2 时,我们导出了厂商 1 利润最大化的产出作为产出选择。反应序贯行动的根本假设这一事实区分了斯塔克尔伯格方法。

斯塔克尔伯格模型对古诺模型的修正是相当重要的。这是获得一个厂商在市场中占控制或领导地位的特征的有用方法。斯塔克尔伯格模型表明先行能够拥有优势,因此能成为策略互动的重要因素。

5.3.2 序贯价格竞争模型

在动态博弈中,如果领导厂商和跟随厂商以价格竞争代替数量竞争又会如何呢?如果我们继续假设两个厂商是相同的,即以同样的成本生产同样的产品,那么序贯价格设定博弈的结果与同步价格博弈的结果没有什么不同,价格再一次被边际成本击败。

为了便于理解,我们把斯塔克尔伯格数量模型改造为每个厂商选择各自索取的价格。厂商 1 仍然是领导者,首先设定价格,厂商 2 是跟随者,第二个设定价格。在其他方面,模型和假定与前面的一样。两个厂商以相同的不变边际单位成本 c 生产相同的商品,消费者将从提供较低价格的厂商那里购买商品。如果它们设定同样的价格,那么,两个厂商各占有一半的市场。

在设定价格的时候,厂商 1 必须预测厂商 2 的最优反应。显然,当厂商 1 将价格设定为高于单位成本 c 时,厂商 2 有动机将价格设定为稍微低于厂商 1 的价格。在这种情况下,厂商 2 将占有整个市场,赚取所有的潜在利润。另一方面,如果厂商 1 将价格设定在低于单位成本 c,厂商 2 将不会使价格等于甚至低于厂商 1 的价格,因为当销售的每单位产品亏损时,厂商 2 销售商品不能获得收益。最后,如果厂商 1 将价格设定在等于单位成本 c 时,厂商 2 的最优反应与之相同。厂商 2 在第二阶段的预期行为使厂商 1 被紧紧地约束。任何高于边际成本 c 的价格将使厂商 2 给出较低的价格,而将价格定在单位成本 c 之下是不明智的。厂商 1 最佳的行动是将价格设定在等于单位成本 c,厂商 2 的最优反应与之相同。

如果两个厂商销售的不是相同的产品,那么,情况会有很大的不同。在这种情况下,并不是所有的消费者都会从较低定价的厂商那里购买商品。产品的差异性能显著改变价格竞争的结果。事实上,要阐明差异化产品价格竞争的本质,可以考虑前面提到的产品差异化的空间模型。模型设置如下:消费者均匀地分布在单位长度的产品范围上,两个厂商为市场供应商品。一个厂商位于 $x = 0$ 处,而另一个厂商位于 $x = 1$ 处,两个厂商仍然具有相同的不变单位生产成本 c。

线上每一个点与该点相对于两个产品被销售未知的距离相联系,此距离以 x 的值来衡量。最喜欢的类型或者位置是 x 的消费者被称为消费者 x,即消费者在商品偏好上存在分歧。但是,消费者对他们最偏好的商品拥有相同的保留需求价格,$V > c$。每个消费者将最多购买一单位商品,他们需要承担效用成本。特别地,消费者 x 如果从位于 $x = 0$ 处购买商品 1,其承担的成本为 tx,如果从位于 $x = 1$ 处购买商品 2,其承担的成本为 $t(1-x)$。

两个厂商通过设定价格 p_1 和 p_2 争夺消费者,但是与伯川德模型不一样,现在厂商 1 首先设定价格 p_1,接着厂商 2 设定价格 p_2。为了找出在 p_1、p_2 价格下厂商所面对的需求,我们假设在任何市场结果中整个市场都出清,这意味着市场中将存在一些对从厂商 1 或者厂商 2 那里购买商品无差异的消费者,我们称之为边际消费者 x。无差异意味着消费者从任何一种商品中获得相同的消费者剩余,因此满足

$$V - p_1 - tx^m = V - p_2 - t(1 - x^m) \qquad (5.20)$$

从式(5.20)可以找到边际消费者的位置 x^m,

$$x^m(p_1, p_2) = \frac{(p_2 - p_1 + t)}{2t} \qquad (5.21)$$

无论价格 p_1、p_2 怎样设定,所有在 x^m 左边的消费者都向厂商 1 购买商品,所有在 x^m 右边的消费者都向厂商 2 购买商品。换句话说,x^m 是市场中向厂商 1 购买商品的那部分消费者,$1 - x^m$ 是向厂商 2 购买商品的那部分消费者。如果消费者总数以 N 来标记,那么在任何价格组合 (p_1, p_2) 下,厂商 1 面对的需求函数为

$$D^1(p_1, p_2) = x^m(p_1, p_2) = \frac{(p_2 - p_1 + t)}{2t} N \qquad (5.22)$$

类似地,厂商 2 面对的需求函数为

$$D^2(p_1, p_2) = [1 - x^m(p_1, p_2)]N = \frac{(p_1 - p_2 + t)}{2t}N \qquad (5.23)$$

厂商 1 首先行动,设定价格 p_1。厂商 1 设定价格时将考虑厂商 2 对其价格选择 p_1 的理性反应。换句话说,厂商 1 将计算出厂商 2 对每个可能的价格 p_1 的最优反应,然后在假定厂商 2 对该价格的最优反应情况下设定其利润最大化的价格 p_1。由此求出厂商 2 的最优反应函数 p_2^*。

$$p_2^* = \frac{p_1 + c + t}{2} \qquad (5.24)$$

如果厂商 1 是理性的,厂商 1 能理解式(5.24)描述的厂商 2 对厂商 1 设定的每一个价格 p_1 的反应。我们能把式(5.24)概括为 $p_2^*(p_1)$。厂商 1 知道,如果它首先设定价格 p_1,厂商 2 将设定价格 $p_2^*(p_1)$,到那时厂商 1 将面对:

$$D^1(p_1, p_2^*(p_1)) = \frac{(p_2^*(p_1) - p_1 + t)}{2t}N = \frac{N(c + 3t - p_1)}{4t} \qquad (5.25)$$

相应地,这意味着它的利润函数为

$$\Pi^1(p_1, p_2^*(p_1)) = \frac{N}{4t}(c + 3t - p_1)(p_1 - c) \qquad (5.26)$$

为了计算出厂商 1 的最优定价策略,我们需要计算出厂商 1 的利润是如何随着 p_1 对假定的厂商 2 价格 p_2 的反应的变化而变化的。最直接的方法是对方程(5.26)的利润函数关于 p_1 求导,然后设定一阶条件为 0,即令 $\frac{\partial \Pi^1(p_1, p_2^*(p_1))}{\partial p_1} = 0$,我们得到:

$$p_1^* = c + \frac{3t}{2} \qquad (5.27)$$

作为这个选择的结果,厂商 2 正如式(5.24)给出的那样选择它的最优反应,得到:

$$p_2^* = c + \frac{5t}{4} \qquad (5.28)$$

式(5.27)和式(5.28)表示的序贯价格博弈的利润最大化价格与前面得到的同步价格博弈的价格在一些重要方面存在不同。一个区别是,价格普遍提高了。在同步价格博弈中两个厂商设定相同的价格 $p_1^* = p_2^* = c + t$,而在序贯价格博弈中厂商 1 在阶段 1 设定高于 $c + t$ 的价格,厂商 2 设定一个略低的价格作出反应,但是仍然高于 $c + t$。

第二个区别是,序贯价格博弈中两个厂商拥有不同的市场份额、赚取不同利润。在同步价格博弈模型中,每个博弈模型中每个厂商拥有一半的市场份额,赚取相同的利润 $N/2$;而在序贯博弈模型中,厂商 1 占有 3/8 的市场份额,而厂商 2 拥有 5/8 的市场份额。图 5-9 描述了这个结果。

图 5-9 序贯价格竞争（厂商 1 首先设定价格且预测厂商 2 将把价格定在厂商 1 的价格之下）

最后，注意到与斯塔克尔伯格产量博弈不同，刚刚描述的序贯价格博弈展示了明显的跟随者优势。厂商 2 拥有更大的市场份额且赚取了比厂商 1 更多的利润。与同步博弈相比，两个厂商的境况都得到了改善，但是跟随者厂商 2 做得特别出色。然而，这样的优势会随着消费者偏好的差异化而减少，正如在我们的示例中，参数 t 减少了。当商品是完美替代品的时候，没有第二先行者的优势。

厂商在序贯价格竞争时似乎普遍做得比序贯产量竞争时更好。当价格竞争是序贯的而不是同步的时候，平均价格更高且两个厂商赚取更多的利润。相反，当产量竞争是序贯的而不是同步的时候，行业价格下降且只有一个厂商赚取更多的利润。这与一个深层次的区别有关。在产量博弈中先行者具有明显的优势，而在价格博弈中跟随者做得最好。

在序贯类型的产量博弈或价格博弈中，一个厂商相比另一个厂商更占优势，很大程度上是由于我们将先行者的最初行为看作已知和不可改变的，直到跟随者行动。

如果在厂商 2 选择产出前先行者真的已经完成了产量，并引发了成本，那么这在产量博弈中可能是有意义的。这对于价格博弈看起来似乎缺乏说服力。与其说设定次优利润，是什么阻止了厂商 1 采取附加的行动设法使定价低于厂商 2 的价格呢？但是，如果当市场营业时，厂商 1 仍然能够使定价低于厂商 2 的价格，那么很明显，厂商 2 会预测厂商 1 将降价，然后进一步地降低自己的价格。而如果厂商 1 预测到那种行为，其将希望更大幅度地降价。这个推理将很快把我们带回同步定价博弈。换句话说，序贯价格博弈要求厂商 1 在设定价格之后不能再改变，即厂商 1 必须对那个价格做出保证。接着，这又引发了一个问题，即厂商 1 用一种怎样的方式保证对厂商 2 来说它最初设定的价格是可信的？

在产量设定的斯塔克尔伯格博弈中，可置信承诺的问题也是很重要的。如前所述，如果先行者在跟随者行动前实际承担了成本，生产了产出，那么其生产决策是不可改变的，可信性问题就解决了。但是说起来容易，如果领导者仅仅宣布一个生产垄断产出的目标，跟随者就有理由怀疑这是个威胁，因为这个产出不是对所引起的厂商 2 产出的最优反应。

总之，比起同步博弈，动态博弈产生了不同的结果，不同的结果主要取决于厂商策略的可信性。进一步地，既然可信性是如此重要，我们应该期望参与博弈的厂商也能区分可信的策略和不可信的策略。因此，我们需要了解在动态博弈中是什么使得策略是可信的。

案例 5-3

互联网平台的定价逻辑

理解互联网时代经济逻辑的基础是梅特卡夫定律,即网络价值是参与者人数的平方量级。直观上看,在 N 人网络中任意抽取一个人有 N 种可能性,这个人又可以和其他 $N-1$ 人联系,因而总共有 $N(N-1)$ 种联系方式,这大致可以理解为 N 人网络的价值量级。进一步,由梅特卡夫定律可立即推演出"网络外部性",即在边际上,某人加入网络所得到的私人收益小于由此所产生的社会价值。给定网络中已有 N 个人,第 $N+1$ 个人加入网络只考虑他可以和其他 N 个人联系,而不考虑其他 N 个人也可以通过和他联系获得收益。网络外部性有很多类型,其中一种特别值得关注,即双边网络外部性,因为这是理解平台运行和平台竞争的关键所在。任何交易都有卖家和买家,平台的功能就是撮合卖家和买家达成交易,而平台效率也就集中体现为撮合效率。与一般的中间人相比,互联网平台的突出特点是它所连接的潜在买家和卖家的数量都非常大。由此,买家和卖家是否加入该平台是一种"鸡生蛋,蛋生鸡"的正反馈过程。站在平台的角度,获得商业成功的关键在于如何触发和引爆上述正反馈过程。

由于双边网络外部性,任何一边加入平台都会给另一边带来额外好处,即私人收益小于社会收益,因而以补贴为特征的定价机制是平台触发正反馈机制的自然逻辑。

既然买卖双方存在"鸡生蛋,蛋生鸡"的关系,针对如何补和补多少的现实问题,符合直觉的结论是,平台对某一端的补贴力度与它对另一端产生的正外部性正相关,或者说,平台对某一端的补贴力度与其加入平台的意愿负相关。这与存在交叉外部性时的多产品垄断定价机制完全类似。

具体来说,补贴策略又主要分为两种:静态策略和动态策略。

第一种是静态策略,也就是谷歌盈利模式。在此模式下,平台在一端免费,甚至进行补贴,以吸引更多用户加入平台,以期对另一端产生巨大的正外部性,这对应于"失之东隅"的亏损端;而在另一端,平台征收高价并获得利润,这对应于"收之桑榆"的盈利端,亏损端产生的正外部性越高,盈利端的利润就越高。在静态策略下,平台通过对两端实行差别定价提高撮合效率,而这种撮合效率的提高对应到现实,则是谷歌盈利模式对传统商业模式的颠覆。一个典型案例是在计算机杀毒领域,奇虎 360 用"终身免费"颠覆了"谁获益,谁付费"的传统定价模式。忽视了相关市场的双边性,单看任何一端都会出现偏颇——单看亏损端,就像所谓的掠夺式定价(predatory pricing);单看盈利端,则好像有滥用市场力量的嫌疑。

第二种是动态策略,即平台按照加入时间的先后对用户进行跨期差别定价,通常是对先加入者进行补贴,而对后来者征收高价。大量的经济学研究发现,新技术的接受和扩散具有典型的逻辑曲线或S型曲线的特征。以互联网平台为例进行说明:由于一开始加入平台的用户数很少,网络效应不显著,考虑到采用新技术或者加入新网络的认知成本和转换成本等,平台对新用户的吸引力不大,因而平台的网络规模增长很慢;但等到平台的用户基础超过某个门槛数量,则由于客户之间的口碑效应等,平台对新用户的吸引力急剧增加,平台的用户数进入"起飞"阶段,然后随着潜在用户大都已经加入平台,网络规模饱和,增长必然再次变缓。

从以上描述可知,先期加入平台的用户越多,则后续用户加入平台的收益越高,故从平台吸引用户的角度看,早期用户对后续用户产生了正的网络外部性,而这正是平台对早期用户进行补贴的合理性。与静态补贴策略不同,平台实施跨期补贴策略可能需要经历相当长时间的亏损才能跨过"起飞"门槛,之后再通过征收高价将前期的补贴成本收回来。

但正如我们在现实中观察到的,很多实施跨期补贴策略的平台企业,在还没有达到起飞规模时就已经弹尽粮绝而宣告夭折了。无论如何,由于许多互联网平台可能追求的是跨期盈亏平衡,我们在平台反垄断方面必须采取谨慎态度,不能看到平台一开始免费甚至提供补贴就将其认定为掠夺式定价,同样也不能看到平台开始征收高价就将其认定为滥用市场力量。

之前讨论了单个互联网平台的运行机制,但在现实中,某个领域一旦出现了某种新的互联网商业模式,立刻会有大量的人才和资本涌入,进而至少在一段时间内形成多平台竞争混战的局面。例如,在人们熟知的移动出行领域,就有过快的和滴滴的竞争,以及滴滴和优步的竞争。

网络外部性意味着两个相互竞争的互联网平台,如果网络互不兼容,而用户又只能或者只愿意"单栖"(single-homing),那么这种竞争就具有"决斗"性质。(预期)用户基础更大的平台会对用户具有更大的吸引力,而新用户不断加入又会进一步加强这种网络优势。这种强者越强的正反馈机制最终会导致"赢者通吃"的结果。互联网平台的功能是撮合数量巨大的卖家和买家之间达成交易,故在平台竞争中,撮合效率是决定平台竞争孰胜孰负的一个关键因素。滴滴和优步的竞争就是典型的案例。

一开始,滴滴采取的是"效率优先"的撮合机制。乘客打车时需要输入目的地,司机由此知道每个乘客的打车距离,并争抢长途乘客的订单。考虑到长途乘客支付的总价更高,他们能优先打到车就意味着"价高者得",而在市场经济的功利主义伦理下,面对同样的服务,出价更高意味着社会价值更高,故在多人同时打车的情况下,将服务优先分配给出价更高者就体现了"效率优先"的特性。

优步则采取了"公平优先"的撮合机制。具体而言,乘客在优步平台上叫车,司机只知道某个地方有人打车,但并不知道乘客的目的地在哪里,因而无法挑单,故这种撮合机制在本质上是"派单不挑单"。进一步来说，由于司机无法挑单，则多人同时打车时，长途乘客和短途乘客叫到车的机会差不多是均等的，故这种"派单不挑单"的撮合策略体现的是"公平优先"的特性。

这两种撮合机制对决的最终结果是，效率优先的滴滴战胜了公平优先的优步。司机们预料到在优步平台打车的乘客以短途居多，因而他们更愿意去滴滴平台，从而更有机会抢到长途订单，最差也不过是和在优步平台一样获得短途订单而已。于是，先是司机们为了追逐长途订单而离开了优步平台，而一旦司机们离开了，乘客们也会随之离开。

如前所述，在互联网时代，任何一种新的商业模式出现都会引起大量资本涌入，进而有很多平台参与竞争。由于没有任何平台可以独占商业模式，各平台能够互相模仿经营策略，最后效率并无太多差异，平台竞争将演变成典型的消耗战，为了能够争取用户，平台大多会采取补贴策略。

这时候，胜负的关键在于两个因素：一个是时间先后，另一个是口袋深浅。领先进入市场的平台，自然会因为先拥有固定的用户基础而享有先动优势；但在消耗战中，资金更加雄厚的平台则更有机会坚持到最后。

平台竞争过程中，市场结构演化通常可以分为两个阶段。

第一阶段，从 N 到 2，这是一个江湖混战的洗牌阶段。由于市场中通常有两个主要的平台，因而此阶段补贴竞争的典型特征是：看起来是老大和老二在进行补贴竞争，实际结果却是老四和老三很快会因为缺乏后续资金支持而退出竞争，可能是直接亏损出局，也有可能选边站，即选择被老大或者老二收购。只要还有其他较大的平台存在，这一阶段就没有结束。

第二阶段，从 2 到 1。经过第一阶段的洗牌，市场仅剩两个巨头，它们之间如何竞争，到底是决战到底，是合二为一，还是和平共存，这是投资者、消费者乃至政府最为关注的问题。

最终结局如何，依赖于许多偶然因素，如果暂时抛开政府规制，则有两个因素最为关键：一个依然是口袋深浅，另一个则是用户是否可以或者愿意"多栖"。如果用户单栖，即无法或不愿同时加入两个平台，则网络外部性的正反馈机制就意味着谁在补贴竞争中胜出，谁就能"赢者通吃"。这时候，两个平台就会不断补贴，直到一方难以坚持，被收购或者亏损出局。但是，如果用户可以多栖，即每个用户同时加入两个平台，那么，即便两个平台的用户基础互不兼容，每个平台实际上也无法获得比另一个平台更大且更牢固的用户基础。

以快的和滴滴的竞争为例，在某个特定时点，如果快的的补贴力度更大，就会有更多乘客和司机在实际交易中选择快的，快的因此似乎获得了更大的用户基础；但由于多栖，这个更大的用户基础优势并不牢固，因为一旦快的停止补贴或者滴滴加大了补贴力度，那么用户在实际交易中就会转而选择滴滴。由此，两个平台的补贴竞争就会变成并不会产生网络优势的消耗战。

进一步，如果两个平台所依托的"口袋"都很深，就像快的背靠阿里、滴滴背靠腾讯，那么，任何一家要耗死对方基本上都不可能，此时资本逐利的必然结局则是两个平台进行对等合并，而不是一家吃掉另一家的收购。合二为一之后，补贴竞争不复存在，市场也会进入实质性的垄断阶段。

技术进步是一种"否定之否定"的创造性破坏过程。互联网普及之前，全球化主导了世界竞争格局。面对去中心化的全球化力量，弗里德曼得出了"世界是平的"的论断。但事实表明，世界并没有像弗里德曼预期的那样变平，而是在很多领域变得更加崎岖。一个很重要的原因是，强大的"去中心化"的全球化力量遇到了更加强大的"趋中心化"的互联网力量。

现在，就在人们对互联网平台"霸权"忧心忡忡的时候，以区块链等为代表的去中心化力量正在酝酿和发酵。我相信，这些新兴的去中心化的市场力量，而非政府管制，才是互联网巨头真正的"掘墓人"。

资料来源：寇宗来.五分钟经济学：互联网时代的经济逻辑.北京大学出版社，2021.

思考题

1. 假设碳酸饮料的市场需求为 $Q_P = 100 - 5P$。这里有两个厂商生产碳酸饮料，每个厂商的边际成本固定为 2。

    (1) 当两个厂商如古诺中的双寡头垄断厂商那样选择产量时，市场的均衡价格和产量是多少？厂商的利润是多少？

    (2) 当两个厂商如伯川德中的双寡头垄断厂商那样选择价格时，市场的均衡价格和产量是多少？厂商的利润又是多少？

2. 想象一下主街道上的两家发廊不再有相同的单位成本。一家发廊的固定单位成本为 10 美元，另一家则为 20 美元。低成本发廊——廉价型理发，位于城镇的东边 $x = 0$。高成本发廊——豪华型理发，位于城镇的西边 $x = 1$。一英里的沿路住着 100 位潜在顾客，且均匀分布。在自己的住所，消费者愿意为一次理发付 50 美元。如果消费者需要出行去理发，则每英里的出行成本为 5 美元。每家发廊都想要通过定价实现利润最大化。

    (1) 一家发廊低成本、另一家发廊高成本的现实不会影响这两家发廊的需求函数。但是会影响发廊的最优反应函数。计算每家发廊的最优反应函数。一家发廊的单位成本上升时会对另一家发廊的最优反应函数产生什么影响？

    (2) 计算该模型中价格上的纳什均衡。再将所得价格与两家发廊的固定单位成本价格为 10 美元时所得的价格相比较。解释两家发廊为什么这样定价。画出两家发廊同质时的最优反应函数和成本不同时的最优反应函数，再进行比较。

3. 为什么古诺模型和伯川德模型不是动态的?
4. 市场中当竞争者数量增加时,整体产品质量会受到怎样的影响?在什么环境下,高质量的企业可以通过进入竞争市场获得成功?
5. 假定你是行业分析师,正试图判断在线教育企业是否在进行针锋相对的价格博弈。你想要检测什么样的实际数据?你认为针锋相对价格博弈的证据是什么?
6. 考虑两个双寡头市场:格力公司和美的公司,它们的空调产品略微存在不同。每家公司向需求价格弹性不同的顾客出售产品,因此它们偶尔会对最富有需求价格弹性的顾客收取低于报价的打折价。假定美的公司采取即时生效的消费者最惠政策,但格力公司没有。美的公司的平均均衡价格将发生什么变化?格力公司的平均均衡价格将发生什么变化?
7. 考虑下面的博弈:领导者厂商1选择一定的产出,在这之后,跟随者厂商2观察到厂商1的选择从而选择了自己的产出,价格满足行业需求曲线。两个厂商的固定成本都为0,不变边际成本为60。
   (1) 求出跟随者厂商的最优反应函数方程。以厂商1为横轴、以厂商2为纵轴,画出方程的图。指出横轴和纵轴的截距以及最优反应函数的斜率。
   (2) 确定在领导者—跟随者博弈中每个厂商的均衡产出,并标明这个均衡依赖于厂商2的最优反应函数。在均衡中厂商1的利润是多少?
   (3) 现在让两个厂商同时选择他们的产出,计算古诺均衡产出和行业价格,当以古诺博弈代替斯塔克尔伯格博弈时,哪个厂商获益?哪个厂商受损?
8. 假设一英里的大街上有两家理发店:一家位于城镇的西边,$x=0$;另一家位于东边,$x=1$。沿着一英里的街道居住着100位潜在消费者,且他们是均匀分布的。消费者愿意支付50美元在家里理发,如果消费者不得不去理发店理发,那么将承担5美元/英里的出行成本。每家理发店理发一次的单位成本都是15美元。
   (1) 假设东边的理发店首先公布其理发的价格,然后西边的理发店公布其理发的价格。两家理发店将设定什么价格?每家理发店为多少消费者服务?利润是多少?
   (2) 将上述价格与我们发现的当两家理发店同时定价时的价格相比较。解释为什么价格随着定价方式的变化而改变了。
9. 企业经常抱怨它们的竞争者定价太低。对于如何处理这些企业的投诉,你能给出一些建议吗?

参考文献

[1] 戴维·贝赞可等.战略经济学(第5版)[M].侯锦慎等译.中国人民大学出版社,2015.
[2] 刘志彪等.产业经济学(第2版)[M].机械工业出版社,2019.
[3] 芮明杰.产业经济学(第3版)[M].上海财经大学出版社,2016.
[4] 干春晖.产业经济学:教程与案例(第2版)[M].机械工业出版社,2015.
[5] 林恩·佩波尔等.产业组织:现代理论与实践(第4版)[M].郑江淮译.中国人民大学出版社,2014.
[6] 杜朝晖.产业组织理论[M].中国人民大学出版社,2016.

6
竞争优势的形成与动态演化

我们首先举个例子来引入这一章要讨论的内容。来伊份是众所周知的休闲零食品牌，类似的还有良品铺子、三只松鼠等，它们的市场占有率都比较高，还有一些市场占有率比较低的品牌，如口水娃、好巴食等。不难发现，尽管这些企业同属于休闲零食行业，但这些企业的盈利能力，或者说经济利润率是不同的。再比如，可口可乐和来伊份属于不同的行业类别，那么它们的盈利能力或经济利润率会一样吗？不难发现，也是不同的。因此，我们试图分析，为什么不同企业的盈利能力或经济利润率不一样？究竟是什么在影响企业的盈利能力？

带着这样的问题和思考，本章主要讲解竞争优势的形成与动态演化。本章的内容主要由如下几部分组成：第一节主要界定竞争优势的内涵及竞争优势的起源；第二节是竞争优势与价值创造的相关概念，阐明企业要获得竞争优势就必须创造更多的价值；第三节是竞争优势的战略定位，主要探讨企业战略定位方法，包括成本领先与收益领先战略、广泛覆盖战略与专一化战略；第四节是持续竞争优势，主要介绍持续获得利润的难度及模仿障碍、先行者优势等。

6.1 竞争优势

6.1.1 竞争优势的界定

波特于 20 世纪 80 年代初提出的波特五力模型认为，行业中存在着决定竞争规模和程度的五种力量，这五种力量综合起来影响着整个产业的吸引力以及现有企业的竞争战略决策。五种力量分别为同行业内现有竞争者的竞争能力、潜在竞争者进入的能力、替代品的替代能力、供应商的讨价还价能力、购买者的讨价还价能力。波特五力分析框架是基于如下假设：行业条件是企业盈利能力的重要决定因素。这种假设无疑是正确的，因为在一些行业，如制药业、民航业，企业的业绩会优于其他行业。但是，企业的盈利能力并不是只随行业的不同而有所变化。尽管获得许多公司的具体盈利数据是一件困难的事情，但是说明公司之间的盈利不同却并不难。通过观察周边的企业可以发现，即使在某一个特定的行业中,各企业的盈利能力也不尽相同。这样,我们就需要新的框架来分析企业究竟为何盈利,以及竞争优势从何而来。

1. 竞争优势的内涵

学者们对竞争优势的内涵界定并不统一,主要有三种观点,即绩效优势观、价值优势观和能力优势观。首先,绩效优势观,这种观点把竞争优势看作超额财务绩效的同义词,但 Powell 指出竞争优势不等于卓越的绩效,而且竞争优势也不一定能产生卓越的绩效[1]。其次,价值优势观,这种观点把竞争优势定义为企业之间在创造价值方面的差异,或向顾客传递的价值的差异。例如,Peteraf 和 Barney 认为,如果企业能在产品市场上比其边际竞争对手创造更多的经济价值,那么就具有竞争优势[2]。最后,能力优势观,这种观点把竞争优势定义为能够创造财务绩效的资源或能力。例如,Carpenter 和 Sanders 把竞争优势直接定义为"企业以竞争对手不具备的方式创造价值的能力"[3]。

虽然学者们会赋予竞争优势不同的含义,但竞争优势的本质是一种比较优势,是在与对手竞争的过程中表现出来的相对优势,这一点在研究中已基本达成共识[4]。本书对竞争优势的界定为:当一个企业的经济利润率高于同市场中其他竞争企业的平均经济利润率时,该企业在那个市场中就具有竞争优势[5]。例如,为了评估 Sun 公司的核心业务——高端企业服务器的设计与销售是否具备竞争优势,我们就需要将 Sun 公司与诸如 IBM 和戴尔等企业中相同业务的盈利能力进行比较,因为这两个竞争企业也销售企业服务器,并且它们的经营情况会严重受到 Sun 公司的定价与营销决策的影响。

从更为广泛的意义上而言,竞争优势可以是企业与对手在任何一种竞争维度或者层面上的差异或者不对称性[6]。这种差异或者不对称性,无论是真实客观存在的还是凭空主观臆想的,如果可以使企业能够比对手更好地提供价值,便可被认为是企业的竞争优势。这种竞争的维度和层面,包括但不局限于以下方面:第一,有形的资产与能力(如微软的 PC 标准)和无形的知识与诀窍(如商标品牌);第二,企业的人财物资产(如资金雄厚)或技术实力(如技术专利);第三,某种具体的实体项目(如商铺地点优越)或某种关系属性(如属于某个战略联盟)。

2. 盈利能力的决定因素

一个特定市场中,企业的盈利能力取决于它所在的市场是否具有经济吸引力,以及该

---

[1] Powell, T. C. Competitive Advantage: Logical and Philosophical Considerations[J]. *Strategic Management Journal*, 2001, 22(9): 875-888.

[2] Peteraf, M., and Barney, J. Unraveling the Resource-based Tangle[J]. Managerial and Decision Economics, 2003, 24(1): 309-323.

[3] Carpenter, M. A., and Sanders, W. G. Strategic Management: A Dynamic Perspective: Concepts and Cases[M]. New Jersey: Prentice Hall Press, 2007.

[4] 张敬伟,王迎军.竞争优势及其演化研究现状评介与未来展望[J].外国经济与管理,2010,32(3):1-10.

[5] 戴维·贝赞可等.战略经济学(第5版)[M].侯锦慎等译.中国人民大学出版社,2015.

[6] 马浩.竞争优势:解剖与集合(修订版)[M].北京大学出版社,2010.

企业在该市场中的竞争地位(也就是说,它是否具备竞争优势或者竞争劣势)。而一个企业是否具有竞争优势或劣势,是取决于该企业在创造和分配经济价值方面比其对手更加成功还是更加失败。能够比竞争对手创造和分配更多经济价值的企业,同时也会比竞争对手获得更高的利润,并能给消费者提供更高的净利益。

图6-1表明,企业所在的市场经济状况与企业在该市场中的定位共同决定了企业的盈利能力①。但是,我们如何确定两者中哪一个更重要呢?为了回答这个问题,可以假设以大量不同企业在若干年的业绩作为范例,计算出它们的盈利状况。我们是否看到在同行业内的各个企业之间存在着巨大的盈利差异,而跨行业的各个企业之间的利润差异却很小呢?如果是这样的话,那么市场环境对盈利能力的影响,即市场效应,就是不重要的,而企业在行业中的竞争地位却会对盈利能力产生重要的影响,即定位效应。另一种可能性,如果我们看到同一行业内各个企业之间的盈利差异并不大,而行业之间才存在着巨大的盈利差异,那么,市场效应是极为重要的,而定位效应却不太重要。

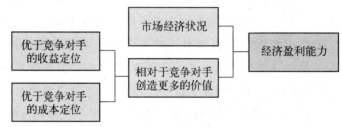

图6-1 竞争优势框架

事实上,市场效应和定位效应都会影响盈利能力。同一行业内和不同行业之间的企业都存在着盈利能力的差异。麦加恩和波特在1997年的研究表明,企业盈利能力的差异有18%是由市场效应导致的,而竞争定位效应的影响则占32%。其他潜在的系统因素对盈利能力的影响则相对较小,比如,由于微观经济环境变化带来的每年利润的变化,或者母公司对企业的影响。值得注意的是,不同企业之间盈利能力影响变量中的绝大部分(接近43%)是非系统的。这部分的影响是无法通过任何系统的影响因素来加以解释的。例如,卡夫的宝氏麦片可能在2005年时利润较高,但是2006年的利润却很低,这样的变化不是由于它在即食麦片市场中的竞争地位发生了变化,也不是由于不利的宏观经济环境,而仅仅是由于"运气不佳"。

6.1.2 竞争优势的起源

在对竞争优势的内涵界定后,接下来的问题是企业竞争优势从何而来?与企业资源基础观一脉相承的核心能力观、知识基础观和动态能力观均认为,竞争优势是由企业所拥

---

① 企业的盈利能力同时取决于市场经济状况与它比竞争对手创造更多价值的能力。与竞争对手相比,企业所创造的价值多少取决于优于竞争对手的成本和有利的地位。

有的与环境相匹配的各种特定资源、能力和知识决定的①。也有学者从性格基础观的视角总结了竞争优势的形成来源,把企业性格②诠释为企业竞争优势更基础的来源③。竞争优势源于企业能够利用市场冲击和机遇的能力,但是,为什么一些企业比其他企业在利用经济冲击和机遇方面更有能力或者是更幸运?什么是竞争优势的起源?下面我们将从七个角度给予回答。

1. 创造性破坏

一些企业利用了能创造有利可图的竞争地位的机遇,而其他企业忽略了或者没有能力利用这种机会。把握这样的机遇就是企业家精神的精髓,因而企业家精神常常被认为是发现与创新的同义词。正如经济学家熊彼特所描述的那样,创新导致了大部分的市场以某种特征演变。任何市场都有相对平静的时期,在这段时期中,企业已经开发出获得了经济利润的、较好的产品、技术或者组织形式。这段平静时期会被重大的"冲击"或者"不连续"打断,这些"冲击"或"不连续"破坏了旧优势所依靠的资源,并且以新资源取代它们。企业家能够利用这种冲击创造的机会,在下一个相对平静的时期中创造正收益。熊彼特将这个演变过程称作"创造性破坏"。根据熊彼特的观点,创造性破坏的过程意味着静态效率,即在某一时间点上对社会资源进行最优配置。他认为真正重要的不是价格竞争,而是新产品、新技术和组织的新来源之间的竞争。

学者们已经识别出一些使企业能够利用创造性破坏的因素。例如,耶奥·李研究了20世纪中期制药行业成功的例子④。他认为,以往制药企业在技术创新方面没有多大的区别,因为它们缺少创新的科学基础。但是在20世纪40年代,一些企业凭借开发抗生素类药品而雇用的额外的科研人员取得了早期成功,这使它们在新研究成果开发方面获得了有利地位。在生物技术革命带来的最新一轮创造性破坏中,如雅培制药、礼来制药公司、默克公司和辉瑞制药公司等大部分企业,都仍能够继续利用它们的研究专长。该例子显示了长期的成功常常是基于一些历史因素(企业最初在科学技术上的突破),并且持续的科学技术对于适应技术方面的重大变革会起到至关重要的作用。

2. 创新的激励

在一定的经济环境下,企业不进行创新可能是理性的。存在两种效应使得企业不进行创新的做法是理性的:一个是沉没成本效应,与投资有关的成本就是沉没成本;另一个是替换效应,通过创新,新进入企业能够取代垄断企业,但是垄断企业却只能替换自身。

---

① Helfat, C. E., Peteraf, M. A. The Dynamic Resource-based View: Capability Lifecycles[J]. *Strategic Management Journal*, 2003, 24(10): 997-1010.

② 企业性格是指由特定的组织身份和组织惯例所产生和作用的组织相对稳定且统一的心理特质以及与之相适应的行为标识。

③ 薄秋实,喻登科,姜睿清.企业性格内涵、表现形式与演化机制——一种解释竞争优势来源的新架构[J].科技进步与对策,2017,34(18):67-73.

④ Lee, J. Emergence of Large Firms and Innovation in the U.S. Pharmaceutical Industry[J]. *Management Science*, 2002.

同样,也有一种效应可以抵消沉没成本效应和替换效应。这一效应能够增强现有企业的创新动机,即效率效应。如果一个在位垄断企业预计到潜在的进入者的进入,也可能会获得创新的机会,产生效率效应。这是因为,一个垄断企业由于新进入者导致的损失会多于新进入企业因进入而获得的利润。效率效应就使得在位的垄断企业具有比潜在进入者更强烈的创新动机。

在现有企业和潜在进入企业之间展开新技术的竞争时,沉没成本效应、替换效应和效率效应将会同时发挥作用。哪一种效应成为主导就取决于创新竞争所处的具体市场环境。例如,如果较小的竞争企业或者潜在进入者开发出创新技术的可能性较小,那么替换效应和沉没成本效应就会居于主导。对于现有的企业来说,创新的主要影响就是侵蚀当前的利润,减少与当前技术相关的现有资源和组织能力的价值。相反,当垄断企业没有开发出创新技术,而新进入企业却几乎肯定能做到这一点时,效率效应将会居于主导地位。在这种情况下,对于现有企业来说,创新带来的一个关键收益是避免利润情况的日益恶化。因为如果新进入企业能够成功创新,该企业就具有成本或者收益上的优势,而且利润竞争也更加激烈。

3. 创新与创意市场

一些学者拓展了我们对于创新激励的理解,只是考察了效率效应的一个变量,该变量只要在现有企业可能获得新进入者技术的情形下(通过技术许可证或者直接兼并)就会发挥作用[1]。这种可能性天然存在,因为兼并将导致垄断,而垄断一般比双寡头要更为有利可图。在这些情形下,既有企业有很强烈的激励去投资研发,即便是完全模仿,因为这样能够增加其面对首先创新的新进入者时讨价还价的能力。既有企业也有可能选择少投资研发,而将新进入者的努力视为投资的替代品。毕竟,如果能够很快兼并,那么,为什么还要重复新进入者的工作呢?新企业利用发明获得繁荣的能力取决于创意市场的存在。创意市场指企业能够将其创意按全部价值出售的地方[2]。学者蒂斯指出商业化环境中两个影响创意市场的因素:(1)技术不容易被侵占;(2)存在专有化资产,如生产或营销能力,必须与创新型产品联合使用。

4. 创新竞争

在竞争者分析与动态价格竞争中,我们讨论了当企业开发产品或选择价格时考虑竞争对手反应的重要性。其实,当企业选择研发的投资水平时,预计竞争对手的反应也同样重要。当许多企业竞相开发相同的产品时,首先进行开发的企业就能够获得明显的优势。最明显的优势就是首创者可以通过专利权和商标来保护他的发明。即便没有法律保护专利权和商标,首创者也能够获得明显的先行者优势。首创者能从消费者的认知中得到收

---

[1] Gans, J., and Stern, S. Incumbency and R&D Incentives: Licensing the Gale of Creative Destruction[J]. *Journal of Economics and Management Strategy*, 2000, 9(4): 485-511.

[2] Teece, D. Profiting from Technological Innovation: Implications for Integration, Collaboration, Licensing, and Public Policy[J]. *Research Policy*, 1986, 15: 285-305.

益,消费者常常认为开拓性品牌的特性就是最理想的配置,而其他品牌的产品都是以此为基准的。

"专利权竞赛"描述的是企业之间展开的创新竞赛。为了更好地理解推进创新的动力,经济学家已经研究了专利权竞赛的不同模式。在这些模型中,第一个完成项目的企业就"赢得"了专利权竞赛,并获得了生产与销售该产品的专有权,而失败的企业什么也得不到。虽然这种描述是很极端的,但是它也确实强调了首创者具有的关键优势,并且它也说明了优势的程度是如何影响创新动机的。这些模型还强调了一个重要的战略要点:参与专利权竞赛的企业必须预计到竞争对手的研发投资情况。如果没能做到这一点,那么代价将会很高。专利权竞赛模型常常假定企业只有一套研发方法,事实上,企业能从一系列的方法中进行选择。当选择一种研究方法时,企业就必须考虑到竞争对手正在采用的方法。企业在选择研究方法时应考虑两个方面:方法的风险,以及一种方法的成功与另一种方法的成功之间的关联程度。

5. 演化经济学与动态能力

我们在之前所讨论的创新理论是基于传统的新古典微观经济学的视角。在这些理论中,企业选择能使自身利润最大化的创新活动。演化经济学中的大部分理论为我们提供了一个有别于传统微观经济学的新视角来认识创新活动[1]。根据演化经济学理论,企业并不是直接选择能够最大化利润的创新活动,而是从组织惯例出发做出关键创新决策。如果想理解创新,那么,就应该理解惯例是如何发展演化的。企业惯例包括生产方法、聘用流程和决定广告支出的政策等。企业通常认为使企业成员改变过去运行有效的做法是一种"不自然"的举动,所以企业一般不会经常改变惯例。但是,正如熊彼特所强调的那样,坚持以某种方法来生产一套既定产品的企业将不可能幸存下来。企业需要不断地研究改进惯例程序。有学者指出企业惯例可以通过搜寻机制[2]进行更新,并通过良好的惯例来建立竞争优势,选择环境[3]对企业惯例起到了选择和淘汰的作用[4]。

企业维持并调整作为竞争优势源泉的能力就是"动态能力"[5]。动态能力有限的企业,就不能够随时间培育并调整企业竞争优势的来源,其他企业最终会超过它们。动态能力很强的企业,能够随着时间调整它们的资源与能力,并且能够利用新的市场机遇来创造竞争优势的新来源。不同的时代背景要求企业具备与之对应的动态能力,大数据时代中,

---

[1] Nelson, R. R., Winter, S. G. *An Evolutionary Theory of Economic Change*[M]. Cambridge:MA, Belknap Press, 1982.

[2] 搜寻机制是指企业在适应动态的环境时对惯例的一种搜寻方式。

[3] 选择环境是指影响组织健康及组织扩展和缩减程度的事情全体。选择环境部分地取决于企业所在产业或部门的外部环境,也取决于行业部门中其他企业的行为和特征。总的来说,选择环境包括企业所处的市场环境和产业环境。

[4] 夏炜,蔡建峰.企业竞争优势演化的关键影响因素研究[J].科学学与科学技术管理,2009,30(8):126-130.

[5] Teece, D. J., Pisano, G., and Shuen, A. Dynamic Capabilities and Strategic Management[J]. *Strategic Management Journal*, 1997, 18:509-534.

云计算、物联网等新一代信息技术的发展带来了数据的迅猛增长,环境动态性使企业难以维持原有的竞争优势[1]。但大数据本身的特点也给企业带来了新的发展机遇。例如,格力电器于2012年全面开展大数据应用,2018年正式成立大数据中心。随着大数据在企业活动中的作用越来越被重视,大数据逐渐渗透到价值链的各个节点之中。大数据能够通过增强格力的资源配置能力、定制化能力、实时分析与预测能力、创新能力来影响企业的价值创造活动,这些动态能力可作为格力企业在大数据时代的竞争优势来源[2]。

6. 环境

波特在《国家的竞争优势》一书中指出,竞争优势源于企业所在的当地环境。波特认为,尽管现代企业的经营能力超越了当地市场,但是特殊行业的竞争优势常常是高度集中在一两个地区的。世界上最好的高电压电气输送设备生产商集中在瑞典,最好的隧道设备生产商集中在瑞士,最成功的柴油机大卡车生产商汇集在美国,而日本却聚集着领先的微波炉生产企业。

波特将竞争看作一个演化过程。企业最初通过改变竞争基础获得竞争优势,这种成功不仅仅是因为它们能够识别新产品和新技术,而且它们能够积极地挖掘新产品和新技术。通过投资改进现有优势来源,并创造新的优势来源,它们保持了自身的竞争优势。波特识别出了企业本国市场的四个属性,分别是要素条件、需求条件、相关的供应商或支持性行业、战略结构和竞争[3],这四个属性能够促进或阻碍企业在全球市场中实现竞争优势。

7. 管理创新

由于大企业组织结构复杂,所以我们不能想当然地认为它们会专注地进行创新。我们必须将企业看成是创新的媒介物,而不能仅仅将它们看成是发明者或者是创新技术的使用者。理解企业内部如何创新常常同理解企业如何为其顾客创造价值一样重要。正如Kanter所指出的,这涉及将创新看成是将解决问题的新观点应用到实际的过程[4]。组织创新观点在对创新文化或企业家精神的研究中得到了进一步的发展。

企业研发计划常常是固定不变的,并且对市场机遇的反应不太灵敏。这就促使一些企业考虑采用管理创新过程的替代方法。例如,际华3502职业装有限公司[5]通过数字化转型的实践,实现了管理模式的创新。该公司借助对服装制造业数据信息的分析应用,采

---

① Mikalef, P., Krogsti, J., et al. Exploring the Relationship Between Big Data Analytics Capability and Competitive Performance: The Mediating Roles of Dynamic and Operational Capabilities[J]. Information & Management, 2020,57(2): 103-169.

② 张振刚,许亚敏,罗泰晔.大数据时代企业动态能力对价值链重构路径的影响——基于格力电器的案例研究[J].管理评论,2021,33(3): 339-352.

③ Porter, M. The Competitive Advantage of Nations[M]. NewYork: Free Press, 1998.

④ Kanter, R. M. The Change Masters[M]. NewYork: Simon & Schuster, 1983.

⑤ 际华三五零二职业装有限公司(以下简称际华3502)始建于1928年,公司前身为中国人民解放军第三五零二工厂,2006年11月改制,公司现隶属于国务院国资委直属的世界500强企业新兴际华集团。2019年,公司实现营业收入10.02亿元,实现利润总额4 168万元,资产总额达14.42亿元。

用数字化信息资源为公司的战略决策提供支撑,彻底转变了以往传统企业过度依赖领导经验的管理模式,便于公司管理层更加精确、实时地了解公司内外部情况,及时调整战略规划,做出科学合理的决策[①]。但是,大企业的创新战略不能单单着重于内部的开发。其他诸如公司分立、建立合资企业以及战略结盟等途径,也能够为企业进入新业务领域或者开发新产能提供便利。政府也为这些合资公司提供资助,同时使它们的活动免受反垄断法的干预。

6.2 竞争优势与价值创造:相关概念

6.2.1 最大支付意愿和消费者剩余

德鲁克在1973年曾经说过:商业的目的在于创造顾客。企业通过创造和交换经济价值来实现这个目标。当企业以利润的形式获得了一部分价值时,企业就得以生存并且不断繁荣。比竞争对手创造更多价值的企业将能够在市场中占据更加有利的地位。为了分析其原因,需要界定价值创造,并说明它与竞争优势的关系。我们首先讨论最大支付意愿和消费者剩余。

首先以一个例子来引入这两个概念。对你来说,一个特定的软件值150元,那么,150元就是你愿意为该软件支付的钱,也就是你的最大支付意愿。如果市场售价仅为80元,那么你当然会购买。这样的消费对你来说是划算的,因为你只花费了80元,却购买了对你来说更有价值的软件产品。这样,你愿意支付的金额150元与实际支付金额80元之间的差额70元,就是消费者剩余。

接下来,我们以B来表示对某消费者来说每单位某商品所值的货币量,或者说是消费者的最大支付意愿。从消费者的角度来说,当产品处于何种价格时,消费者买不买产品无所谓,那么,这个价格就是消费者对该产品的最大支付意愿。随着经济成本的变化,消费者对该产品的最大支付意愿也将随之变化。

如果我们以P表示产品的货币价格,那么消费者剩余就是B与P之间的差额。举个例子,如果消费者愿意为某汽车付出20万元,而该汽车的售价为16万元,那么消费者剩余就将为 $20-16=4$ 万元。该例子简单地刻画出了消费者行为的模式:只有当产品的消费者剩余为正值时,消费者才会购买此产品。无论该消费者是企业还是个人,出售者都必须给付消费者剩余,以便在竞争中取得优势。对消费者来说,如果有两个或者更多的竞争性产品可供选择,消费者会选择哪一个呢?实际上,消费者经过权衡之后,会购买消费者剩余(即 $B-P$)最大的产品。

---

① 张宏亮,楚胜日,何华生.企业数字化转型实践与管理创新案例研究[J].商业会计,2021(6):4-8.

我们可以把一个市场内的竞争看成是一个过程。在这个过程中,企业通过它们的价格与产品属性将消费者剩余交付给消费者。消费者将选择消费者剩余最大的产品。那些向消费者提供的消费者剩余少于其竞争对手的企业就会失去该消费者。当一些企业提供给某消费者相同的消费者剩余时,可以说这些企业实现了消费者剩余平价。如果企业在消费者偏好相同的市场中实现了消费者剩余平价,那么该市场上就不会出现消费者从一个销售者转向另一个销售者的现象,所有企业的市场份额将保持稳定。如果市场中所有企业的产品质量一样,那么,消费者剩余平价就意味着每个企业都制定相同的产品价格。

如果一个企业由消费者剩余平价或者消费者剩余优势的情况,转变为消费者剩余比竞争对手少的情况,那么该企业的销售量就会减少,市场份额也会随之下降。在20世纪90年代末和21世纪最初的10年,工作站和高端服务器市场中的Sun公司就出现过这种情况。Sun公司在20世纪90年代末几乎统治了这个市场,但是到2002年,IBM和惠普开发出了比Sun公司的产品性能更优越的高端服务器,使得IBM和惠普用与Sun公司相同的费用支出就获得了不错的市场份额。

6.2.2 创造价值分析

在生产商使用劳动力、资本、原材料和购买的零部件生产出产品之后,如果该产品的消费者感知收益B超过了生产成本C,那么该产品会被消费者购买。只有在消费者购买之时,经济价值才被创造出来。该产品的感知收益B代表了消费者从产品中得到的价值,而成本C则代表了劳动力、资本等投入转换成产品所牺牲的价值。因此,所创造的经济价值就是感知收益和成本之差,也就是$B-C$,这里的B和C针对的是每单位产品。创造出的价值必须在消费者和生产商两者之间进行分配。消费者剩余$B-P$表示消费者所获得的那部分创造价值。生产商方面,接受价格P,并且用此支付生产产品所投入的成本,那么利润$P-C$表示生产商所获得的那部分创造价值。将消费者剩余与生产商利润相加,就可以得出以消费者剩余与生产商利润之和的形式表示的创造价值,也就是:

$$\text{创造价值} = \text{消费者剩余} + \text{生产商利润}$$
$$= (B-P) + (P-C)$$
$$= B-C$$

如果$B-C$是负数,那么就无法创造出正的经济价值,该产品的存在是没有意义的。此时,就不存在消费者愿意支付的价格,也就是为弥补产品耗费的资源所支付的价格,这样产品生产商和投入品供应商就无法获利。相比之下,当$B-C$为正值时,企业从供应商那里购买投入品并将它们转化成产品,然后销售给消费者进而获利。这时$B>C$,企业总是可以在与投入品供应商和消费者的交易中实现双赢,也就是说,交易各方都会从此交易中获利。在经济学中,这样双赢的交易机会被称作交易收益。较聪明的企业家就能获取潜在的交易收益。

6.2.3 价值创造与竞争优势

虽然 B-C 为正值是产品实现经济利润的必要条件,但是企业销售 B-C 为正值的产品却并不能确保会获得正的利润。在所有企业都能创造相同经济价值且进出无障碍的市场中,企业之间的竞争将会降低企业的盈利能力。现有企业与新进入企业为了争夺消费者会互相降低价格,直到所有生产者获得零利润。在这样的市场上,消费者获得了产品创造的所有经济价值。

因此,为了能在竞争导致经济利润趋于零的行业中获得正的利润,企业就必须比竞争对手创造更多的价值。也就是说,企业必须创造一个竞争对手都无法达到的 B-C 值。这个看似简单但非常有用的见解与我们之前所讨论的消费者剩余的竞争内涵是一致的。为了解其中的原因,我们假设两个销售商正在争夺你的一笔业务。哪家企业的产品特性和价格能使你获得更大的消费者剩余,哪家企业就将可能赢得你的这项业务。最激烈的竞价使得某家企业在利润为零的情况下销售产品,此时售价 P 等于成本 C。在此价格下,企业就将其创造的所有价值以消费者剩余的形式转让给你。

从这里可以发现,什么样的企业才是在竞争中最具优势的企业呢?其实,在竞争中具有优势的企业应该是具备最高 B-C 值的企业。这是因为,与竞争企业相比,该企业的产品售价除了能使你获得更优惠的消费者剩余外,企业还依然能保持一部分额外价值,即利润。也就是说,它在出价低于竞争对手的情况下,依然能通过销售得到正的利润。例如,凌志软件公司在金融科技领域拥有较强的竞争优势,公司为客户提供全方位的软件服务,业务涵盖证券、保险、银行、信托等领域,通过重点加大对云计算、大数据、人工智能等新兴技术领域的研发投入,形成相应产品和技术解决方案。

6.2.4 价值创造与价值链

价值是随着商品通过纵向链的各个程序而被创造出来的。因此,纵向链有时被称为"价值链"。价值链将企业描绘成如图 6-2 所示的生产运作、营销与销售,以及物流工作等价值创造活动的集合体。价值链上的每项活动都可能潜在地增加消费者从企业产品中获得的收益 B,并且每项活动也会增加企业生产和销售产品的成本 C。当然,各种活动对收益和成本的影响程度有很大的不同。

事实上,要分离出某项活动对企业创造价值产生的影响常常是很困难的,因为这要求估测一项活动创造的感知收益增量和相应的成本增量。然而,当产品处于半成品或产成品状态的不同阶段时,我们可以使用市场价格对产品进行估价,可以估计出价值链上不同部分所增加的创造价值。这就是所谓的附加值分析。

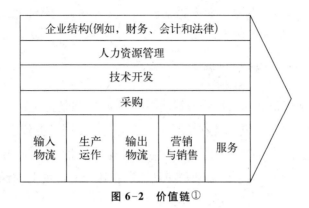

图 6-2　价值链①

6.2.5　价值创造、资源和能力

从广义上讲,企业可以通过两种方式来创造比同行业中其他企业更多的经济价值。第一,使其企业价值链的配置不同于竞争企业。第二,企业可以通过模仿竞争对手的价值链配置,并在该价值链内使经营活动的效率高于竞争对手来创造更多的经济价值。为做到这一点,企业必须拥有它的对手所缺乏的资源和能力;否则,任何创造超额价值的策略都会被竞争对手很快地效仿。

资源学派认为,每个企业都是由独特的资源构成的结合体,这一结合体形成了企业竞争优势的基础。资源能直接影响一个企业比其他企业创造更多价值的能力。优化利用资源需要企业不断地积累知识和智力资本,只有各种核心资源达到一定水平后,企业才能通过一系列整合形成自己独特的、不易被模仿、替代和占有的战略资源,才能获得和保持竞争优势。企业的资源是企业专用性资产,如专利权和商标、品牌声誉、客户群、组织文化,以及拥有公司专用技术或诀窍的工人。在运转良好的市场中,资源是不能被其他企业轻易地模仿或获取的。可口可乐在全世界享有品牌认知度,这是其拥有战略资源的一个例子。

能力学派主要强调以企业生产能力、经营能力和过程控制能力为出发点,来制定和实施企业竞争优势的理论思想。能力是企业与其他对手相比做得特别出色之处②。实际上,能力存在于特定的业务职能中,如宝洁公司的品牌促销技巧、美国航空公司的收益管理能力。另外,能力可能是与特定技术或产品设计相联系的,如杜邦在尼龙方面具备的精湛技术。能力也可能存在于企业管理价值链各要素或协调这些活动的过程之中,例如,携程旅行网作为国内最大的在线旅游代理商企业,通过一条清晰完整的旅游产业链条,具有整合上下游供应商和客户的能力;线上线下的结合,使得线上预订平台与线下旅行社、酒店结为一体。

---

① 价值链将企业描绘成价值创造活动的集合体。波特区分了五个主要活动(输入物流、生产运作、输出物流、营销与销售以及服务)和四个支持性活动[企业结构(例如,财务、会计和法律)、人力资源管理、技术开发和采购]。

② 该概念的其他表述法包括特有竞争力、核心竞争力等。

案例 6-1

人工智能为金融行业实现价值创造[①]

从 2019 年开始,机器学习、计算机视觉等技术已经规模化商业应用,自然语言处理、知识图谱、深度学习等技术逐步落地,金融机构应用人工智能技术正当时,智慧金融浪潮将席卷金融业。

金融机构应用人工智能技术,最终目的是为自身创造新价值。目前,随着部分人工智能技术规模化商业应用,创新已经渗透到金融产业每一环节,并在自动化、智能化、创新化三个层面上重塑金融价值链。

随着技术商业应用成熟度的不断提升,人工智能技术在金融行业获得越来越广泛的应用,价值链的每一环节都在受到不同程度的渗透。可以将金融核心价值链定义为四大环节:产品设计、市场营销、风险控制、客户服务,这四大环节再加上人力、财务、IT 等支持性活动,共同构成金融行业的价值链(见图 6-3)。

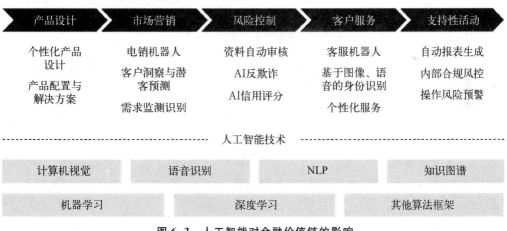

图 6-3 人工智能对金融价值链的影响

从图 6-3 可以看到,人工智能技术在金融价值链的每一环节都有清晰的落地场景。但这些落地应用给金融机构带来的价值创造不尽相同,其应用成熟度、方案采纳难度也不尽相同。比如,针对客户个性化地设计金融产品是大量金融机构的未来追求,因为可以预期到这一改变将带来增量客户。但相应地,个性化产品设计依赖于 NLP、知识图谱技术的进一步成熟,也涉及金融机构大量内部 IT 架构、业务流程的变化。

---

① 本案例根据《爱分析·中国智慧金融报告》(2020 年 1 月)及其他网络资料编写而成。

接下来,需要进一步回答,各类人工智能通用技术应用为金融机构创造了哪些价值。我们将人工智能技术为金融行业创造的价值分为三个层次:自动化、智能化、创新化(见图 6-4)。

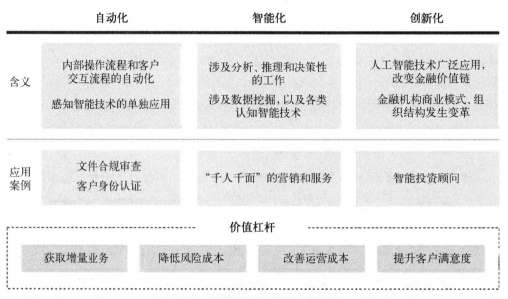

图 6-4 金融行业的价值创造说明

首先,自动化主要涉及流程性工作,在多数场景下是单一的感知智能技术,如计算机视觉、语音识别的应用。一方面是金融机构内部的操作流程,如消费金融利用 OCR 光学字符识别技术完成证件信息识别,解放了相关人力,降低了运营成本。另一方面是金融机构与客户的交互流程,如通过人脸或语音等生物特征识别,自动认证客户身份,优化了用户体验。

其次,智能化主要涉及分析、推理和决策性的工作。应用场景中往往涉及数据挖掘,以及 NLP、深度学习、增强学习等认知智能技术和算法。例如,金融营销中的"千人千面"是一个典型的智能化场景,通过对潜在客户的多维度数据,如金融数据、消费数据的挖掘,精准绘制用户画像,并匹配相应的营销策略、产品,对于获取增量业务起到正面作用。

最后,创新化指的是人工智能技术应用带来的金融价值链的变革。其基础在于人工智能技术在某些细分领域的广泛应用,核心是金融机构业务流程、组织架构、商业模式的再造。例如,智能投资顾问是一个典型的创新化应用,通过人工智能技术为用户进行风险识别、资产配置(公募基金匹配)、投资风险提示等工作。

以上三个层次的价值创造最终会体现在四类可量化的价值杠杆上:获取增量业务、降低风险成本、改善运营成本以及提升客户满意度。

6.3 竞争优势的战略定位

了解一家企业的产品如何创造经济价值,以及它是否能持续创造价值,是我们判断该企业在市场中能否实现竞争优势潜力的第一步。判断价值创造的来源需要认识企业能维持经营的原因及其潜在的经济利益所在。这反过来就涉及了解并实现消费者利益的因素(比如,企业的产品为何比潜在的替代产品更能满足消费者需求)和推动成本的因素(比如,哪一种成本对产量敏感,或者经验积累对成本的影响)。这需要企业对消费者全面的调查分析以及对自身成本优势的全面把握。

6.3.1 战略定位:成本优势和收益优势

在本节中将回答,企业通过对消费者全面的调查分析以及对自身的成本优势的全面把握后,将制定怎样的战略来实现竞争优势呢?竞争优势,它不能被简化成一个公式或一个运算法则。然而,虽然不存在单一的成功公式,但我们仍能发现,各行业中的企业在不同的竞争方式定位中存在着广泛的共同性。以战略管理的语言来说,是企业表现出了不同的一般性战略,该概念是由波特首先提出来的。从广义上说,企业的一般性战略描述了企业为参与市场竞争而进行的自我定位,这些一般性战略包括收益领先、成本领先和专一化战略等。接下来,我们将探讨这些一般性战略的经济学逻辑。首先,我们考察建立在成本领先和收益领先基础上的定位逻辑。

1. 成本领先的战略逻辑

采用成本领先战略的企业,通过提供与竞争对手相比成本 C 更低的产品,能够比竞争对手创造更多的经济价值 B-C。这可能以三种不同性质的方式出现。

首先,成本领先者可以通过提供与竞争对手相比,具有相同的 B 值,但有更低 C 值的产品,来获得收益平价。低成本生产商在商品市场上的竞争优势,比如,全球钢铁业的米塔尔钢铁公司,就是这方面的一个例子。

其次,成本领先者可以获得收益近似。这指的是提供与竞争对手差不多的消费者感知收益 B。当低成本的企业采用自动化生产工序,生产效率比手工生产工序更高,可以雇用更少的熟练工人,购买更少的昂贵部件时,这种情况会出现。

最后,成本领先者可以提供质量上与竞争对手存在差异的产品。对于传统定义的产品,企业有时可以依靠重新改造产品,来获得收益和成本上的巨大差异。例如,高边际成本的产品,可以重新改造成在生产和销售中存在规模经济,同时仍然能够给消费者带来相同收益的产品。天美时手表或者特定款的别克圆珠笔就是众所周知的例子。

2. 收益领先的战略逻辑

采用收益领先战略的企业,通过提供比竞争对手更高收益 B 的产品,能够比竞争对手创造更多的价值,即 B－C。这同样可能以三种不同性质的方式出现。

第一,收益领先者可以通过提供与竞争者相比,具有相同的 C 值,但有更高 B 值的产品,获得收益平价。20 世纪 80 年代的日本汽车制造商就是一个很好的范例。它们生产的家庭轿车(如本田雅阁)的成本并不比美国制造的车型昂贵,但是其性能和可靠性却更佳。

第二,收益领先者可以获得收益近似,这意味着企业的成本 C 并不比竞争者高太多。诺思通的雇员获得比平均水平高的工资,但是能提供更优质的服务,是这种战略地位的一个很好的范例。

第三,企业能够提供非常高的 B 和 C。举个例子,当礼来制药公司首先发明了一种神奇的抗生素药品——头孢菌素时,就出现过这种情况。头孢菌素的生产成本比其他替代品(如青霉素)要高得多,但是它的副作用很少,并且能抵抗更多种类的细菌。

3. 成本优势与收益优势的比较

在什么条件下一种竞争优势比另一种竞争优势的盈利性更强呢?虽然没有明确的规则,但是企业产品市场的潜在经济状况以及企业当前在行业中的地位创造的条件,有时会使一种优势战略比另一种更为可行。在以下三种情况中,建立在低成本基础上的优势可能要比建立在高收益基础上的优势更为有利可图。

(1) 产品的属性限制了提高感知收益 B 的可能性。日用商品,例如化工品和纸张就是这种情况。对于这种产品,通过降低 C 比提高 B 更有可能创造增加的价值。并且需要注意:产品差异不仅仅是由产品的物质属性产生的,通过提供优于竞争企业的快递服务、便利的地理位置等,企业也能使其产品具有差异性。

(2) 消费者对价格相对敏感,不会为提高产品质量、性能或形象而进行额外支付。当大部分消费者对价格的敏感度高于对质量的敏感度时,就会出现这种情况。这对应于消费者的无差异曲线相对平缓的情况,平缓的无差异曲线意味着消费者不愿意为提高质量而进行过多的额外支付。降低成本比提高收益的方式更可能增加价值。

(3) 产品属于搜寻产品,而不是经验产品。搜寻产品是指在购买之前,消费者就可以对它的客观质量属性进行评估的产品。比如,服装和办公设备等产品。而经验产品则指的是,只有在消费者购买并使用一段时间后,才能对其质量进行评估的产品。比如,汽车、电器和包装商品就是这类产品。对于搜寻产品,潜在的差异主要存在于改进产品可观察到的特色。但是,如果消费者可以发现产品之间的差异,则竞争对手也能够发现,这就会有改进的产品特色被模仿的风险。当竞争企业确实这么做时,企业可以通过保持成本低于竞争对手,同时在产品改进上与其竞赛,来获得最佳的持续竞争优势。

另一方面,在以下三种情况下,建立在高收益基础上的优势可能比建立在低成本基础上的优势更加有利可图。

(1) 对于提高收益 B 的产品属性,一般消费者会支付大额的溢价。这对应于消费者的无差异曲线相对陡峭的情况。通过增加少量特色从而使其产品具有差异性,企业就可能获得大量的溢价。例如,当吉列于 1998 年开发了锋速 3 剃须刀系统时,就期望能获得此种效应。因为与现有的盒式或者一次性剃须刀相比,该产品剃须效果更佳,吉列认为许多男人将会愿意为这种剃须刀支付更高的溢价。结果,吉列的锋速3刀片价格比其他的超级感应刀片高15%,成为当时市场上价格最高的刀片。

(2) 有显著的规模经济或者学习经济效应,并且企业正在利用它们。在这种情况下,企业实现超过大企业的成本优势的机会受到限制。那么创造价值的最佳方式是,提供一种特别适合利基市场的产品。比如,波士顿啤酒公司已经试图以微型啤酒厂的方式建立竞争优势。

(3) 产品是一种经验产品,而不是搜寻产品。在这种情况下,产品形象、声誉或可信度都可以创造收益优势,这些方面的差异比产品特色或性能特征更加难以模仿或者中和。例如,21世纪初,尽管索尼的LCD技术还不如三星的DLP技术,但由于三星的品牌声誉稍逊于索尼,因此,索尼凭借电子产品市场上的品牌声誉成为了宽屏电视市场上的主导企业。

以上这些要点并不意味着在任何特定行业中,所有企业都可以寻找到一个完美的战略定位,但企业优于竞争对手的能力一定来源于它创造并生产独特经济价值的能力。在市场中,不同的消费者有不同的最大支付意愿,或者不同的消费者会对以不同方式提供的产品价格有不同的看法,因此,市场中存在着各种各样的战略定位。美国超市行业就说明了这一点:超市行业中的沃尔玛实施成本领先战略获得兴旺发展,而塔吉特则依靠新潮的产品和明亮、舒适的购物环境,成功地执行收益领先战略。在这些以及其他行业中,几乎都不存在一个完美无缺的战略定位。

案例 6-2

拼多多的成本领先战略[①]

拼多多隶属于上海寻梦信息技术有限公司,专注于C2M拼团购物的第三方社交电商平台,目的是汇集更多人的力量,用较低的价格买到更好的东西。成立于2015年9月的拼多多短短几年内就拥有几亿用户,成为电商行业的黑马。2018年7月,拼多多在美国上市融资十亿美元,资本市场估值超过二百亿美元。2019年入选"2019福布斯中国最具创新力企业榜"。2020年9月,拼多多更是成为了2021年春晚独家红包互动合作伙伴。

淘宝、京东等大多数平台起初将目标消费群体定位在一、二线城市,认为一、二线城市消费水平高、消费潜力大。拼多多一改常态,将目标客户定位在三、四线城市,紧抓他们追求低价好物的消费心理,推出具有诱惑力价格的产品,吸引了目标群体的注意力,并很快以此"安身立命"。销售价格已经很低,为了提高收入水平和盈利能力,就

[①] 本案例根据冯春雨.电商行业成本领先战略的案例研究——以拼多多为例[J].营销界,2020(26):63-64的内容改编而成。

要尽可能地降低成本费用,推动平台实施成本领先战略。

1. 利用社交平台和超值活动免费推广

首先,由于腾讯入股了拼多多,腾讯旗下的微信和QQ作为目前社交使用用户量最多的平台,对拼多多开放自然能够提高对拼多多的浏览量。其次,在拼多多平台中,用户购买产品会有"单独购买""发起拼单"和"参与拼单"三种方式,由于低价,大部分消费者都会选择拼单购买。为了快速完成拼单以及消费者倾向于向好友分享链接共同购买的社交习惯,这也就对商品进行了免费的推广。最后,拼多多的很多优惠活动是以超低价甚至是免费获取的,比如"砍价免费拿""天天领现金"等,消费者参与活动就需邀请好友的帮忙,尤其是当邀请那些从来没有使用过平台的用户会更有效,这就使得很少甚至从未使用的潜在消费者下载使用拼多多,促进了平台的推广。

2. C2M模式降低供应链成本

拼多多打造销售直接对接工厂(C2M)模式,基本等同于从生产商直接到消费者,减少了很多中间商。尤其是拼多多持续"扶贫助农",利用互联网优势与贫困地区产量充足的农户建立合作,有效降低了供应链成本。水果生鲜是生活必需品,又因大幅低于市价很快吸引了消费者,实现基础客户的积累,最终拼多多的业务逐渐扩展到几乎覆盖全品类的产品。Wind数据库资料显示,拼多多的销售成本率在同行业企业中处于较低水平,这说明实现单位营业收入付出的营业成本较低。

3. 选择小物流降低成本

拼多多平台中销量较大且年销售量较为稳定的商户会更加倾向于与物流公司合作以降低物流成本。但与小物流公司合作,经常由于物流缓慢、货物破损等问题引起消费者不满。商户可以提请拼多多平台与服务较好的物流公司合作,在适当情况下将在同一地区发出的商品甚至所有发出的商品都由该物流公司进行派送,进而能够有效降低物流成本、加快派送的速度,保障货物送达的质量。

上市两年多的时间,拼多多已经拥有了如此多的用户量,很明显拼多多的低价销售是成功的。营业收入的增加和净亏损的收窄体现了拼多多虽然不是完全地实施成本领先战略,其中对于一些成本的控制还存在一些问题,并没有达到领先水平,但是也可以为其留住流量。若要想长久地留住消费者,在降低成本费用的同时,平台的产品质量也是至关重要的点,提升质量水平并有效降低成本,做到真正的"用更低的价格买到更好的商品"。

6.3.2 战略定位:广泛覆盖战略与专一化战略

从广义上来说,追求成本优势和收益优势的问题就是企业将如何创造经济价值的问题。而我们所讲的第二个关键定位问题是,企业将从何处创造价值?特别是,企业是在广泛的还是专一化的市场范围内创造价值呢？

几乎每个市场都可以分割成更小的子市场。比如，任何市场都可以分为两部门：市场中生产各种产品的竞争企业和购买那些产品的不同类型的消费者。某一特定的消费者团体和某一特定的产品种类之间的交叉代表着一个潜在的子市场。举个例子，我们将消费者团体划分为30岁以下和30岁以上两个团体，将产品种类划分为生活用品和学习用品两个类别。那么，这样的划分就出现了四个子市场，分别是针对30岁以下人群提供学习用品的市场、针对30岁以下人群提供生活用品的市场、针对30岁以上人群提供学习用品的市场、针对30岁以上人群提供生活用品的市场。

由于顾客经济状况、供给条件和市场部门规模的不同，就出现了子市场之间的差异。子市场之间的结构性吸引力存在着极大差异，但这也带来了发展价值链的机会，从而使这些价值链能够专门适应特殊子市场中经济价值的创造。

1. 广泛覆盖战略

广泛覆盖战略不对子市场进行划分，不区别对待不同的子市场。广泛覆盖战略是通过提供全面的一系列相关产品，来满足市场中所有顾客群体需求的战略。比如，吉列出售一整套剃须产品，包括剃须刀、剃须啫喱和剃后洗液。

针对所有消费者一视同仁对待，表面上来看是不经济的行为。实际上，它是契合范围经济这一经济学思想的。范围经济可以通过共用生产设备、零部件或者共用分销渠道和市场营销来实现。而广泛覆盖战略正为范围经济提供了市场需求方，能够更好地发挥范围经济的优势。

2. 专一化战略

与广泛覆盖战略不同，在专一化战略下，企业要么提供的产品种类很少，要么服务的顾客面很狭窄，甚至可能二者兼而有之。比较常见的专一化战略有三种：顾客专一化战略、产品专一化战略和地域专一化战略。在顾客专一化战略下，企业提供一系列相关产品给某一类消费者群体。在产品专一化战略下，企业提供某一类产品给广泛的潜在消费者。在地域专一化战略下，企业提供各种产品给某一地域的消费者。下面我们来具体分析这三种专一化战略。

第一种是顾客专一化战略。企业会把一系列相关产品出售给某一类特定的消费群体，目的是满足这一类消费群体的消费需求。与实行广泛覆盖战略的企业相比，实行顾客专一化战略的企业创造额外经济价值的能力，来自实行广泛覆盖战略的竞争对手服务不充分或者忽略的顾客群体。当实行广泛覆盖战略的企业不能充分提供目标顾客群特别需求的产品属性时，就会造成服务不充分，消费者会转而寻找新的合适的产品，这就为顾客专一化战略企业提供了机会。例如，对于那些需要准备包含大量数学符号和表达式的技术原稿的作者来说，微软公司流行的文字处理软件就满足不了他们的需求。这些微软服务不周的顾客的出现就为采用专一化战略的软件竞争者创造了机会。为了满足撰写技术手稿的学术研究人员的需要，TCI软件研发公司专门开发和提供了一种文字处理软件

(Scientific Word)。

第二种是产品专一化战略。采用该战略的企业,向大范围的潜在顾客群提供有限的产品类型,目的在于能够较好地满足这类顾客群的子需求。这里强调一下,是子需求。产品专一化后,企业的产品类型有限,将这些有限的产品类型做到精益求精,从而能够完美满足消费者的子需求。产品专一化的经济学逻辑在于,企业利用规模经济和学习经济的能力。例如,咨询公司 ZS 联盟为不同行业的各种客户提供服务,但是它的咨询业务最初集中于销售力量以及和营销相关的范围。这与 ZS 的竞争对手麦肯锡和 BCG 形成鲜明对比,这些咨询公司为企业提供较大范围的经营与战略问题的咨询业务。

第三个是地域专一化战略。采用该战略的企业在一个狭窄、明确的地域市场内销售各类相关产品。地域专一化战略的优势在于,企业的生产、销售等战略的制定,都可以更加契合当地的实际情况,比如当地人力成本高,那么可选择更多使用机器生产替代;比如制定销售战略时,可以结合当地居民对该产品的需求特征更好地进行销售。

除了在被广泛覆盖战略企业忽视的或服务不充分的顾客中实现规模经济之外,专一化战略还有另外一个重大的潜在优势,也就是使实行专一化战略的企业避免参与竞争,免受竞争的弊端干扰。在一些子市场中,由于顾客的需求较少,可能仅够维持两家甚至一家企业获利经营。但即便这样,作为该低需求市场上的专一化企业,可能也会比作为高需求市场上的若干竞争企业中的一个更能盈利。这便是专一化战略的潜在优势。

6.4 持续竞争优势

在前面的章节我们曾提出了这样一个问题:为什么有些企业的业绩能够超越其行业的竞争对手?在本部分,我们提出的问题是:尽管其他公司效仿或抵消它们的优势,为什么有些企业还是能一直持续地超越其竞争对手呢?简而言之,一个企业如何才能获得持续的竞争优势呢?

6.4.1 持续获得利润的难度

无论企业处于何种竞争环境,要想持续获得利润往往都很困难。不利于利润保持的因素,如竞争对手的模仿和新竞争者的进入,在所有的市场结构中都是威胁。其他不利因素,如价格竞争,在竞争市场上甚至会给公司带来更大的威胁。

1. 不同市场结构下威胁持续盈利的因素

首先,完全竞争理论是讨论持续竞争优势的逻辑起点,我们在经济学基础知识中已经详细讨论过完全竞争理论,该理论的一个至关重要的含义是:随着众多新进入者纷纷进入该市场,产品的供给量增加,价格降到经济利润为零的点,有利的市场条件带来的盈利机会就会迅速消失。但这个理论出现在这里有什么关联呢?毕竟,完全竞争理论似乎只会在特定的行业结构中具有价值。所有企业都生产同类产品,都面对相同的技术和投入成本,而且每个企业的产量相对整个市场规模来说都微不足道,所以都只是价格接受者。实际上,除了农业和渔业之外,几乎没有什么行业满足所有这些条件。但完全竞争理论看起来可以在比标准理论假设条件更复杂的环境下发挥作用。即便在企业生产差异化产品的行业中,潜在利润也会由于进入和模仿而消失。

其次,我们再来考察一下垄断竞争市场,该市场中卖方纷纷占据不同的利基市场。也就是说,它们通过提供不同特性的主产品来迎合具有不同偏好的消费者。垄断竞争市场的卖方与完全竞争市场上的不同,它们能够在不失去所有客户的前提下提高产品价格。正如经济学中指出的,对于垄断竞争者来说,将价格设定在边际成本以上的做法是最优的选择。但即便垄断竞争的卖方将价格设定在边际成本之上,也无法保证一定能获得利润。它可能可以覆盖边际成本,不过必须有足够的销量才能覆盖固定成本。如果现有厂商能够盈利,并且进出市场是自由的,那么,就会有企业不断进入该市场。由于这些新进入者与现有厂商稍有差异,所以它们会拥有自己的利基市场,但必然也会抢走现有厂商的部分业务,直到利润不能覆盖全部成本为止。总结起来,完全竞争市场和垄断竞争市场上现有的成功企业若不能阻止新的市场进入者,就无法维持利润。

最后,即便在可以阻碍新厂商进入的寡头垄断市场或完全垄断市场中,成功的在位者也可能无法保持长久的盈利。因为有些导致成功的因素是现有厂商不能控制的,如天气或一般不可控的经营环境。

业绩特别好或特别糟糕,不会总是运气所致。企业可以培育出其他企业难以复制的真正的优势,但即便这样,也不能保证企业能够维持持续的利润流。尽管不可模仿的优势可以帮助企业抵制竞争对手和行业新进入者的威胁,但当企业面对强大的购买者和供应商时,它却无法给予企业强有力的保护。强大的购买者和供应商能够使用它们强大的议价杠杆来榨取优势企业的利润;而当企业面临经营困境时,它们又会使用同样的手段将部分利润返还给企业。总之,强大的购买者和供应商有"削平"利润波峰、"填平"利润波谷的作用。如果没有它们,企业的利润可能会出现较大的波动。

2. 持续盈利的证据

如果威胁利润可持续性的因素到处存在,那么大部分行业的经济利润会迅速趋于零。相反,如果存在限制动态竞争的因素,比如进入壁垒、模仿障碍等,则利润就能够得以维持:现在的获利高于平均利润的企业在将来能够持续如此,而现在低利润的企业也会继续维持微利。目前,我们能观察到的利润可持续性模式有哪些呢?

经济学家米勒已经对利润的可持续性问题做了较全面的研究[①]。米勒的研究结果显示,一般说来,具有高盈利能力的企业,随着时间的流逝,盈利能力趋向于降低;而具有低

---

① Mueller, D. C. The Persistence of Profits Above the Norm[J]. *Economica*, 1997, 44: 369-380.

盈利能力的企业,随着时间的流逝,盈利能力通常趋向于提高。但是,两组企业的利润率并不会聚合为一个平均值。从长期来看,相对于一开始利润率就较低的企业,一开始具有高利润率的企业将来的利润也会较高。

米勒的研究结果揭示了市场力量对于利润是一种威胁,但是只有当市场力量达到一定水平时才会构成威胁,而其他力量则看上去保护了获利的企业。波特的五力就是这些力量中重要的一类。许多因素,例如高进入壁垒或者其他软化价格竞争的结构条件,保护了整个行业的盈利能力。但是,我们在这里关心的是另一类力量,这些力量能够保护单个企业的竞争优势,并使其能够在行业中保持发展良好的态势。至少在原则上,这些力量与波特的五力不同。一个行业中,如果价格竞争激烈,且进入壁垒很低,则行业中的企业发展前景将很不确定。如果竞争优势的来源很不明了,或者很难被竞争对手效仿,那么竞争优势就能保持较长时间。相反,一个行业的结构条件可能会为企业间的定价合作提供便利,使企业获得比竞争条件下更高的回报,但是行业内的模仿障碍却较低,以至于没有一个企业能实现比其他企业更高的利润。

案例 6-3

芒果 TV 持续盈利秘诀①

2008 年上线的芒果 TV 是湖南广电集团旗下上市公司芒果超媒股份有限公司(简称芒果超媒)的流媒体视频平台,2017 年成为国内首个实现盈利的流媒体视频平台,并至今持续高增长:有效会员数量增长 8 倍,净利润复合增长率达 54%,母公司芒果超媒市值增长 12 倍。芒果超媒最新财报显示,芒果 TV2021 年第一季度净利润为 7.7 亿元,同比增长 61%。属于视频网站第二梯队的芒果 TV,为何能够在与腾讯视频、爱奇艺、优酷等行业巨头的激烈竞争中脱颖而出,实现高效发展?

芒果 TV 上线时正值国家出台一系列法律法规,版权费用成为视频平台的主要成本。芒果 TV 当时既缺少购买版权为观众提供视频内容的资本,又不具有门户网站旗下视频平台的受众优势,内容匮乏、视频点击量少的局面一直持续到 2014 年。

台网融合,扭亏转盈

2014 年 4 月,湖南广电集团规定湖南卫视原创节目内容不再对外分销互联网版权,自有版权内容只在集团所属的网络视频、IPTV 和互联网电视等平台播出,将版权内容作为成本投入,变短期利益管理为长期战略价值管理,全力打造改版后的芒果 TV 互联网平台。由此,芒果 TV 获得了湖南卫视影视节目的新媒体独播权,其自制节目也可通过同属湖南广电集团的湖南卫视、金鹰卡通、湖南经视等频道播出。台网

---

① 本案例根据申雪婷.芒果 TV 持续盈利秘诀[J].企业管理,2021(8):82-84 内容改编而成。

融合为芒果TV提供了丰富的内容,同时也带来了优势资源和大量用户。2016年,湖南广电确立"一体两翼、双核驱动"的媒体融合发展战略,将湖南卫视与芒果TV正式捆绑在一起,在大量优质内容的加持下,芒果TV于2017年扭亏转盈,实现利润4.89亿元。

整合价值链,降本增效

随着扭亏转盈,芒果TV业务逐渐稳定并不断拓展,平台模式逐渐成形。芒果TV是典型的视频平台模式,依靠多种渠道创收:一是提供付费服务,通过会员充值、视频点播的方式向用户收费;二是广告收入;三是将自制内容的版权分销给电视台和其他视频平台,获取收益;四是通过拓展业务获得收益。这种平台模式下,从内容生产到播出再到用户和广告商买单,业务链条长;同时,多种收入渠道决定了业务运营管理幅度较宽。为此,芒果TV充分利用台网融合优势,通过整合价值链,实现持续降本增效。

资产重组,持续盈利

2018年6月,负责芒果TV业务的快乐阳光与芒果互娱等5家公司整体注入快乐购,成为A股首家国有控股的视频平台公司,同年7月,快乐购更名为芒果超媒,以IP为核心,经营视频、电商、游戏、音乐版权等业务,形成涵盖影视、综艺、动漫制作、电竞、知识付费、旅游、会展、艺人经纪等领域的新媒体全产业链闭环。资产重组后,芒果超媒及芒果TV的盈利能力持续提升,2020年,芒果超媒实现净利润19.82亿元,芒果TV营业收入达100.03亿元,占芒果超媒营收总额(140.05亿元)的71.42%。至此,芒果TV在竞争激烈的视频网站行业走出了一条独具特色的可持续发展之路。

6.4.2 持续竞争优势分析

本节讨论持续竞争优势的经济学基础。我们首先将持续竞争优势和企业的资源与能力的概念结合起来。然后,介绍隔离机制的概念,并讨论它对持续竞争优势的重要性。

1. 资源基础的企业理论

在前面我们已经界定了竞争优势是指企业的经营优于行业中其他企业的能力,也就是企业获利高于行业平均利润率的能力。为取得竞争优势,企业必须比竞争对手创造出更多的价值。企业创造更高价值的能力又取决于其资源储备,也就是企业专用性资产以及生产要素,例如专利权、品牌声望、顾客群等,以及使用这些资源所产生的独特能力,也就是企业能比竞争对手做得更好的活动。

仅仅依靠资源与生产能力并不能确保企业保持竞争优势。只有在竞争对手或新进入者效仿或削弱企业的竞争优势的情况下,企业仍能够保持该种优势,这种竞争优势才具有可持续性。为使之成为可能,企业之间就必须一直保有非对称性。它们必须具有不同的资源和能力,并且经营不佳的企业很难获得经营出色企业的资源和能力。资源异质性是资源基础的企业理论战略框架的重要基石。该理论指出,如果一个市场中的所有企业具有相同的资源和能力储备,那么适合其中一个企业的价值创造战略也就适合于该市场的所有其他企业。任何其他企业都可以复制这种具备优势的战略。企业要保持竞争优势,就必须以稀缺和难以流动的资源与能力为基础。

为保持竞争优势,资源必须是稀缺的,其中的原因显而易见。但是,仅仅稀缺性本身却不能保证竞争优势是可持续的。若创造价值的资源是稀缺的,企业就必将竞相获得。只有如此,竞争优势带来的额外经济利润才能为资源所有者占据。比如,一个企业最重要的资源是有才能的员工,如体育明星,那么额外利润体现在体育明星的高工资上面,而不是企业的利润。再举一个例子,假设有一个价值非常高的地方只能容纳一个零售店,零售商可以支付很高的租金获得这个地块。如果零售商前瞻性地观察到了这个特点,就会在其他竞争者到来之前建立一家零售店,使其他竞争者捞不到利润,自己独占这个地点的商业零售利润。

如果资源难以流动,那么获得该稀缺资源的企业将保持竞争优势。这也就意味着该资源无法以高价将自己"卖给"出价最高的人。企业可以通过长期劳动合同或者"非竞争条款"来限制这种流动性。但是,高效率的员工总是能意识到自己将给企业带来的价值,因此能够在签订这些合同前就索要更高的工资。

对于企业来说,幸运的是,许多资源都是不可流动的。一些资源天生就是不可进行交易的。这些资源包括企业通过积累经验而获得的工艺,或者是企业在与竞争对手竞争中的强硬声望。其他一些资源是可进行交易的,但是由于它们具有关系专用性,因此它们在一个企业会比在其他企业更有价值,从而也就限制了外部企业竞价获取这些资源的动机。一些资源是具有共同专用性的,也就是共同使用这些资源比单独使用具有更高的价值。例如,高效工作团队的成员是具有共同专用性的。虽然有可能发生整组员工跳槽的事情,但是,实际上这种协调一致是非常困难的,特别是如果一些工人在本地市场存在个人利益关系时。不可流动性资产具有如此重要的作用,以至一些企业为了试图获得它们而不惜进行竞争,导致利润减少。当主要资源是只能维持一个零售渠道的区域时,就会发生这种情况。零售商可以出高价地租,将竞争对手挤走。但是,一个具有前瞻性眼光的零售商,甚至可能在该地带来最大化的利润之前就建立商店,阻止潜在的竞争对手获取此处。而这种做法就会降低该地的利润。

2. 隔离机制

稀有的和不具流动性的关键资源与能力是维持可持续竞争优势的必要条件,但不是充分条件。如果竞争企业能复制或者削弱企业优势,那么,该企业从稀缺资源和不具流动性资源中得到的竞争优势也将会受损。

鲁姆特提出"隔离机制"这个术语,用来指限制其他企业通过资源创造性活动复制或削弱某个企业竞争优势的经济因素。因此,隔离机制保护了那些足够幸运或具有远见,从而获得了竞争优势的企业。对于企业而言,隔离机制就如同行业进入壁垒一样:进入壁垒可以阻止进入者进入该行业并夺走在位企业的利润,而隔离机制可以保护企业,不因其他企业的竞争而损失从竞争优势中所获取的额外利润。

隔离机制的分类方法有许多种,这里将其分为两个不同的类别。

(1) 模仿障碍。这类隔离机制阻止现有企业和潜在进入者复制构成其他企业优势基础的资源与能力。很明显,模仿障碍的隔离机制防止竞争企业复制成功企业的优势能力。比如,一个企业的文化,它是通过很多年的沉淀和积累凝聚下来的,并不是其他企业想模仿就模仿的。另外,模仿企业文化,很可能与自身企业文化相冲突,造成更加恶劣的结果,这样就构成了模仿障碍。

(2) 先行者优势。一旦企业获得了一项竞争优势,随着时间的流逝,这类隔离机制就能够提高该优势的经济实力。先进入某个行业,或者先推出某个产品,或者先推行某个理念,尽管先行者的举措不一定完善,但在消费者心里就会产生一种认可,这种认可是后来者无法比拟的。

6.4.3 模仿障碍

在本节中,我们将讨论四种模仿障碍:法律限制、渠道优势、市场规模与规模经济、模仿企业具有独特能力的无形障碍。

1. 法律限制

法律限制,例如专利权、版权和商标,以及政府通过经营权许可证、证书或者配额等方式对进入的管控都是阻止模仿的有力障碍。尽管这些资源是稀缺的,但是也具有高度流动性。这种流动性就意味着,如果企业通过购买专利权或者经营权试图获得竞争优势,就需要支付竞争价格才能够实现。如果事实如此,除非购买者使用这些资产的方法是其他潜在买主所不具备的,否则购买这笔资产就是一项盈亏持平的交易。这就要求企业比其他企业掌握更多的信息,即如何最大限度地利用该资产或稀缺互补资源的所有权来提高资产价值。

如果目标企业是流动资产,它们的所有者将会把它们销售给出价最高的人。有证据表明,只有当目标企业和兼并企业的业务之间存在互补关系,兼并者才不会由此而受到损失。否则,目标企业的所有者就会获得兼并的所有收益。资产流动性也意味着专利权或者经营权的所有者将其出售给其他企业可能更有经济效益。一旦得到专利权或者经营权,它的排他性就使其具有持续的价值。不论谁拥有该资产,都将拥有此种价值。

2. 渠道优势

渠道优势是指,与竞争对手相比,一个企业能够以更加优惠的条件获得更高质量或者更高生产率的供应,如原材料或信息,那么它就具有了竞争对手所无法模仿的成本与质量优势。企业常常通过所有权或者是长期排他性合同的方式控制供应渠道,以获得更加优惠的供应。

与供应渠道优势相似的是销售的渠道优势。如果企业获得最佳销售渠道或者最有利的零售店位置,它将会在与对手竞争顾客时具有优势。例如,富瑞浦集团旗下的自主品牌 Frap 原本在俄罗斯线下市场销售了十几年水龙头,在对比了几个主要的跨境电商平台后,选择了与自身市场重合度最高的速卖通,2016 年上线三个月就成为了速卖通卫浴类目的 TOP 卖家。另外,制造企业可以通过保持排他性交易条款来规定零售商只能销售该企业生产的产品,从而阻止其他企业获取该零售渠道。

许多公司寻求通过供应和销售渠道获得可持续性优势,但它们中的大部分企业都会陷入自制与外购的谬论。正如专利权和商标可以进行买卖一样,使企业能够控制稀缺供应或销售渠道的土地或合同也是可以买卖的。因此,只有当企业能够以"低于市场"的价格获得这些渠道时,优越的供应或者销售渠道才能够使企业保持持续的竞争优势。例如,如果人们知道某个地方有高质量的放射性金属元素,那么,该地的价格就会被哄抬上去,直到经济收益被最初的所有者获取为止,并且购得该地的企业所得的利润不会高于那些竞买失败者的利润。该逻辑的推论就是:只有当企业控制了稀缺的供应渠道,而其他企业或个人却没能认识到它们的价值或不能利用它们时,才能使企业获得超过其他竞争对手的经济利润。但是,因为赢得供应竞标战的企业可能对其价值估计过于乐观,企业也可能遭遇"福兮祸所伏"。除非企业考虑到了过于乐观的可能,否则投标的胜者就最终会花费过多的资金。

3. 市场规模与规模经济

下面我们来看市场规模与规模经济是怎么构成模仿障碍的。相对于需求来说,在最小有效规模很大,并且一个企业已经获得了很大的市场份额的情况下,模仿就可能受到阻碍。规模经济会限制适合市场状况的企业数量,并且成为进入的一种障碍。规模经济也会打击市场中已经存在的小企业,阻止它通过复制市场份额巨大的企业的规模成本优势来发展壮大。

接下来我们看看这种隔离机制的逻辑。比如说,有两个企业,一个大企业,一个小企业,生产同质产品,面对相同的长期平均成本函数。假定最小有效规模为 4 000 单位,大企业每年 5 000 单位的产量规模超过了最小有效规模,而小企业每年 1 000 单位的产量规模少于最小有效规模。如果小企业增加生产能力,并扩张产量使其达到最小有效规模以降低平均成本,那么由于供应大量增加,市场价格将低于长期平均成本的最小值 5 元,那么这个小企业就没能够从新厂房中获得足够的投资回报。因此,尽管从理论上说,小企业可以模仿大企业的竞争优势,然而这么做可能将会无利可图。

对于需求量仅能够支持一家大企业的特定产品和服务存在的市场来说,以规模为基础的模仿障碍与进入壁垒会特别强大。只有当需求量增长不会太大时,以规模经济产量为基础的优势才能够得以持续维持。否则,需求的增加将吸引更多企业进入,或者是诱使小企业扩张,以便能从规模经济中获利。

4. 模仿企业具有独特能力的无形障碍

下面我们来看模仿的无形障碍。法律限制、优越的顾客或稀缺投入品的可获得性是模仿的有形障碍。但是，模仿障碍也可能是无形的，特别是当企业优势的基础是独特的组织能力时。

(1) 因果模糊性。鲁姆特使用"因果模糊性"这个术语来描述企业具有比竞争对手创造更多价值的能力，但其中的原因是模糊不清的，且只能理解其中的部分原因[①]。因果模糊性是企业具有包含隐含知识的独特能力而导致的事实结果。也就是说，这种能力是难以作为一个运算法则、公式或者一套规则加以明确说明的。也就是我们常说的"只可意会不可言传"。组织内的很多工艺和集体智慧都属于这种类型。隐含能力一般是经过实践与检验，通过尝试、犯错、改进而得来的，它们很少被写下来或者编写在手册上。这样，企业管理者甚至可能无法描述出如何才能够比竞争对手做得更好。出于这个原因，因果模糊性可能是其他企业模仿的一个强有力的障碍。

正如优秀企业无法准确描述出它们在哪些方面做得特别出色一样，普通企业也可能错误地认为自己具有优越的技术。企业没有能力说明自己的实力，就都将其归咎于因果模糊性。尽管如此，但在缺乏表明先进技术的证据时，比如成本数据、市场研究、竞争基点、财务措施，或者知识渊博的观察家的评论，管理者还是不应该贸然认为自己的企业比竞争对手更有能力。

(2) 对历史环境的依赖。竞争者无法复制构成企业竞争优势的独特能力，也是因为这些独特的能力与企业的历史有关。一个企业战略行动的历史构成了它适应商业环境的独有经验。这些经验使企业在执行自己战略方面具有独一无二的能力，也使企业无法模仿竞争对手的战略。例如，20世纪六七十年代，美国西南航空公司由于受到美国管制政策的限制，只得在得克萨斯州的没有管制的二级机场经营。针对这些条件，它形成了高效的经营效率和其特有的劳工关系模式，这是其他航空公司，如美国航空公司和联邦航空公司所无法模仿的，并且所有这些大航空公司也不能适应西南航空公司的小规模经营和由于历史限制所形成的航线结构。

(3) 社会复杂性。巴尼指出，由于复杂的社会过程而产生的竞争优势也是不可模仿的。复杂的社会现象包括企业管理者的人际关系，以及企业和供应商以及顾客的关系。社会复杂性和因果模糊性不同。例如，本田汽车的每个竞争对手都明白，本田的成功在于它和零部件供应商之间的相互信任。虽然企业都很希望能建立起这种信任，但是却很难做到。

竞争优势依赖于因果模糊性、历史和社会复杂性，也就意味着企业的重大组织变动可能会忽视这些因素，从而损害企业的市场地位。如果竞争优势的来源是复杂的，并且难以清楚说明，那么，人们也将很难重新设计这种优势来源。这可能就是组织变革在新企业中实施常常比在老企业中更加成功的原因。

---

① Reed, R., DeFillipi, R. J. Causal Ambiguity, Barriers to Imitation and Sustainable Competitive Advantage[J]. *Academy of Management Review*, 1990, 15: 88-102.

6.4.4 先行者优势

本节中,我们将讨论四种先行者优势,分别是:学习曲线、声誉与需求不确定性、购买者转换成本和网络效应。首先是学习曲线,一个企业若在早期阶段比竞争对手销售出更多产品,会沿学习曲线向下运动更长距离,实现比竞争对手更低的单位成本,这个我们在第 2 章中详细讲过,这里不再赘述。具有最多经验积累的企业因而就能够凭借低成本比对手获得更多的利润,从而进一步增加其累积产量,提高其成本优势。另外,如果使用一种产品的顾客越多,顾客就认为该产品的价值越高,那么,我们就说该产品具有了网络效应或者是网络外部性。关于网络外部性会在第 12 章详细讲解,在这里我们具体分析一下声誉与需求的不确定性及购买者转换成本。

1. 声誉与需求不确定性

在销售经验产品时,也就是在购买和使用之前无法确定其质量的产品,企业的质量声誉具有明显的先行者优势。消费者对一个企业品牌有较好印象时,通常不愿转向其他竞争品牌,因为他们认为竞争品牌的产品有存在瑕疵的可能。消费者的需求不确定性和声誉效应使得企业的品牌成为了一种强有力的隔离机制。一旦企业的声誉得以确立,企业在竞争新客户时也会具有优势,还能增加对产品满意的客户人数,由此,企业声誉得以进一步提高。于是,想从在位企业那里抢夺市场份额的新进入者只能通过低价抢占市场。

当然,新进入者也可以通过广告说服消费者,使他们相信它的产品优于先行企业的产品,从而克服先行品牌的声誉优势。但是,这说得容易,做起来却很难。有研究表明,先行品牌对顾客偏好的形成会产生深远的影响。如果一个先行品牌能够说服足够多的消费者试用它的产品,那么消费者会将该品牌的产品特性看作此类产品的理想类型。而新进入者为了说服消费者转向使用新品牌,就必须让消费者感觉到新品牌明显优于先行品牌。

2. 购买者转换成本

对于一些产品,购买者如果转向另一个供应商将会产生巨大的成本。当购买者的品牌专用技能不能完全转换到替代品牌时,就会出现转换成本。例如,如果一个消费者已经能够熟练使用微软的 Word 软件了,现在要改为使用 iOS 系统的 Pages 文稿软件,他就需要在形成新技巧上进行"再投资",或者说再学习。

销售方可以通过许多方法来设计产品和服务,以增加消费者转换成本。销售者可以提供优惠券或者积分优惠,将折扣和特殊优惠同消费者的一定交易数额挂钩。在一些行业中,如航空公司、饭店、汽车保养公司,甚至法律服务公司也采用类似方法来提升顾客忠诚度。由授权的零售商售出的产品,制造商可以向顾客作出服务保证,而由非授权的零售商销售出的产品则常常不能将这种保证兑现。因此,即便售价更高,消费者也更愿意光顾企业授权的零售商,这样,企业就能和授权的零售商共同分享最终利润。最后,卖方可以为产品提供配套的互补产品。一旦顾客购买了其中一个产品,他们自然就需要同一产品系列的其他互补产品。

因此,转换成本对于先行企业来说是一项重大优势。假设某在位企业面临着一个新进入企业的竞争,新企业的产品质量和它的一样,但是顾客购买新企业的产品后还需要在每个单位产品上投入 S 元的成本来学习如何使用。因此,为了能争夺先行企业的市场份额,新进入者的定价至少要比先行企业产品的定价少 S 元。然而,先行者的转换成本优势也有其局限性。对消费者的经常性的优惠耗资巨大,并且为了能够一直保持早已赢得的消费者忠诚度,这种优惠力度还必须不断增加。另外,企业设计互补产品的做法虽然会锁定一部分消费者,但是如果消费者的品位改变了,那么就可能放弃企业的全部产品。

那些已经给现有顾客造成了转换成本的先行企业在竞争新顾客时也会处于不利的地位。但是,正如经济学家所指出的,先行企业可能更不愿意参与到价格竞争中来争取新顾客。如果先行企业通过降价来吸引新顾客,那么,就会减少其从现有顾客那里挣得的利润。而新进入的企业因为没有忠诚的顾客,因此也就不会遭受这个损失。先行企业忠诚的客户群就如同"软"承诺一样,迫使先行企业在价格竞争上采取比后进入者激进程度更小的措施。当出现这种情况时,慢慢地,新进入者就能够获取市场需求增长中与其实力不相称的份额,同时,先行企业的市场份额则会不断缩减。

案例 6-4

微软:疫情下云业务韧性强劲,竞争优势持续提升①

智能云为微软公司营收增长主要驱动力

2020 财年,微软营业收入 1 430 亿美元,同比增长 13.65%,归母净利润 443 亿美元,同比增长 12.85%,其营业收入继续划分为三大业务组成:生产力及业务流程、智能云和个人计算业务。

生产力与业务流程部门包括 Office 和 Dynamics 商业解决方案等产品。该部门的核心是商用版 Office。2020 财年该业务部门贡献了 464 亿美元的收入,同比增长 12.7%,占公司收入的 32%。智能云部门包括服务器产品与云服务,和企业服务等。该部门的核心是 Azure 企业级云服务。2020 财年该业务部门贡献了 484 亿美元的收入,同比增长 24.1%,占公司收入的 34%。其中 Azure 产品收入估计为 204 亿美元,贡献 42% 的部门收入。个人计算部门包括传统的 Windows 业务、设备、游戏等产品。2020 财年该业务部门贡献了 483 亿美元的收入,同比增长 5.6%,占公司收入的 34%。

企业 IT 支出在 2021 年复苏

2020 年全球 IT 支出预计将达到 3.5 万亿美元,同比下降 7.3%。其中公有云服务在 2020 年 IT 支出中有望表现出较强韧性,疫情加速企业支出向成本更低的订阅产品

---

① 本案例根据 https://new.qq.com/rain/a/20210205A04AYEOO 及其他网络资料编写而成。

和云服务转移。根据 Gartner 的预测，全球公有云服务市场将在 2020 年增长 6.3%，2020 年市场规模预计为 2 579 亿美元；自 2021 年开始，云计算需求有望加速，达到 19% 左右。

云计算渗透比率将进一步提升。疫情加速了公有云服务的需求释放。一部分原因是使用在线协作工具的在家工作的员工数量激增，还包括随着企业削减 IT 开支，将工作负载迁移到公共云。预计这种新的云服务需求将在未来保持一定的黏性。

Azure 不断蚕食竞争对手市场份额

从市场份额来看，公有云服务（IaaS & PaaS）中 Azure[①] 市场份额持续增加；且 Azure 还处于增速高于 AWS（AWS 即 Amazon Web Services，是亚马逊的云计算 IaaS 和 PaaS 平台服务）的阶段。2020 年第二季度，Azure 收入增长了 47%，而 AWS 增长率为 30%。另外，Azure 击败 AWS 赢得政府订单。微软在 2019 年 10 月击败亚马逊获得五角大楼的 100 亿美元联合企业防御基础设施（JEDI）合同，体现了美国政府对微软云服务能力和安全性的认可。

微软云生态构建 Azure 更强竞争优势

微软广泛的解决方案组合的长期定位存在足够的差异化，微软的软件服务依托本地 Windows 系统服务，围绕 Azure 平台提供多样化的云产品。IaaS 和 PaaS 层面提供服务器产品和云服务，SaaS 层面提供 Office365、Dynamics365 等服务。这意味着对于客户，Azure 始终是商业云整体解决方案的一部分。

Azure 的完整云生态是 AWS、谷歌云等云厂商不具备的独特优势。微软的云服务 Azure 涉及各个业务条线，并且覆盖 IaaS、PaaS、SaaS，产品种类丰富，拥有完整的云计算生态，能够提供企业 IT 服务的一体化解决方案。

混合云时代，Azure 领先优势有望扩大

混合云部署战略是 Azure 差异化的核心。混合战略是微软针对分布式计算结构的长期远景和定位，而不仅是过渡阶段。与 AWS 和谷歌云不同，微软的竞争力体现在其积极拥抱混合云部署。2017 年微软推出 Azure Stack。微软的混合云部署包括管理集成系统的 Azure Stack，能够对多个数据中心和多个云服务商实现集成化管理的 Azure Arc，以及管理边缘设备的 Azure IoT。

另外，私有云 Microsoft Azure Stack 用户激增。根据 Flexera 的报告，在私有云部署上，份额第二的 Microsoft Azure Stack 的用户占比从 2019 年的 22% 增至 2020 年的 35%。随着客户加快混合 IT 计划，混合云为微软带来的竞争优势将越来越明显。

[①] Azure 是微软基于云计算的操作系统，原名 Windows Azure，和 Azure Services Platform 一样，是微软软件和服务技术的名称。Microsoft Azure 的主要目标是为开发者提供一个平台，帮助开发可运行在云服务器、数据中心、Web 和 PC 上的应用程序。云计算的开发者能使微软全球数据中心的储存、计算能力和网络基础服务。更多信息可以查询以下网址：https://azure.microsoft.com/zh-cn/。

思考题

1. 效率效应和替换效应之间存在什么差别?这两者能够同时发挥作用吗?如果可以的话,在什么情况下,效率效应可能居于主导地位?而在什么情况下,替换效应可能居于主导地位?
2. 什么是企业的动态能力?管理者能在多大程度上创造或者"管理"企业的动态生产能力?
3. 甲和乙两个企业正在一个消费者偏好相同的市场上竞争。甲提供的一种产品的感知收益 B 为每单位 75 元,其平均成本为每单位 60 元,而乙的产品平均成本为每单位 50 元。
   (1) 哪个企业的产品提供了更高的创造价值?
   (2) 在实现消费者剩余相等的行业均衡中,创造最大价值的企业的利润与创造较少价值的企业的利润之差是多少?将该数额与两个企业创造价值的差额进行比较,请解释两个企业创造价值的差额与利润差额之间的关系。
4. 请给出一个或多个经验产品和搜寻产品的例子。经验产品的零售与搜寻产品的零售有何不同呢?这些差异是否对消费者有利呢?
5. 可口可乐和百事可乐将市场主导地位保持了长达一个多世纪之久。通用汽车和福特公司则由于竞争而遭到沉重的打击。在这两个例子中,影响可持续性的产品/市场情况有哪些差异?
6. 以下内容描述的都是市场上的先行企业。根据所提供的信息,指出企业作为行业先行者的地位是否可能成为其持续竞争优势的基础。
   (1) 一个先行者在行业中积累了最丰富的经验,其学习曲线的斜率为 1。
   (2) 一家银行已经在一个较大的城市内发行了很大数量的自动取款机(ATM)银行卡。银行将其发行 ATM 卡的能力看作争抢存款人大战中的一个重要部分,并且一个银行的 ATM 卡在其他竞争银行的 ATM 系统上是不可用的。
   (3) 一家企业拥有 60% 的 A 产品市场份额,最小有效规模是当前市场需求的 50%。最近,环境法规的变化使得与 A 产品间接竞争的替代品的价格大幅上升。该种变化破坏了替代品市场,该替代品的市场是 A 产品市场规模的 2 倍。

参考文献

[1] 刘志彪等.产业经济学(第 2 版)[M].机械工业出版社,2021.
[2] 芮明杰.产业经济学[M].上海财经大学出版社,2016.
[3] Wenrerlelt, B. A Resource-Based View of the Firm[J]. *Strategic Management Journal*,1984:171-180.

下 篇

企业竞争战略分析

7 价格歧视

在日常生活中，价格歧视是一种非常常见的企业行为。我们会使用必胜客、麦当劳、肯德基的优惠券去餐厅用餐，也会为了更实惠的单价而批量采购牙膏等生活用品。本章我们将分析企业为什么要进行价格歧视。同时我们也会区分不同类型的价格歧视策略，研究企业实施不同价格歧视的具体方式。

7.1 价格歧视的动机与类型

通常，由同一厂商生产的相同产品卖给不同的消费者时收取不同价格的行为被称为价格歧视（price discrimination）。价格歧视的例子在生活中非常常见。例如，同一航班上的乘客可能会为机票支付不同的价格；一些公园会为老人和学生提供打折门票；购买三管牙膏的单价要低于购买一管牙膏的价格。除上述例子以外，还有一些价格歧视的例子并不容易判断。例如一套《哈利·波特》的典藏版售价为 600 元，而对应的一套平装版的售价只有 300 元。按照价格歧视的定义，这属于不同的商品制定不同的价格，典藏版和平装版的书的成本不同，因此不能判断为价格歧视。但这一判断是正确的吗？我们首先来想一想，有哪些人会去购买典藏版的《哈利·波特》呢？一定是那些哈利·波特迷，并且这些人对于书的需求是十分缺乏弹性的，因此出版商会愿意为一套典藏版的书制定高价。即便考虑到典藏版和平装版图书的生产成本的差别，这两者之间的价格之差也仍然存在。因此准确检验价格歧视的方法是分析类似产品的价格与成本比是否存在不同。当两个或者多个相似产品出售的价格与它们的边际成本之比存在差异时，我们就可以判断为存在价格歧视。

那么，什么样的厂商可以实施价格歧视呢？首先，厂商必须拥有控制价格的能力，即一定的市场势力（垄断企业或寡头垄断企业）；其次，不同的购买集团对产品的需求价格弹性必须不同，厂商必须能够以合理的成本进行市场细分；最后，厂商有能力限制顾客之间的转售行为，否则低价购买的消费者可以很容易将商品转售给只能高价采购的消费者，价格歧视对于厂商而言就失去了意义。现实中，由于服务的转售更为困难，因此销售服务

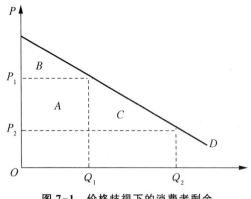

图 7-1 价格歧视下的消费者剩余

比销售商品更容易进行价格歧视。

厂商实行价格歧视的唯一动机就是尽可能通过攫取更多消费者剩余来扩大利润，即以低价向某一类顾客促销、扩大产量的同时，又不把降价的好处提供给所有的消费者。我们可以通过图 7-1 来对比单一价格和价格歧视之下的消费者剩余的情况。

如果厂商制定单一价格 P_2，那么，此时消费者剩余可以用 $A+B+C$ 三部分区域的大小衡量；如果厂商可以实施价格歧视，那么，厂商可以对一部分消费者制定 P_1 的价格，同时对另一部分消费者制定 P_2 的价格，那么，此时消费者能够获得的消费者剩余可以用 $B+C$ 两部分区域的大小衡量。消费者剩余减少的部分，即 A 区域，成功转移到了厂商的手里。

通常我们可以将价格歧视分为三类：一级价格歧视、二级价格歧视和三级价格歧视。一级价格歧视指的是完全价格歧视，也就是说，厂商针对每一个不同的消费者收取不同的价格；二级价格歧视指的是价格取决于购买数量，而不是取决于消费者身份；三级价格歧视指的是在不同的市场上制定不同的价格。一级价格歧视可以看作理想的极端状态，接下来我们将重点对三级价格歧视和二级价格歧视进行讨论。

7.2 三级价格歧视

三级价格歧视是指销售者将购买者分组，对每一组制定不同的价格，这种行为有时也称作市场分割（market segmentation）。市场分割的方式会有很多种，有的以地理位置为界限来划分，有的会考虑消费者的身份。例如，2012 年，一份《经济学人》周刊数字注册版在美国的售价为 126.99 美元，而在中国的售价为 209.99 美元。另外，也有许多产品和服务都以优惠价出售给学生和老年人。

在市场分割的情况下进行价格歧视的基本原则是，销售者会选择在价格弹性大的市场上制定较低的价格，而在需求价格弹性小的市场上制定较高的价格。这就可以解释为什么一些商品的出口价格要比国内市场上的售价更低。一般而言，很多产品的国内市场的需求弹性更低。

市场分割也存在局限性。如果在两个不同的分割市场上，制定不同的价格，卖者就可以获得比两个市场统一定价更高的利润。那么，为什么不持续区分市场让单个市场变得越来越小呢？具体来说，假设市场是按照地理位置来分割的（最为常见的一种市场分割方式）。我们开始把美国分为东部和西部地区，然后我们进一步按州进行分割，再进一步按县分割,依次进行。

区分越来越小会出现如下问题:(1)每个细分市场的弹性和相邻细分市场的弹性非常接近,这样的一种市场区隔难以给我们带来很多好处;(2)在相邻的细分市场上,弹性变化很大,这样我们很难防止转售或套利问题。例如,在康涅狄格州 Fairfield 地区的一家现代轿车经销商,其价格要比邻近的康涅狄格州 New Haven 地区经销商的价格低5%。这一差异大约为1 000美元,当然值得来次跨地区旅行购物。

互联网、大数据和价格歧视互联网改变了我们做事情的方式,价格歧视的形式也发生了变化。在互联网之前,卖者主要通过地理特征和人口统计学指标来区隔市场。现在,卖者可以利用网页缓存来搜集每一位消费者的海量信息,完全价格歧视这一极端情况正在成为现实。如果卖者了解每位消费者的估价,就可以根据每位消费者的偏好制定不同的价格。例如,一项研究分析了美国 DVD 服务商 Netflix 在 2006 年的销售情况。在流媒体流行之前,出租 DVD 仍然是市场主流。Netflix 允许注册用户从它们的库存中外借一定数量的 DVD;Blockbuster 是 Netflix 在这一市场的主要竞争对手。通过将消费者行为和个人特征相关联,我们观察到在一定程度上,人口统计学特征可以解释每位消费者的选择。但是,消费者的特征,譬如互联网使用情况(网址访问次数),或接入宽带,这些因素对每位消费者选择的解释力更强。

另一个例子是 Orbitz.Com。这是一家有名的旅行网站。如果消费者是通过一台 Mac 电脑登录的,那么这个旅行网站就会引导消费者浏览一些更为昂贵的报价(如更昂贵的酒店)。Mac 电脑价格高于安装 Windows 系统的电脑,因此平均而言,Mac 用户的收入要高于 Windows 用户。因此企业预计使用 Mac 系统的用户的支付意愿会更高,这样就说明了这类策略的合理性。

案例 7—1

大数据杀熟:对老用户实行价格歧视的行为?

"大数据杀熟"是近年来社会颇为关注的一个问题。开通付费会员却发现商品定价高于普通会员! 同一酒店,同一房型,同一入住日期,普通会员169元,付费会员却要217元! 这种现象频繁出现、屡禁不止,其原因在于高"隐性回报"和低违法成本,使得一些互联网信息平台有恃无恐。

浙江省绍兴市柯桥区人民法院审理的一起"退一赔三"案例,被广泛认为是在线旅游大数据"杀熟"的一个代表性案例。法院经审理查明,消费者胡女士一直都通过某在线旅游平台 App 来预订机票、酒店,是平台上享受 8.5 折优惠价的钻石贵宾客户。但胡女士 2020 年 7 月通过该平台 App 订购舟山希尔顿酒店的一间豪华湖景大床房,支付价款 2 889 元。而胡女士离开酒店时发现,酒店的实际挂牌价仅为 1 377.63 元。胡女士不仅没有享受到星级客户应当享受的优惠,反而多支付了一倍多的房价。

胡女士以平台采集其个人非必要信息,进行大数据"杀熟"等为由诉至法院,要求退一赔三,并要求平台为其增加不同意"服务协议"和"隐私政策"时仍可继续使用的选项,以避免被告采集其个人信息,掌握原告数据。最终,法院一审支持了胡女士的诉讼请求。

这一案例说明,有关法律法规和行政规章需要进一步完善,相关行业监管也必须跟上。2020 年 11 月 10 日,国家市场监督管理总局发布《关于平台经济领域的反垄断指南(征求意见稿)》(以下简称《指南》),公开征求意见,目的是为预防和制止平台经济领域垄断行为,加强和改进平台经济领域反垄断监管,保护市场公平竞争,维护消费者利益和社会公共利益。

针对普通消费者更为关注的"大数据杀熟",《指南》明确说明:"平台经济领域经营者与交易相对人可能通过下列方式达成固定转售价格、限定最低转售价格等纵向垄断协议:(一)利用技术手段对价格进行自动化设定;(二)利用平台规则对价格进行统一;(三)利用数据和算法对价格进行直接或间接限定;(四)利用技术手段、平台规则、数据和算法等方式限定其他交易条件,排除、限制市场竞争。"其中,"利用技术手段对价格进行自动化设定"就是俗称的"大数据杀熟"。

同时,和"大数据杀熟"有关的还有《指南》的第十七条:(一)基于大数据和算法,根据交易相对人的支付能力、消费偏好、使用习惯等,实行差异性交易价格或者其他交易条件;(二)基于大数据和算法,对新老交易相对人实行差异性交易价格或者其他交易条件;(三)实行差异性标准、规则、算法;(四)实行差异性付款条件和交易方式。不过,《指南》也允许存在例外。"针对新用户的首次交易在合理期限内开展的优惠活动"则不算在大数据杀熟的范围内,这算是给市场促销活动留了一定的空间。此条规定见第十七条:平台经济领域经营者实施差别待遇行为可能具有以下正当理由:(一)根据交易相对人实际需求且符合正当的交易习惯和行业惯例,实行不同交易条件;(二)针对新用户的首次交易在合理期限内开展的优惠活动;(三)基于平台公平、合理、无歧视的规则实施的随机性交易;(四)能够证明行为具有正当性的其他理由。看似矛盾,但实际上监管者考虑的正是市场的多样性和企业行为的千姿百态,对实践有很高的指导价值。这里《指南》应用了合理推定原则,尽管给执法留出了空间和弹性,提高了执法的挑战性,但却是市场有效率的。

有研究指出,歧视性定价会使企业获得竞争优势,企业广泛采用歧视性定价将引发过度竞争,降低产品质量水平,损害社会福利。数字经济市场竞争中禁止"大数据杀熟"或将有利于提升产品质量和社会福利。因此,数字经济时代的竞争政策需要审慎对待歧视性定价,关注其对产品质量及社会福利的影响,以推动市场良性发展。

互联网也是双向的：如果销售者可以更多地了解购买者，那么购买者也可以更多地了解销售者。诸如谷歌购物之类的比价网站使得购买者很容易就可以获得某个物品在不同销售者那里的价格情况。这使得销售者更难以进行个性化定价。类似地，在互联网之前，分类物品销售商，如 LL Bean 公司，可以邮寄不同的目录给不同的消费者，这些不同目录上的价格也不同。但现在消费者可以在线比价，分类邮寄销售的个性化定价也更难实行了。

7.3 自我选择和甄别

在上一节的分析中，我们将三级价格歧视定义为对不同市场类别的消费者收取不同的价格。三级价格歧视的例子有一个共同点，就是销售者能依据某些可观察的外部特征，确定消费者所处的市场类型，从而收取不同的价格。那么，当销售者不能准确地判断消费者到底属于哪一类型的市场，又该怎么做呢？

事实上，有许多这样的例子，销售者了解消费者可以分为不同的市场类型，但是不能确定每个消费者到底属于哪一类型。例如，航空公司知道，有的乘客是为了商务出差目的乘坐飞机，而有些乘客则是为了其他目的。商务乘客因为有刚需，所以愿意支付更高的价格，而非商务乘客，因为不是刚需，所以会选择在票价低的时候出行。即使不能直接确定每一个顾客的类型，销售者仍然可以间接地对消费者进行分组，分组的方式就是通过提供不同的交易协议（价格与品质的不同组合）让消费者按自己的类别进行自我选择。这种由消费者进行自我选择进行价格歧视的方式属于二级价格歧视。

厂商会采取很多种不同的方式让消费者进行自我选择，这一过程我们也称之为对消费者的甄别。例如平装书和精装书的区别、飞机商务舱和经济舱的区别等。电信营业厅也会提供不同的套餐给不同的消费者。在一些极端特殊的情况下，企业为了实现价格歧视，甚至会降低某些现有产品的质量，即生产受损产品，尽管有时生产受损产品的成本甚至更高。1990 年 5 月，IBM 宣布推出 E 型激光打印机，它比 IBM 原来流行的激光打印机定价更低，实际上 E 型打印机和最初的激光打印机完全相同，唯一不同之处在于 E 型打印机每秒打印 5 页，而原来的激光打印机每秒打印 10 页。E 型激光打印机与最初的激光打印机使用的驱动完全相同，零部件也完全相同，仅有的一点区别是它拥有一个固件，这个固件可以插入一个等待状态，从而降低打印速度。也就是说，E 型打印机的定价更低，但其成本甚至可能更高。IBM 这样做的目的就是为了有效地实施价格歧视。当然实施价格歧视，销售者必须考虑一个重要的约束条件：销售者在对不同版本的商品进行定价时差异不能过大，否则高端用户很可能宁愿选择定价较低的低端产品，这样就破坏了依据不同类型产品进行价格歧视的目的。

一般而言，价格应该使得愿意支付低价的消费者获得的净剩余为 0，因为要保证这一类型的消费者愿意购买该产品。而愿意支付高价的消费者会获得一个严格正的剩余。有时称支付高价的消费者所获得的剩余为"信息租金"。事实上，如果销售者知道每位消费者的类型，他就可以通过制定合适的价格收取消费者的全部剩余，由于销售者并不知道消费者的准确类型，因此销售者必须让渡一部分租金给消费者，即信息租金，从而才能够实现消费者甄别的目的。

另外，厂商通过搭售或捆绑销售，也能实现对消费者的甄别。捆绑销售可以分为纯粹捆绑和混合捆绑两类，前者指的是消费者只能购买捆绑产品才能获得其中某一种商品。后者指的是消费者可以选择购买捆绑组合，也可以选择单独购买组合中的某一种产品。通常消费者购买捆绑组合所花费的总费用一定会低于单独购买组合产品所分别花费的费用之和。如果一个捆绑组合当中包含 a、b 两种商品，a 商品的售价假定为 50 元，b 商品的售价假定为 80 元。a、b 两种商品的捆绑组合的售价为 110 元。那么只需要 a 商品的消费者就会选择单独购买 a 商品，需要 b 商品的消费者就会选择单独购买 b 商品，既需要 a 商品又需要 b 商品的消费者，就会选择购买捆绑组合。很显然，购买捆绑组合的消费者就会获得额外的消费者剩余（50 + 80 − 110 = 20 元）。

7.4 跨期价格歧视

消费者购买非耐用品和耐用品的消费决策会存在很大的差异。消费者会经常需要购买非耐用品。相比之下，在购买耐用品（durable goods）决策中，时间安排非常重要。消费者可以今天或再等几个月购买电脑（同时继续使用现有的那台电脑）。同样的推理过程适用于购买一辆轿车或其他耐用品。

从时间的纵向维度来看，耐用品的定价也可能会涉及另外一种意义上的价格歧视。垄断者通过为产品在现在和未来制定不同的价格，就可以进行价格撇脂：以高价格出售给不愿等待的高评价的消费者，以低价格出售给愿意等待的低评价的消费者。这是任何垄断企业的梦想。假设厂商现在推出了一款新的智能手机，且定价为 600 美元；然后从现在开始 6 个月后降低价格至 400 美元。该厂商的如意算盘是，在这种定价模式下，高评价的消费者会现在购买，而低评价的消费者会在 6 个月之后再购买。不幸的是，希望高评价消费者现在就购买产品的愿望也许仅仅只是个愿望而已。事实上，一个理性消费者从销售者的角度设身处地考虑一下，就会明白等到在将来价格降低时购买，会符合自己的利益。由于即便是高评价的消费者也愿意选择低价购买，因此最终，在现阶段制定高价、在未来制定低价的策略，所得的结果只不过是，绝大多数消费者都宁愿等待将来降价后才购买。这样，销售者的价格歧视策略的结果就变为：首先，销售将变得更慢；其次，和垄断企业在两期都简单地制定垄断价格相比，平均价格更低。

换言之，在每期制定不同的价格，乍看上去似乎可以增加销售者的利益，但结果却变成了企业的"诅咒",因为那样总利润会更低。总结起来,当销售耐用品时,销售者可能不会选择那些随时间推移而实行的价格歧视策略。实际上,由于消费者"策略性"推迟购买行为,价格歧视反而可能会降低利润。在极端情况下,这种等待博弈可能会瓦解,使得销售者一开始就不得不降价销售。

销售者有许多种方法可以避免这种耐用品"诅咒"。一种方法就是承诺未来不降价。比如,克莱斯勒提供一种"最低价格保证":如果某种车型将来出现降价,公司将偿还所有之前购买者的全部差价。克莱斯勒未来不降价的动机是如此强烈,以至于消费者几乎没有理由相信未来价格会下降,因此也没有动机推迟购买。另一种办法是,销售者可能会决定不出售耐用品,而仅仅是出租。这是施乐在20世纪60年代晚期和70年代早期对复印机产品所采用的策略。当时,施乐在复印机行业拥有很大的市场势力。这种只租不售的战略实际上是把耐用品转化为一种非耐用品:购买者仅需在使用复印机的阶段支付租金;此时希望以较低的价格获得复印机而推迟购买行为就变得没有任何意义。

还有另外一种避免策略性推迟购买行为的方法,就是引入某种形式的产品差异,而这会进一步区分高评价消费者和低评价消费者。例如,图书出版商通常先发行精装版,在第一期以较高的价格出售;然后,或许两年之后,再以较低的价格发行一种平装版。

最后,销售者也可能会打造一种不会"随意"降价的名声。在20世纪年90代,苹果电脑就享有一种优质高价的声誉。等待Mac电脑降价根本就是一种不可行的购买策略。进入21世纪,苹果公司引入iPod和iPhone产品线给苹果带来新的收益机会,也带来了新的定价挑战,具体可见案例7-2。

案例 7-2

第一代 iPhone 手机的定价:苹果公司补偿早期 iPhone 购买者

第一代 iPhone 是苹果公司于2007年6月推出的。iPhone 手机是当时最让人期待的电子设备之一,其最初定价为599美元。值得注意的是,虽然价格如此之高,但来自全国各地的消费者在销售第一天就排起长龙,希望可以买到这款革命性的设备:在最初的30个小时中,苹果就卖出了27万部手机。

3个月后,史蒂夫·乔布斯宣布 iPhone 手机降价200美元,从599美元降到399美元,13个月之后降价到199美元。AT&T,当时提供 iPhone 手机的唯一一家无线运营服务商,宣布"我们很高兴看到消费者对 iPhone 手机反应如此热烈,我们期待着在新的价格下,这款手机将更受欢迎"。但是,这次降价激怒了很多消费者,因为他们之前3个月刚刚按更高的价格购买了手机。

看到消费者反应如此激烈,史蒂夫·乔布斯发布了一封公开信,为那些以最初价格购买 iPhone 手机的用户提供 100 美元的苹果商店礼券。同时,乔布斯解释了公司此次降价的原因并为之道歉,承诺需要"为我们的 iPhone 手机高价值客户做正确的事情"。

然而,跨期价格歧视一旦具有其他重要战略意义时,情况又会完全不同。具体见案例 7-3。

案例 7-3

特斯拉多次降价:意欲何为?

2018 年 5 月 10 日,特斯拉(上海)有限公司成立。同年 10 月,特斯拉(上海)与上海市规划和国土资源管理局签订土地出让合同,特斯拉上海超级工厂在临港地区实质性落地。2020 年 1 月 8 日,特斯拉中国工厂第一辆车下线交付,标志着上海超级工厂的正式投产。特斯拉国产化后的成本优势,为其带来了下探的价格空间,对于广大的消费者来说毫无疑问是巨大的利好消息。但实质上,特斯拉的降价策略并不是从国产化后开始的。

特斯拉从 2018 年开始已经陆续降价 4 次,在新消费者享受到降价好处的同时,也引发了很多老用户的不满。在此之前,特斯拉独特的营销策略一直是汽车界的一股清流,那就是:坚持直营,不降价!2019 年 2 月 28 日,特斯拉正式宣布推出售价 3.5 万美元标准版 Model 3 车型,同时还宣布将在全球范围内关闭大量线下门店,全面转向线上销售的模式以节省成本。2019 年的 3 月初,特斯拉更是主动降价,让在售版 Model 3 降幅为 2.6 万 - 4.4 万元、Model S 降幅为 1.13 万 - 27.75 万元、Model X 降幅为 17.45 万 - 34.11 万元,其中 Model X P100D 降幅高达 34.11 万元。这也成了特斯拉系列产品进入中国市场以来降价规模和幅度最大的一次。有消费者声称,2 月 25 号刚提了 Model X 车型,结果 3 月 1 号就得知官网降价 17.43 万元,其中还不包含关税、购置税、保险费等,也就是说总共开了 5 天就损失了 20 万元以上,实在让人无法接受。

事实上,针对消费者的不满,特斯拉也给出了补偿方案,所有在 3 月 1 日价格调整前购买特斯拉的车主,都可以享受自动辅助驾驶或全自动驾驶功能升级的半价优惠。自动辅助驾驶功能在交付后购买一般需要 3.7 万元人民币,全自动驾驶功能需要花费 6.5 万元人民币。除了这两种方案之外,还可选择退还 4.4 万元,或者免费升级自动驾驶。然而这一解决方案并没有得到所有车主的认同,车主认为特斯拉的补偿方式是在变相地推销产品。但特斯拉当时也表示,目前没有其他的解决措施。

特斯拉降价的主要原因是应对竞争对手的挑战。特斯拉的竞品越来越多,这些追求科技的用户喜欢尝鲜,竞品又有价格优势,一旦特斯拉进入大规模量产阶段,势必需要通过降价来提高销量。相关律师表示,商品的价格商家一般拥有自主定价权,除非商家承诺过在多少时间内不降价,或者说对于价格下降后有所谓的保价承诺,否则很难以此为由来维权获赔。

显然,特斯拉不断降价是经过谨慎权衡的。特斯拉采取的是很明显的撇脂定价。尽管明知会受到老车主的抗议和不满,特斯拉仍然选择了降价策略。无论是苹果公司还是特斯拉,很明显,初期购买的只是少数人,从销售趋势看,后来购买的消费者是绝大多数,牺牲掉早期那少部分顾客的利益和忠诚毫无疑问是值得的。而当年丰田为了在美国推广雷克萨斯,则采取了完全不同的渗透策略。其以 35 000 美元的低价进入,这是为了获得早期用户的支持,第一年就售出 1.6 万辆。等到市场反应见好并且口碑大热后,雷克萨斯宣布提价,反倒进一步激发了购买热情,第二年雷克萨斯售出 6.3 万辆。随后的 6 年时间里,雷克萨斯的价格总共上涨了 48%。

特斯拉国产化后,降价策略依然在施行。2021 年 7 月 8 日,特斯拉宣布国产 Model Y 标准版车型正式上市,售价为 27.6 万元。这个价格,较此前上市的长续航版 Model Y 下降了 7.19 万元。原因也是类似的。在降价策略之下,2020 年特斯拉全球交付 499 550 辆汽车,是蔚来交付量的 11.4 倍、是小鹏汽车的 18.5 倍,可以说与其竞争对手完全不是同一量级。特斯拉选择要成为大众、福特的路子,这只能迫使其竞争对手采取不同的策略和定位。孰优孰劣,还需要时间的检验。

当然,苹果和特斯拉的降价,与"经验曲线"下降引发的成本降低有关。当一个品牌的产品产销量提升、市场份额增加的时候,成本会随之降低。这种成本的降低,与规模效应有关,与企业的经验积累从而提升了效率也有关系,还与技术的进步有关系。苹果是典型的数码产品,特斯拉也有部分的数码产品特征,它们的成本随时间和技术发展大幅下降、性能大幅提升是可以预期的。所以,未来顾客们可能会要习惯特斯拉的降价操作。

另一种观点认为,特斯拉的降价与未来盈利模式调整密切相关。未来,如果特斯拉把硬件价格做得很低,基本上以成本价销售,那么其如何盈利呢?答案就是,更多通过后端软件市场来收费,实现盈利。摩根士丹利分析师亚当·乔纳斯日前表示,特斯拉未来几年可能会将车型数量"从现在的仅 4 款增加到 24 款",面向客货车、卡车、SUV 和车队市场。马斯克此前表示过,在 2029 年前,特斯拉年度产能要达 2 000 万辆。应该说,特斯拉要实现这样的目标,单靠目前的 Model S/3/X/Y、电动皮卡 Cybertruck、电动卡车 Semi 肯定是不行的。随着车型阵容的不断扩大,特斯拉将从软件业务中获得越来越多的经常性收入,其股价可能会"远远超过"900 美元。从这个角度来看,特斯拉价格的下降或许是为了降低购车门槛,从而促进整车的销量,后续的增值服务才是特斯拉利润持续增长的源头①。

有关分析指出,作为全球新能源汽车领域的风向标,特斯拉纯电动车销量越是增长,市场份额越是扩大,传统燃油车企们就越是坐立不安。因为,特斯拉要抢夺的,是传统燃油车的市场份额。几年前,特斯拉做到了为自动驾驶技术开源,看似帮助了自己的竞争对手,实则是希望通过电动车的普及去占领燃油车市场。留给传统燃油车企的时间还有多少我们不敢妄下结论,但如果特斯拉之后把价格下探到 20 万元以内,这场争夺可能就没有什么悬念了②。

思考题

1. 二级价格歧视和三级价格歧视有哪些区别?
2. 用受损产品成功甄别消费者的条件有哪些?
3. 在哪些情况下企业会采取跨期价格歧视?

参考文献

[1] 刘易斯·M.B.卡布罗.产业组织导论(第 2 版)[M].刘勇译.上海财经大学出版社,2019.
[2] 王世强,陈逸豪,叶光亮.数字经济中企业歧视性定价与质量竞争[J].经济研究,2020(12):115-131.

---

① 特斯拉又降价:降幅最高达 24%,今年已四轮降价在华销量却大跌.新浪财经,2021 年 2 月 19 日.
② 特斯拉降价,背后所图不仅仅是打压蔚小理.https://www.163.com/dy/article/GERRDV2U0531LYFA.html.

8 合　谋

众所周知,市场竞争是市场经济的核心机制。但在利润的驱使下,竞争往往是企业最不想面对的。正如亚当·斯密在《国富论》里所说:"同行的人很少聚会,但是他们如果一旦聚会,不是策划出一个对付公众的阴谋,就是炮制出一个掩人耳目的提高物价的计划。"因此竞争者之间的关系一直是反垄断法严格审查的对象。大量企业通常会采取竞争及非合作策略性行为。但在某些条件下,只要合谋带来的预期收益大于竞争带来的收益,厂商就有可能选择合谋而不是竞争。

通过限制市场产出与抬高市场价格来增加集体利润与个体利润的行为就是合作策略性行为。合作策略性行为的典型形式是卡特尔。同意通过协议统一协调活动的厂商结成的联盟称为卡特尔(Cartel),也即公开合谋。卡特尔的本质在于排除、限制竞争,具有危害面广、危害持续时间长的特点,是反垄断法规制的主要对象。然而,由于反垄断法的禁止,公开合谋是比较少见的。即使没有明确协议,市场中的厂商也可能形成某种默契,协调它们的行动使得共同利益最大化——即默契合谋。为了躲避严厉的卡特尔处罚,卡特尔的形成过程一般极少采用书面文件,更多的是采用口头协议或彼此间的默契等非正式形式予以确定,即所谓的"君子协定",进而增加反垄断执法机构查处案件的难度。目前,很多国家的反垄断关注的都是事实上是否形成了合谋效果,即无论是卡特尔,还是默契合谋,都是反垄断法所不允许的。

案例 8-1

快递企业相继涨价,需警惕"默契合谋"[①]

继中通之后,韵达快递也跟进涨价。2017 年 10 月 11 日,韵达快递宣布,从即日起,对快件价格进行调整。两家公司均未宣布涨价幅度。

由于当时正是"双 11"购物节的备战期,中通和韵达的涨价消息引发市场关注。

---

① http://tech.sina.com.cn/i/2017-10-11/doc-ifymrqmq4217706.shtml.

有分析认为,考虑到"通达系"快递公司的密切关系,不排除另外几家快递公司跟进涨价的可能性。

当然,快递业的涨价成本将最终转嫁到消费者身上。问题在于,快递业的涨价是否合理?集体涨价是否涉嫌违法?

实事求是地说,中通和韵达给出的涨价理由倒也在情理之中,近年来人力、物料以及运营成本攀升是不争的事实,而快递费却多年未涨。有统计数据显示,2014年快递业件均收入是14.65元/件,2013年是15.69元/件,2012年是18.6元/件,而早在2005年,这个数字是27.7元/件。有业内人士称,中国快递或进入五毛时代(即每一件的利润),又或者连五毛都赚不到了。

但有人担心,快递业集体涨价是不是一种"合谋"呢?价格合谋是有损社会福利的,一方面损害消费者利益,另一方面垄断导致行业竞争力下降,因此,价格合谋一直是反垄断关注的重点。

虽然快递市场从总体上来说属于一个竞争市场,但随着规模化、资本运作加快,我国快递企业呈现集中化的趋势,并出现了少数几家公司相对垄断市场的特征。特别是"通达系"快递公司关系密切,行业中的龙头企业通过某种"合谋"机制来操纵价格,行业内份额较小的企业"搭便车",这种可能性并不能完全排除。

一般来说,涨价行为是否违反《反垄断法》相关规定,判断标准有三:首先,是否制定了比竞争性市场更高(过低也构成价格操纵)的价格,即涨价的合理性,是否通过损害消费者利益,将非法利润据为己有。而如果是合理的利润及成本分摊,应被视为正常的市场行为。其次,是否有合谋协议或机制,此前被处罚的多是以行业协会的名义形成的卡特尔联盟(通常为价格或产量合谋)。此类行为有一定的隐秘性。第三,是否对背离"合谋"的企业实施惩罚。

不过,现在市场上的"价格合谋"通常不会愚蠢到形成合谋协议,一种被称为"默契合谋"的情况更为盛行,即合谋企业并不需要通过明确的协议条文规定限额,只要"理解"某些合谋的信号即可。例如,A龙头企业通过释放一系列涨价信号,包括对外宣布成本上涨等,与其他企业达成默契后实施涨价,B企业随即心照不宣地跟进涨价。

至于这种"默契合谋"是否达到法律干预的程度,要具体来看涨价行为及幅度的合理性。如果尚在市场竞争许可范围内,监管部门可以持宽容态度,不予干预。否则就要启动反垄断措施,以保护消费者合法权益。

8.1 卡特尔的类型

卡特尔是一种企业联盟,这些联盟的企业同意一致行动,通过规定产品产量、确定商品价格等方面的协议,从而极大化联盟利益,进而增加各加盟成员的利益。卡特尔大体有以下五个类型[1]。

(1) 价格卡特尔。这是最常见和最基本的卡特尔形式。卡特尔维持某一特定价格:垄断高价、在不景气时的稳定价格或者降价排挤非卡特尔企业。

(2) 数量卡特尔。卡特尔对生产量和销售量进行控制,以降低市场供给,最终使价格上升。

(3) 销售条件卡特尔。对销售条件如回扣、支付条件、售后服务等在协定中进行规定的卡特尔。

(4) 技术卡特尔。其典型形式是专利联营,即成员企业相互提供专利、相互自由使用专利,但不允许非成员企业使用这些专利的卡特尔。

(5) 辛迪加。一种特殊的统一销售卡特尔,参加辛迪加的企业,在生产上和法律上仍然保持自己的独立性,但是丧失了商业上的独立性,销售商品和采购原料由辛迪加总办事处统一办理,其内部各企业之间存在着争夺销售份额的竞争。

8.2 卡特尔的稳定性

在许多市场中,并非卖方一方的所有参与者都相互勾结,但只有一小部分公司可以组成卡特尔。在本节中,我们将讨论具有明确协议的卡特尔,并讨论卡特尔的形成和稳定问题。卡特尔的形成可以看作一种公共利益。

假设 n 个对称企业以恒定的边际成本 c 生产同质商品,它们之间进行古诺竞争,并面临一个由 $p = a - q$ 给出的反向需求,其中 q 是总产量。考虑一个非常简单的战略决策,公司决定它们是否愿意加入一个单一的卡特尔组织。同时假设会由 k 家公司组成一个卡特尔,其中 $1 < k \leq n$。卡特尔形成后,$n - k$ 个独立公司和由其他 k 个公司组成的卡特尔之间会进行古诺竞争。此时,每一独立参与竞争的个体利润是[2]:

$$\left(\frac{a-c}{n-k+2}\right)^2 \tag{8.1}$$

假定 k 个公司形成卡特尔后,他们会均分所有的利润。那么待在卡特尔内部的每一个企业的利润为

$$\pi^{in}(k) = \frac{(a-c)^2}{k(n-k+2)^2}$$

---

[1] 黄桂田.产业组织理论[M].北京大学出版社,2012.
[2] 关于式(8.1)的相关证明可以参阅 n 个同质企业的古诺模型。

选择不加入卡特尔的企业利润为

$$\pi^{out}(k) = \frac{(a-c)^2}{(n-k+2)^2}$$

现在,卡特尔要能够稳定存在,必须是没有任何卡特尔成员有动机单方面离开卡特尔,这相当于要求选择加入卡特尔并留在其中的企业的利润必须要大于从卡特尔中出来独立参与竞争的企业利润,也就是说

$\pi^{in}(k) > \pi^{out}(k-1)$,即

$\frac{(a-c)^2}{k(n-k+2)^2} > \frac{(a-c)^2}{(n-k+3)^2}$,这也意味着必须满足如下条件:

$(n-k+3)^2 > k(n-k+2)^2$,即

$$(1-k)(n-k)^2 + (6-4k)(n-k) + (9-4k) > 0 \tag{8.2}$$

简单地分析可以知道,只要 n 的取值超过了 2,式(8.2)是不成立的。但是,如果 n 恰好是 2,那么不等式(8.2)成立。

总结上述过程,可以发现:当产品同质,企业有着固定的边际成本,只考虑存在形成一个单一的卡特尔组织的可能时,如果这个行业至少有三家企业,那么,所有的企业都将保持独立。如果这个行业只有两家企业,那么这两家企业就会形成了一个卡特尔组织(假设卡特尔组织的形成不会受到相关反垄断法的制裁)。

这里的一个重要的假设是企业的产品同质。但如果放松假设,假定企业提供的是有差异的产品又会怎样呢?已有研究认为,如果产品有足够的差别,就有可能会形成一个稳定的卡特尔,这些卡特尔不是由所有公司组成,而是由它们中的某个严格子集组成。这是因为,一旦产品有差异,企业之间的竞争就会大大减弱,形成卡特尔组织,并限制整个组织的产量,这是有可能进一步提高企业的利润的。

8.3 重复博弈和默契合谋的稳定性

考虑一个产品同质的双寡头市场,企业同时制定价格,边际成本不变且不存在产能限制。如果企业只能制定一次价格,那么,该行业就对应伯川德模型,行业竞争均衡应该是两家企业按边际成本定价。

一个更为现实的模型应该考虑企业随着时间推移而不断改变定价的可能性。具体来说,假设可以把时间划分为若干时期: $t = 1, 2, \ldots$,在每一期企业同时制定价格。换言之,假设企业在无限期中的每一期都进行伯川德竞争。用博弈论术语讲,我们称企业进行重复博弈(repeated game)。

该动态博弈的均衡是什么呢?显然,在每一期企业都根据纳什—伯川德均衡来进行

博弈是一个可能的均衡解。事实上,如果企业 1 知道,无论它怎样做,企业 2 每一期都会按边际成本定价,那么,企业 1 的最优反应就是把价格制定在边际成本水平。

然而,这一重复博弈还存在着其他均衡。假定企业采取下面的冷酷策略(grim strategies)。在第一期,两家企业的价格均等于垄断价格 p^M,平等共享垄断利润 $\left(\frac{1}{2}\pi^M\right)$。在随后每一期中,企业在制定价格前都会观察历史价格为何。如果历史价格一直处于垄断价格水平,也就是说,企业都遵守这个合谋协议,那么每家企业都制定垄断价格 p^M。否则,作为惩罚,它们就将永久性将价格制定在边际成本水平。

为了确定这种策略是否是一个均衡,我们必须分析企业的无背离条件(no-deviation constraints)是否满足。如果两家企业都遵守它们的均衡策略,那么企业 1 预期报酬的贴现值为

$$\frac{1}{2}\pi^M + \delta\frac{1}{2}\pi^M + \delta^2\frac{1}{2}\pi^M + \cdots \tag{8.3}$$

这里,δ 是贴现因子(discount factor),也就是未来某一时期 1 美元与现在美元的比值。简化式(8.3),我们得到

$$V = \frac{1}{2}\pi^M \frac{1}{1-\delta} \tag{8.4}$$

这里 V 表示贴现下的均衡收益(净现值),或均衡值。

如果企业在某一期 t 偏离,定价 $p_1 \neq p^M$,那么其未来报酬为零,因为基于假设,两家企业随后都会按边际成本定价。由于未来报酬和价格偏离程度无关,而仅仅是企业有无偏离的函数,因此企业 1 的最优偏离值将是短期利润最大化的偏离值。企业 1 短期利润最大化下的价格是 $p^M - \varepsilon$,这里 ε 是一个任意小的正数。只要企业 1 比企业 2 的价格略低,企业 1 就会拥有全部市场需求,且总利润近似为 π^M(英文 ε 是一个任意小的正数)。所以,最优偏离下获得的报酬为

$$V' = \pi^M$$

所以,前面提到的策略要想成为一个均衡解,必须满足条件 $V \geqslant V'$,也即

$$\frac{1}{2}\pi^M \frac{1}{1-\delta} \geqslant \pi^M$$

简化后可知

$$\delta \geqslant \frac{1}{2}$$

这表明,如果贴现因子足够大,那么,上述重复博弈就存在一个如下的纳什均衡:如果任何一家企业背离垄断定价,那么,两家企业就会永远回到按边际成本定价的情况。考

虑到上述威胁,所有企业每期都会进行垄断定价。

那么,贴现因子的大小又会受到哪些因素的影响呢?事实上,贴现因子主要衡量了未来一个时期的 1 美元与现在 1 美元相比值多少。因此,利率会成为影响折现因子的首要因素。如果用 r 表示每期利率,在这种意义上,我们可以将折现因子定义为

$$\delta = \frac{1}{1+r} \tag{8.5}$$

事实上,这里的相关利率指的是在连续决策之间那一时期所对应的利率。特别地,假设 r 是年利率,企业改变价格的频率为 f(次/年)。那么,我们有:

$$\delta = \frac{1}{1+r/f} \tag{8.6}$$

我们可以举例说明 f 值对合谋的影响:假定两座加油站每天都制定汽油价格,而两个夏季度假村每年制定价格,这样两座加油站的合谋就比两个度假村的合谋可能更容易。

在计算 δ 时需要考虑的另一个重要因素是下一期获得全部收益的可能性。比如,如果两家制药企业合谋,它们必须考虑这样一种可能性,即在下个时期来临之前,有第三家企业发现了一种更好的新药,从而完全取代了上述两家企业原来的市场。在其他行业(比如水泥业),这种可能性相对会小一些。不妨令 h 表示下一期产业不再"存在"的概率(或风险率)。那么我们的贴现因子现在为

$$\delta = \frac{1-h}{1+r/f} \tag{8.7}$$

这解释了两家制药企业在一个药品更新换代速度很快的市场上合谋,就要比在水泥市场上合谋更为困难,因为在下一期,水泥市场很可能没有什么变化,而原先的药品市场可能已经不存在了。

当然,当行业存在利好因素时,表示风险因素的 h 同样可以表示成长因素,此时,折现因子变成

$$\delta = \frac{1+h}{1+r/f} \tag{8.8}$$

这一结论说明,当企业互动的频率越高,行业持续发展的概率越大,折现因子就越大,合谋定价更可能是一种均衡。

在互联网经济之下,我们可以观察到一个现象:国内各大网络零售商的主营产品品类存在高度同质化倾向。无论是当当网和亚马逊中国所擅长的图书产品,还是京东商城和苏宁易购所擅长的数码家电产品,都属于标准化和同质化程度相当高的品类。同时,一些比价工具也被消费者广泛应用,如百度的"购物搜索"、奇虎 360 的"比价浏览器"和淘宝

的"一淘网"等。消费者会在同质商品中选择最低价的厂商。由此就产生了一个令人费解的问题：这些厂商为何会冒着残酷竞争的风险经营这些所谓"零利润"产品，甚至还无一例外地将其当作主营商品？刘征驰等对这一问题进行了讨论[①]。比价工具作为一种集中披露分散信息的有效手段，其应用将增加消费者端市场透明度，进而影响 B2C 市场寡头零售商间竞合行为。研究基于产品差异度约束条件，探讨了比价工具对默契合谋的影响机理，对该问题进行了回答。研究表明：在具有一定产品差异度的 B2C 市场上，随着消费者越来越广泛地使用比价工具，网络零售商间默契合谋的难度将随之增加。而在近似同质化的产品市场上，这种效应却基本消失了。此时，比价工具的应用对网络零售商间默契合谋没有影响。换句话说，近似同质化的产品市场更容易达成价格默契合谋，这将使提供同质化产品的企业可以长期而稳定地分享合谋利润，从而解释了 B2C 市场企业提供近似同质化产品的原因。当然，也有观点认为，比价工具的广泛应用对 B2C 价格战起到了推波助澜的作用，它使得寡头零售商间的价格合谋难以维系，甚至可能扮演其"利润终结者"的角色。综合来看，通过比价工具提升市场透明度在短期内将加剧竞争，而从长期来看却将促进合谋的发生。

8.4 合谋的促成因素

促进合谋的因素主要有四种。

第一，提高行业价格的能力。只有在预计合谋会提高价格并能维持在高水平的情况下，厂商们才有动力进行合谋。合谋企业所面临的需求弹性越小，它就越能提高价格，从而利润越多。如果合谋企业的需求曲线是无弹性的，即是一条相对垂直的曲线，则提高价格会使利润显著上升；相反，如果潜在的合谋企业面临的是一条有弹性的需求曲线，提高价格将使利益下降。

第二，对严厉惩罚的较低预期。由于在一些国家将合谋操纵价格的行为视为非法，因而，一旦发现有合谋行为，将实施法律制裁。只有当成员预期不会被发现合谋，或者被发现后不致遭受到严厉处罚时，才有积极性进行合谋。

第三，较低的组织成本。合谋是否能够组建，并得到长期发展，要视其组织成本的高低而定。第一种组织成本是组建成本，组建要求越复杂，形成合谋的成本越高。有利于组建成本控制的因素包括：涉及的厂商数目较少，行业高度集中；所有的厂商生产的产品几乎无差异。一旦厂商的产品存在差异，那么，厂商之间就价格和市场份额等因素进行协商就将变得十分困难；企业之间的成本不对称程度低，否则低成本的企业通过降价可以获得

---

① 刘征驰、赖明勇.比价工具、产品差异与 B2C 市场默契合谋[J].产业经济评论（辑刊），2014，13(3)：1-18.

更大的利润,从而破坏合谋的稳定性;存在行业协会,从而增加了协调的便利性。第二种组织成本就是维护合谋协议的执行成本,防止合谋成员相互欺骗的成本应该要更低,这就要求违背合谋协议必须容易被观察到,才有助于形成合谋。现实世界中,存在合谋企业秘密削价的可能性,且并不容易被观察到,所以合谋一直被很多学者认为是不可能稳定存在的。

第四,市场的需求波动性比较低。如果市场需求波动频繁并且波动幅度大:(1) 难以维持合谋产量协议;(2) 组织成本上升,需要不断调整合谋协议。更重要的是,如果市场需求频繁波动,如市场需求突然降低,那么,合谋企业在不清楚外部市场发生波动的情况下,会错误判断是协议伙伴暗中降价,导致了自身需求的减少,从而可能引发价格战,破坏合谋的稳定性。

因为上述种种的因素难以成立,现实中并不会观察到大量的合谋现象。但由于合谋利润的诱惑,总会有企业铤而走险,因此,合谋现象时不时地也会被曝出,具体见案例8-2。

案例 8-2

欧盟反垄断门升级,德国车企涉嫌最大卡特尔案[①]

2017年7月,针对德国汽车巨头的反垄断指控首次被媒体曝出。德国排名最靠前的五大汽车品牌梅赛德斯奔驰、宝马、大众、奥迪和保时捷被怀疑自20世纪90年代起违法地建立了一个秘密工作组,旨在对各家企业在汽车工程设计、成本、配件、市场和发展战略等领域暗中采取协调一致,来消除竞争、操纵定价,涉嫌"德国经济史上最大卡特尔案之一"。

欧盟委员会2017年7月23日证实了这一消息。欧盟委员会方面表示,由于怀疑数家德国汽车企业违反了欧盟反垄断法规,其分别于7月23日当天和此前一周两度派出官员前往相关德国汽车制造商的经营场所进行调查。这些行动是在德国反垄断部门人员陪同下开展的。如果垄断行为属实,德国联邦卡特尔局和欧盟委员会将对上述车企处以最高为其年收入额10%的罚款。按照这些车企2016年的营业收入,罚款总额最高将接近500亿欧元。

在大多数中国汽车消费者眼中,来自德国品牌的汽车产品代表着高品质、高科技和精密的制造工艺。如果是德国的豪华品牌出品的车子,甚至会被认为是毫无瑕疵的。那么,究竟是什么原因导致德国三大汽车总部——奥迪、奔驰、宝马遭欧盟人员调查呢?

戴姆勒发言人向媒体表示,该企业正在接受欧盟方面此前安排好的相关调查。大

---

① 资料来源:https://www.sohu.com/a/200058248_379605。

众则表示,在此次调查行动中,欧盟委员会调阅了其位于沃尔夫斯堡总部的文件。位于英戈尔施塔特的大众子公司奥迪也在此次调查行动的覆盖范围内。

继日前突击搜查宝马集团之后,欧盟对德国汽车行业的反垄断搜查于2017年7月23日被证实扩大至大众集团和戴姆勒集团。大众集团当天发表声明说,欧盟反垄断调查人员搜查了其位于沃尔夫斯堡的总部和旗下奥迪位于英戈尔施塔特的办公室。戴姆勒发言人也表示,欧盟反垄断部门也提前告知并搜查了其位于斯图加特的总部,戴姆勒正"全面配合"调查。

据了解,根据欧盟相关规定,参与垄断的公司中第一个向欧盟委员会检举揭发并提供有效信息的可以免除罚款。另外,如果有哪家车企可以第一个向欧盟提供重要的物证,将可能减少最高50%的罚金。德国排名最靠前的五大汽车品牌梅赛德斯奔驰、宝马、大众、奥迪和保时捷均涉及其中。而为了寻求罚金的减免上述车企大多数都在积极配合调查,主动申请成为该垄断案的关键证人。

有业内人士分析,此次突击检查证明欧盟方面并不打算对这起德国车企垄断案轻拿轻放或大事化小。而如果垄断行为属实,将处以最高为其年收入额10%的罚款。伴随着调查的深入和事态的扩大,德国汽车业恐将面临极大压力。事实上,在此次垄断事件曝光后不久,大众集团就已主动向监管当局承认可能违反了反垄断法,意在减轻惩罚。大众发言人表示,"我们证实监管机构代表搜索了沃尔夫斯堡的办公室,以作为进行中调查的一部分,大众汽车支持当局的调查"。10月20号,德国戴姆勒公司也向欧盟委员会申请成为该垄断案的关键证人,意在通过向监管部门揭发不当行为来免除罚款。目前,戴姆勒发表官方消息称,公司已经向欧盟主动揭发可能存在的反垄断协议,并提交了免予罚款的申请。

对于调查的未来走向,欧盟委员会表示,目前针对"限制竞争行为"的调查尚处在初步阶段。欧盟方面同时强调,采取调查并不意味着受调查企业已经存在相应违法行为,调查何时能够结束将取决于每起个案的复杂性、各家公司配合欧盟委员会的程度等一系列因素。

除了上述因素之外,还有一些企业或政府制定的规章制度或条例也会促成合谋。最惠消费者待遇条款就是这样一种重要的规章制度。这种条款规定,卖方不会以更低的价格销售给其他购买者,否则要向全体买方给予补偿。乍一看,这类条款似乎保护了消费者的利益,特别是,它使消费者支付的价格不会高于其他消费者的价格。但这种条款的一个重要作用是它降低了企业积极定价的动力:尽管降价可以帮助企业夺取对手的市场份额,但同样需要企业承担由于之前索取高价而需补偿消费者的那一部分成本。最终,由于企业降价的积极性降低,和没有该条款时的情况相比,合谋定价协议会更为稳定。换言之,原本为了防止过高定价的商业行为,最终却导致了实实在在的高价格。

再比如相遇—竞争条款。所谓的相遇—竞争条款,是指在合同中向购买者保证,如果另一家厂商提供较低价格,销售者也将同幅度降价,并提供价格补贴。这一条款使厂商难以欺骗,因为消费者会将较低价格的信息带给合谋的其他成员。这种条款往往会导致合谋高价格的出现,而不是带来它们表面上所保证的低价格。

另外,当企业在多个市场中同时开展竞争时,也会增加合谋的机会。现在假设企业 1 和企业 2 同时在市场 1 和市场 2 开展竞争,两个企业各自在其中一个市场有成本优势。例如,企业 1 在市场 1 的成本为 c,而企业 2 的成本 $\bar{c}>c$;在市场 2 上,企业 2 的成本为 c,企业 1 的成本为 $\bar{c}>c$。现实中一种可能的解释就是,两家企业分别位于不同的国家,且 $\bar{c}=c+t$,这里 t 是两个国家间的运输成本。对于市场 1,两企业的利润之和最大要求企业 1 制定垄断价格,企业 2 制定一个更高的价格,且销售量为零。在市场 2 则恰恰相反。从单个市场来看,这样的合谋协议显然是不稳定的。但是,如果我们将两个市场合在一起考虑,情况会截然不同。企业 2 如果在市场 1 低于垄断价格定价,企业 1 就可以威胁在市场 2 削减价格,这样企业 1 就可以说服企业 2 制定价格不得低于垄断价格。实际上,在某一市场偏离协议价格的惩罚就是使企业在另一市场上陷入价格战。显然,如果贴现因子足够大,企业就会合谋,合谋的结果就是两个企业分别控制两个市场,每一个市场都有一个成本占优势的垄断企业存在。多市场联系确实非常重要,因为通常来说,如果企业在多个市场同时竞争,合谋更容易维持。2014 年,据央广网报道,有群众举报,房地产中介集体涨价,我爱我家、中原地产、链家地产把二手房的交易服务费从总房款的 2% 提升到了 3%,一些独家委托出售的二手房中介费甚至调到了总房价的 3.5%。后天津市发改委启动了反垄断调查程序,2014 年 12 月,天津市价格主管部门就我爱我家、链家地产和中原地产同时上调中介费的价格串谋行为合计处罚 531 万元。这里的三家房产中介实际上都是在多市场同时竞争的。

最后,特别需要关注的一点是基于"算法"形成的合谋。我们正在进入一个"算法"的时代。它对我们生活的影响越来越大——我们究竟应该去哪家餐厅吃饭、看什么新闻、去哪里旅游,这些决策往往会受到算法的影响。算法在给人们生活带来便利的同时,也带来了很多的问题。例如,个性化推荐算法可能限制人的信息来源,让人们陷入"信息茧房";企业可能利用算法,对消费者进行价格歧视,从而完全剥夺其消费者剩余。最为严重的是,借助于算法,在数字经济中企业还可以实现在传统条件下很难达成的合谋,即算法合谋。欧盟委员会 2018 年的研究报告指出:"在被调查的电子商务零售商中,有 53% 的零售商追踪竞争对手的定价,这些零售商中有 67% 的零售商采用专门为此设计的软件来实现对竞争对手定价的自动追踪,其中有 78% 的零售商基于竞争对手价格追踪软件来调整自己的定价。"①企业通过算法收集和处理大量的市场数据和竞争对手信息,可以更精确地判断竞争对手的价格变动,并对竞争对手的定价行为做出迅速反应,算法让市场透明度大大

---

① European Commission.Vertical Restraints, Digital Marketplaces, and Enforcement Tools[R]. 2018: 2.

增加,从而促进企业之间的合谋,让市场的运作效率遭受损害。在这样的背景下,价格合谋变得更加便利,同时也更加隐蔽,隐藏在算法之下的价格合谋被执法机关"捕获"的难度变大,即便当算法合谋的倾向被发现后,司法认定也存在诸多困难。这是因为,算法合谋的主要特点是人的意志隐藏在算法之后,甚至其中没有人的意志,无法建立人的意志和合谋结果之间的关系,从而给反垄断执法带来严重的挑战①(梁彦红等,2020)。如何对算法进行规制,让算法的好处得到充分的发挥,同时尽可能减少因算法而产生的问题,就成了一个备受关注的热门话题。毫无疑问,"事前+事后"相结合的反垄断政策组合是十分必要的②。

阅读材料8-1

大数据时代,如何应对算法合谋带来的执法挑战③

自2013年大数据元年以来,国家先后发布《中国大数据发展调查报告》《促进大数据发展行动纲要》。互联网、大数据、算法与人工智能的发展应用,不但激发了商业繁荣,同时也不约而同向我们做出美好承诺——市场环境高度透明、搜索成本降低、技术突破与效率提升、准入门槛降低、卖方力量削弱、互联网商业模式不断创新,最终通往完全竞争之路。但是,以数据为基础的算法经济却反向改变了传统竞争机制,如何实现算法公正成为回应技术革新难以避免的法律问题。算法对传统共谋理论的适用、传统执法工具如何识别、如何认定以及如何归责算法共谋等问题提出挑战,驱使现有反垄断法共谋规则向新领域拓展。我国算法合谋研究仍旧处于起步阶段,引导"算法公正"有必要未雨绸缪。数字市场的良好运行应遵循"竞争优先、慎用管制"理念,并辅以制度与技术保障。

降低市场价格透明程度

一定的价格透明度能增加消费者福利,过度透明的价格会导致经营者更易调查了解市场定价行为,从而为共谋提供便利。算法合谋中,企业利用算法了解市场竞争者价格并实时跟进,瓦解其他竞争者降价行为福利,"心照不宣"地在透明市场中公然"合谋"。市场价格高度透明导致企业之间无协商也能达到明示合谋效果。竞争者之间采取同一非透明性算法和信息交换行为令市场透明度增加,一方面可能提高效率和福利,另一方面也会产生反竞争风险,因此,执法者面临的挑战是如何增加算法透明度,并将信息交换行为纳入反垄断法制度框架内以降低市场价格透明度。降低市场价格透明度可以采取以下措施:首先,适度披露损害社会福利的定价算法,增加此类算法的透明性,便于全面追踪企业利用此种定价算法的思考及决策过程,并将其置于执法机关的监管之下,以从根本上破除竞争者主观意思联络。其次,规范竞争者信息交换行为。信息交换行为具有两面性,因此应规范竞争者的信息交换行为。在实践中,市场结构、被交换信息的本质和非公众信息交换行为是分析信息交换行为合法性的重要因素。

建立算法合谋识别机制

由于算法合谋能扭曲传统合谋原则达到明示合谋效果,使之难以识别辨认,因此企业算法设计与运

---

① 梁彦红,王延川.数字市场背景下的算法合谋[J].当代经济管理,2020,42(9):93-97.
② 唐要家,尹钰锋.算法合谋的反垄断规制及工具创新研究[J].产经评论,2020,11(2):5-16.
③ 吴太轩,谭娜娜.大数据时代如何应对算法合谋带来的执法挑战[N].检察日报,2019年8月10日.

行的非透明性、合谋行为高技术性与隐蔽性,向竞争执法机关现有的合谋识别机制提出了挑战。目前世界各地已出现了算法合谋案件,如 Amazon 案(2015)、Uber 案(2015)、Eturas 案(2016)等。主要发达国家的竞争执法部门也相继采取应对措施——德国垄断委员会发布《竞争政策:数字市场的挑战》、美国 FTC 发布《大数据:包容工具抑或排除工具》、OECD 也发布《算法与合谋》等报告。识别算法合谋,建立内部击破机制和外部监管机制均存在实践上的必要性与正当性。内部击破机制应结合本土经验,加大宽恕政策的执法范围并建立足够确定透明的政策规定,增加算法合谋处罚力度从而提高自首概率,通过反向博弈制造"囚徒困境"瓦解算法合谋的垄断行为。外部监管机制方面有必要建立市场调查机制、举报人奖励制度。一方面通过监督市场结构和市场行为决定是否采取救济措施,另一方面有效落实举报人奖励制度,鼓励举报并防止滥用举报制度。

采用间接证据综合认定

执法者认定合谋的关键在于达成垄断协议,但由于算法合谋不存在主观意图和垄断协议等直接证据——明示协议的缺失,导致执法机关面对具有明示合谋效果的算法合谋却束手无策。基于算法合谋行为自身的隐蔽性,执法机关和法院有必要采取沟通证据和经济证据等间接证据进行整体评估。提高间接证据的确定性程度,明确所必需的证据数量是解决执法机构与法院认定一项"垄断协议"是否存在的重要指标。由于间接证据具有更多模糊性,其并不直接描述算法合谋的具体内容,因此适用间接证据过程中应贯彻审慎管制理念,对证据采纳方面进行适当的必要限制。同时关注算法合谋行为效果的二元性,厘清反垄断规制边界。算法合谋并非必然排除、限制市场竞争,算法所带来的"数字效率""技术创新""社会公共利益"等是衡量算法合谋是否适用豁免制度的关键要素。

明确算法合谋责任主体

在算法合谋案件中,算法的作用不断增加,人类因素逐渐减少。算法本身并不违法,但却不足以摒弃反垄断法的关注,竞争执法机构更应该关心这些算法如何被运用,因此厘清"人类"合谋与"机器"合谋的临界点是执法者确定责任主体的终极难题。但算法合谋并非完全无法由现有反垄断法规制,信使型、轴辐型算法合谋本质上是"默示合谋"这一老问题的新形式,虽能够依据现有法律规制,但依旧存在证据采集等执法工具挑战;预测型、自我学习型合谋则更大程度上依赖于机器。前两类合谋中,算法是人类意志的延伸,算法的使用者应对合谋造成的损害承担责任;但在后两类合谋中,算法因素增加,如何确定最终责任主体,应当综合权衡定价算法类型、企业主观意图以及所造成社会损害大小等因素,以决定最终由算法机器人还是由算法程序的设计者、使用者承担,以确保真正的责任主体无法从责任制度中逃逸。

思考题

1. 公开卡特尔的稳定性与哪些因素有关?
2. 默契合谋的稳定性与折现因子有关,那么,影响折现因子的因素有哪些?
3. 为什么说市场的需求波动性越低则越有助于促成合谋?

参考文献

[1] 林恩·佩波尔等.产业组织:现代理论与实践(第4版).郑江淮译.中国人民大学出版社,2014.

9

市 场 排 挤

在很多行业中,在位企业会采取一些策略性行为,从而影响潜在竞争者的进入。当行业中企业数量较少时,进入者必须考虑在位企业的直接报复。在本章中,我们将讨论在位企业和进入者与进入和退出相关的策略行为。我们首先分析为了防止潜在竞争对手进入市场,一家在位企业可以采取哪些先发制人的策略,在可能的进入遏制策略中,我们将讨论产能扩张、产品多样化和长期合约。为了让已经进入市场的企业退出,我们会讨论一些在位企业可能采取的策略,特别是限制性定价和掠夺性定价。

9.1 进入遏制

在本节中,我们将重点分析以扩张生产能力为手段的在位企业阻止竞争对手进入的策略。我们大多数场合将忽略生产能力与产出水平之间的区分,集中分析在位企业在进入威胁下如何决定生产能力。考虑某行业只有一家在位企业 1 和一家潜在进入企业 2。企业 2 要决定是否进入以及进入后的产量。在企业 2 做出自己的决定之前,企业 1 先决定自己的产量。并且,我们假定企业 2 在决定是否进入以及进入后的产量之前可以知道企业 1 的产出。一旦两者的产出水平确定,价格就如同在古诺模型中一样,是总产出的函数。

在时期 1,企业 1 必须选择生产能力,即其产出投资 k_1,且 $k_1 \in [0, \infty)$;在时期 2,企业 2 选择是进入还是不进入,如果企业 2 进入,假定其产量水平为 k_2。为了分析这个博弈,将企业的利润定义为

$$\pi_1(k_1, k_2) = k_1(1 - k_1 - k_2)$$

对于企业 2 而言,如果其决定进入,那么其利润为

$$\pi_2(k_1, k_2) = k_2(1 - k_1 - k_2) - E$$

其中,E 为企业 2 支付的进入成本。

如果企业 2 决定不进入,那么其利润为 0。

我们使用逆向求解法来求解该两阶段博弈。在时期 2,企业 2 将企业 1 的产量看作是既定的,$k_1 = \bar{k}_1$。假设企业 2 在某一时刻进入,企业 2 选择产量以实现利润最大化,对其利润函数求一阶导数,并令其为 0,可得

$$0 = \frac{\partial \pi_2(k_1, k_2)}{\partial k_2} = 1 - 2k_2 - k_1,因此,k_2 = \frac{1-k_1}{2}。$$

此时企业 2 的利润为

$$\pi_2 = \frac{1-\bar{k}_1}{2}\left(1 - \bar{k}_1 - \frac{1-\bar{k}_1}{2}\right) - E$$

当且仅当 $\bar{k}_1 < 1 - 2\sqrt{E}$,其利润大于零。

在时期 2,企业 2 的最优反应函数即

$$k_2 = \pi(\bar{k}_1, E) = \begin{cases} \dfrac{1-\bar{k}_1}{2}, & \bar{k}_1 < 1 - 2\sqrt{E} \\ 0 \end{cases}$$

在时期 1,企业 1 知道自己将影响企业 2 的生产能力选择,即企业 1 将推测并知道企业 2 的最优反应函数。为了确定企业 1 的利润最大化策略,需要比较企业 2 进入与不进入两种情况下企业 1 的利润 π_1^s 和 π_1^m,两种情况下,企业 1 的利润分别为

$$\pi_1^s = k_1\left(1 - k_1 - \frac{1-k_1}{2}\right),企业 2 进入时(k_1 < 1 - 2\sqrt{E})$$

$$\pi_1^m = k_1(1 - k_1),企业 2 不进入$$

其中 E 为进入成本。

我们很容易可以得到企业 1 的利润 π_1^s 和 π_1^m 函数的曲线,具体见图 9-1。当 $1 - 2\sqrt{E}$ 的位置由图 9-1 中的折线位置给定时,那么,我们可以判断,在折线的左侧,$k_1 < 1 - 2\sqrt{E}$,企业 1 的利润由 π_1^s 曲线的一部分给出(折线左侧部分);当 $k_1 > 1 - 2\sqrt{E}$ 时,企业 2 选择不进入,企业 1 的利润曲线由 π_1^m 曲线的一部分给出(折线右侧部分)。两部分曲线组合在一起,就是企业 1 的利润曲线。由图 9-1 可以知道,此时企业 1 的最优产量是 $1/2$,其最大利润为 $1/4$。企业 2 的最优选择就是不进入。我们把这种情形称为进入遏制或者进入封锁,就是说,企业 1 不需要采取任何措施,企业 2 也不会选择进入。

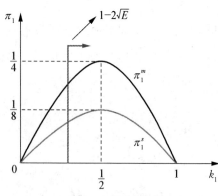

图 9-1 进入遏制

我们要重点讨论的是进入威慑。当进入成本

降低,也就是 $1-2\sqrt{E}$ 的位置移动到图 9-2 中的折线位置时,即 $1-2\sqrt{E}=e$ 时,此时企业 1 的最优产量为 e,企业 1 的利润才能实现最大,但小于 $1/4$。此时企业 2 选择不进入。实际上,一旦企业 1 观察到企业选择不进入,那么,企业 1 就会有强烈的动机降低产量到小于 e 的 $1/2$ 的水平上,从而进一步提高自己的利润。一旦企业 1 产量降低到 $1/2$,此时就会吸引企业 2 的进入。为了制止企业 2 的进入,企业 1 可能会采取进入威慑策略。

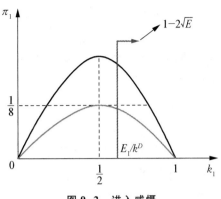

图 9-2 进入威慑

此时区分产出能力与产出水平就变得十分重要。企业 1 的进入威慑是通过以下方式实施的:企业 1 会将自己的生产能力扩张至 e,而将产出水平保持在较小的 $1/2$ 的规模上。一旦企业 2 发现有利可图,试图进入时,企业 1 就会宣布扩大产出水平至 e,从而使企业 2 的利润降为 0。那么,企业 1 的这种进入威慑承诺是否可信呢?如果多余生产能力的成本投资巨大且是沉没成本,那么,企业 1 的进入威慑承诺就是可信的。如果生产成本不是沉没成本,那么企业 2 仍然会进入并制定古诺均衡水平的产量。企业 1 的最优反应则是出售生产能力以弥补初始投资的成本,并制定古诺均衡水平的产量。因此我们可以得出结论,只有当生产能力的投资成本很高,且是沉没成本时,抢先制定生产能力以威慑竞争对手的进入才是一种可信的战略。此时,我们会发现,只要企业 1 付出努力,企业 2 还是不会选择进入。

当进入成本进一步降低,也就是 $1-2\sqrt{E}$ 的折线位置进一步右移时,就会出现进入威慑与进入容纳无差异的情形。具体见图 9-3(1)。企业 1 无论是选择 $1/2$ 的产量还是产量 e,其能够获得的利润都是 $1/8$。当进入成本足够低,企业 1 就会选择接纳企业 2,两家企业进行双寡头古诺竞争,我们把这种情形称为进入容纳。具体见图 9-3(2)。

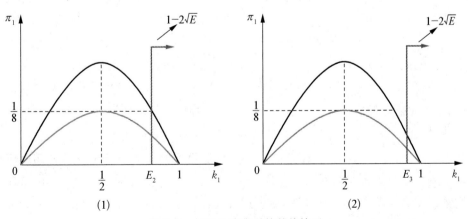

图 9-3 低进入成本时的其他情形

总的来看,一家在位企业的最优产能选择取决于进入成本的大小。如果进入成本非常高,那么,在位企业就会制定垄断产能,且不必理会进入威胁;如果进入成本非常低,那么在位企业在选择产能时就需要考虑进入者的最优反应;如果进入成本中等,那么在位企业就可以选择一个充分大的产能,以便阻止进入者进入。实际上,许多公司的生产能力会保持过剩的状态。为了衡量生产能力的利用程度,每年美国制造业调查局都要求工厂管理人员列出当前的和理想的生产水平。得到的比率即生产能力利用率(capacity use),这个值大约为80%。生产能力过剩的原因有很多,有战略因素导致的,也有市场波动导致的。马文·利伯曼(Marvin Lieberman)详述了在位者可以通过保持过剩的生产能力成功阻止进入的条件:(1)在位者应该有一个持久的成本优势。万一发生进入,在之后的价格战中,它就能占据优势;(2)市场需求增长缓慢。否则,需求将迅速超过生产能力;(3)对过剩生产能力的投资在进入前必须成为沉没成本。否则,进入者在发生价格战的时候可能会迫使在位者退让;(4)潜在进入者必须没有正在尝试建立强硬的声望。

整体上,学者们从理论上对进入遏制进行了大量研究。但是现实中企业是否真的实施进入遏制战略,以及如果实施,这些战略是否会很成功,相关的系统性证据很少。目前大部分的证据来自反垄断案例,在这些案例中,研究人员通过分析掌握详细的成本、营销与战略信息,探寻进入遏制行为的种种迹象。

以上我们讨论的是企业主要用产能作为竞争工具来阻碍竞争对手的进入。Karaer et al. (2015)将质量定义为增加消费者购买意愿的产品属性,分析了产品质量在用作进入遏制工具时的作用,研究确定了在位企业过度投资于产品质量以阻止竞争者进入的条件。

9.2 产品扩散

在一些行业,我们会发现这些行业的进入壁垒比较低,在位企业销售品牌的数量不断增加,而且也能够获得相当可观的利润,但实际上却没有新的企业进入该行业。如何去解释这一现象呢?一种解释认为,为了消除进入盈利的机会,在位企业不断用新品牌去"填充"现有的产品空间。由于价格竞争往往并不激烈,高利润实际上相当于在激励潜在竞争企业进入。但如果潜在竞争企业认为该市场不存在任何恰当的"市场落脚点"用来定位其产品,它们就不会选择进入该市场。换言之,在位企业的这种产品多样化、品牌扩散的策略方式,使其无需降低价格,即使在存在很高利润的情况下,依然能有效阻止潜在的进入。

另外,增强产品多样化,实施品牌扩散的策略,不仅仅只适用于产品空间密度,还可以适用于地理空间密度。例如,美国办公用品连锁超市的领导者——史泰博公司就曾在某一地区建造大量的商店来驱逐竞争者。另一个典型的例子就是联合利华公司。2013年,联合利华在英国的市场份额为66%,通过拥有实际上是由数十种冰激凌产品所组成的产品组合,联合利华使得竞争对手发现,无论是采取进入策略还是扩张策略,都很难盈利。

9.3 独家交易合约、捆绑和排挤

有时为了实现驱逐竞争对手的目的，企业会签订独家交易合约。在位企业通过和足够多的买家签订合约，能令其他潜在进入者发现，进入实际上无利可图，这种策略被称为完全排斥。之前讨论过的互联网电商平台"二选一"问题，实质上就是独家交易，其表现是互联网平台要求商户承诺只能在两个竞争性平台中选择其一进行交易。

准确识别独家交易的竞争效果往往是一件复杂且困难的事情，对反垄断机构的监管形成了巨大的挑战。乔岳等（2021）的研究指出，在交叉网络外部性、质量差异、消费者异质性等因素的影响下，考量平台企业实施独家交易对市场竞争效应变得十分困难。在不同的假设条件下，平台独家交易的竞争效果的研究结论并不一致，但总的来说，其结论大致分为两个方面：部分学者支持芝加哥学派的效率假说，认为独家交易排除了效率较低的竞争对手，对市场效率提升有积极作用，有利于提高社会总福利；还有一部分学者认为独家交易的市场圈定效应更为明显，提高了市场进入壁垒，妨碍了市场竞争。其研究以我国互联网外卖平台为例，定量比较和分析了平台实施独家交易对双边用户及社会总福利的影响，发现社会总福利呈现出先上升后下降的趋势，为反垄断执法机构对平台企业独家交易行为开展执法提供了依据。综合来看，平台企业实施独家交易对市场竞争的影响，还必须根据平台的具体情况和特征进行具体分析。其研究也特别指出，在独家交易协议框架下，签约后平台企业滥用由独家交易协议带来的优势谈判地位，单方面提高面向商户的抽成费率或胁迫商户以损害商户利益为代价提高平台企业流量来获取平台本身的竞争优势，这种独家交易协议框架下的滥用市场势力行为本身与独家交易协议无关，但应受到反垄断机构的关注。

现实中另外一种常见的情况是，供应商与销售商出于各自的利益目的，往往会在交易中达成独家交易的协议，如划定销售商的销售区域、给予销售商在销售区域内的独家经销权，并约定了违反该等协议时的处罚原则。独家分销能够提高分销效率，在分销商必须为保护和建立品牌形象进行投资时，独家分销是对经销商盈利机会的担保，同时也是解决经销商之间"搭便车"问题的有效手段。但是，独家分销也可能减少品牌内的竞争、分割市场、增加价格歧视等，该等协议在一定程度上限制了供应商和销售商交易的自由，对市场的竞争产生了影响。在立法上，我国的《反垄断法》并未引入独家交易的概念。《反垄断法》第17条第1款第（四）项禁止具有市场支配地位的经营者没有正当理由限定交易相对人只能与其进行交易，或者只能与其指定的经营者进行交易。该条款被认为是《反垄断法》对独家交易行为的规范。从文义上解释，这一规定可以适用于独家购买、独家供应、独家分销等情形（卫鑫等，2021）。对于协议是否为违反《反垄断法》所规定的垄断协议，或者说签订独家交易的企业是否具有正当理由，往往需要通过综合分析来判断，需要结合个案事实进行全面解析。卫鑫等(2021)进一步提出,对具体的独家交易行为进行反竞争效果识别及违法性认定时,应主要依据独家交易主体的市场地位、独家交易封锁的市场份额、独家交易安排的持续时间、市场进入壁垒以及替代性交易安排等一般性要素。

案例 9-1

腾讯音乐持续构筑独家版权壁垒

数字音乐产业的核心是版权经济,目前独家版权形式的交易安排存在潜在竞争风险。所谓独家版权是指唱片公司与数字音乐服务商之间就作品的信息网络传播权所签订的排他许可合同,也表现为数字音乐服务商对唱片公司音乐版权的独家代理,即音乐服务商可以单独使用,也可以分销或转授权给其他平台使用。在国内,目前腾讯音乐已经获得了世界三大唱片公司环球音乐、索尼音乐、华纳音乐的独家版权,三大唱片公司占据88%的全球唱片市场份额,此外,腾讯音乐还拥有英皇等其他20多家唱片公司的独家版权。与此同时,在战略布局上,腾讯音乐针对存量数字音乐市场构筑了强大的独家版权壁垒。这对公平竞争机制的损害主要体现在以下三个方面。

第一,提升了竞争对手的成本乃至行业成本。2011年以来,国内各大数字音乐平台从唱片公司获得的版权授权大多数为独家授权。激烈的竞争客观上会造成版权供应价格上涨。然而,当腾讯音乐这种大型的、具有资金优势并且对独家版权具有强烈需求的企业进入以后,版权的价格往往急速提升。经济活动中价格互为成本,腾讯音乐向上游行业所支付的一笔笔天价版权费,实际上抬高了版权许可市场的整体价格,因而增加了其他数字音乐平台的经营成本,甚至使数字音乐行业面临资金压力。在成本约束下,某些音乐平台只能寻求市场占有份额较低的唱片公司进行授权,而不能支付版权费的平台要么被迫离开市场,要么索性盗版经营。显然,对独家版权的盲目追逐难免造成恶性竞争秩序。

第二,可能对竞争对手形成封锁、排挤和压榨。与数据库商竞相争夺期刊独家数字出版授权类似,数字音乐独家版权的累积效果也等同于"分割原材料采购市场",尤其在腾讯音乐对上游版权独家授权具有强大汲取能力,甚至近乎垄断存量数字音乐市场的情况下,国内其他音乐平台对存量数字音乐的经营很大程度上不得不寻求腾讯音乐的转授权,换言之,其他音乐平台对腾讯音乐在交易上的依赖程度非常高。在这种情况下,一旦腾讯音乐拒绝授权、收取超高授权许可费、施加其他不合理的交易条件,其他音乐平台就很可能承受营业上的封锁、排挤和压榨。

第三,可能对潜在竞争造成损害,阻碍数字音乐市场的创新。在腾讯音乐大量签约存量版权时,网易云音乐将目光瞄准以独立音乐人和歌坛新人为主的增量市场。近年来通过社交运营,网易云音乐积累了忠诚度和黏性很高的年轻用户,这也是腾讯音乐很想得到的一群用户。目前国内数字音乐市场的竞争格局实际上就是以网易云音乐为主的其他平台通过发现、培育增量与大量拥有存量的腾讯之间的竞争。尽管有评论认为,腾讯音乐只收割传统音乐版权市场无法占领整个市场,增量是一个比存量大得多的市场。但是,来自增量市场的竞争究竟能给腾讯音乐施加多大程度的约束,目前不得而知。从范围经济、规模经济以及寻求更大用户黏性的利益上看,即便主攻增量市场的网易云音乐也不可能绕开腾讯音乐的转授权而放弃存量市场。因此,作为一种竞争策略,腾讯音乐很可能将自己在存量市场的垄断势力辐射到增量市场中,不排除腾讯音乐通过独家版权拖垮网易云音乐或抑制其在增量市场上的持续扩张。一旦"两个市场"都被腾讯音乐所支配,这对数字音乐行业的发展和创新将非常不利。

资料来源:卫鑫,戴建华.反垄断视阈下独家交易的违法性认定[J].经济问题,2021(3):9-15。

捆绑销售或搭售也会起到市场排挤的作用。通过两种产品的捆绑销售或搭售,具有市场支配地位的企业,可以将其在一个市场上的势力通过杠杆效应传递到另外一个市场上,从而增强在另一个市场上的控制地位。捆绑销售又分两种情况:纯粹的捆绑销售是只有一种价格,消费者必须同时购买两种产品。混合搭售则是一种菜单式销售,企业既提供捆绑销售的选择,也提供单独购买其中某种商品的选择。张谦等(2021)基于交叉网络外部性视角研究了数字平台捆绑销售策略的垄断动机。其研究认为,交叉网络外部性提高了用户的交互价值,而捆绑销售则将这种外部性拓展到更多产品上,使得数字平台能够更有效地提升垄断势力、排斥竞争对手。平台两侧交叉网络外部性的强度决定了捆绑销售的类型。当交叉网络外部性较弱时,用户对数字平台的依赖程度较低,数字平台倾向于采取混合捆绑策略来获取更多消费者剩余;反之,数字平台将采取纯捆绑销售策略以阻止潜在进入者。无论哪一种捆绑策略,都对平台具有积极影响,这揭示了数字平台捆绑销售"屡禁不止"的原因。然而,捆绑销售降低了消费者剩余和社会福利,应当引起反垄断部门的关注。

当然,并不是所有的捆绑销售都是反竞争的,一些学者也指出,捆绑销售或搭售有时是出于市场效率的考量。因此,具体情况具体分析仍然是适用的。

9.4 限制性定价和掠夺性定价

9.4.1 限制性定价

限制性定价(limit pricing)是一种短期非合作策略性行为,通过在位厂商当前价格策略影响潜在厂商对进入市场后利润水平的预期,从而影响其进入决策。限制性价格是一种使得潜在进入者失望或阻止它们进入的价格,限制性定价自20世纪50年代以来就逐渐成为产业组织领域的一个重要主题。限制性定价有三种类型(干春晖,2005)。

1. 静态限制性定价

贝恩(1949,1956)、索罗斯—拉比尼(Sylos-Labini,1962)和莫迪尼安利(Modigliani,1958)是对早期静态限制性定价理论进行研究的主要学者。早期的静态限制性定价模型是基于索罗斯—拉比尼假定的,即认为潜在的进入者相信新厂商进入后在位厂商不会改变它的产量。因此,潜在厂商相信,它进入后行业的总产量是它的产量与在位厂商现行产量之和,超过需求的产量将导致价格下降。在基于索罗斯—拉比尼假定的早期模型中,在位厂商为了达到遏制进入的目的,会调整它的产量水平及相应的价格水平,从而消除导致潜在厂商进入的诱因。但是,从理性角度出发,潜在厂商在已知成本结构和需求函数的情况下,它完全可以做出是否进入的决策,在位厂商在潜在厂商进入前所采取的定价策略与其进入后的均衡结果并没有必然的联系。同样地,在位厂商在潜在厂商进入后所采取的利润最大化策略也不是将产量维持在不变的水平。弗里德曼(Friedman,1979)认为,在完全信息条件下,在位厂商的进入前价格政策与一个理性潜在厂商的实际进入行为无必然联系,在位厂商的产量维持不变的假定是不可置信的,理性的在位厂商也根本不会制定限制性定价策略。

根据斯蒂芬·马丁(Stephen Martin,1988)的研究,静态限制性价格的高低取决于三个因素。

(1) 市场初始规模。市场规模越大,在位厂商就必须维持更高的产量水平才能完全遏制潜在厂商的进入,因而限制性价格相应降低。

(2) 进入者的平均成本。如果潜在厂商在任一产量水平的平均成本(包括进入的沉没成本)越高,则潜在厂商进入后需要制定更高的价格水平才能盈利,因而限制性价格也相应提高。

(3) 非价格进入壁垒。只要在位厂商所在市场不像威廉·杰克·鲍莫尔(William Jack Baumol,1982)所说的那样,是完全竞争性的,进入壁垒则或多或少地存在着,进入壁垒越高,则潜在厂商的进入变得更加困难,因而限制性价格也会提高。

2. 动态限制性定价

如果在位厂商设定遏制进入价格,它能够维持它原来的市场地位,并且在长时期内获取相应的利润。当然,在位厂商也可以设置一个较高的垄断价格,并且获得短期的最高利润,较高的价格将会诱致潜在厂商的进入。但是,由于时滞的存在,这种进入不会立即发生,在位厂商只会慢慢地把市场份额让位于新进入厂商,在位厂商的市场份额降低会引起利润的损失。因此,在位厂商面临一个选择:它要么赚取短期的高利润,而失去其垄断地位,要么长时期地获取较低的利润,而保持其固有地位。但是,就利润最大化厂商而言,它必须在当前利润与未来利润之间进行平衡,进而采取跨时期利润总额最大化的定价策略。主导厂商模型、结团进入模型(卡米恩,施瓦茨,1971;Debondt,1976)和连续进入模型

(Gaskins,1971;Baron,1973)分别揭示了新厂商或从属厂商在不同进入或扩展速度下,在位厂商所采取的最优定价策略。

主导厂商模型表明,一个理性的主导厂商并不会不惜代价地把所有的竞争性从属厂商逐出行业。如果有大量接受价格的厂商能够自由、即时地进入市场,并且它们的生产成本并不比主导厂商的成本高出多少,主导厂商就不能索取比完全竞争高出太多的价格。即使没有从属厂商们进入市场,它们潜在的进入威胁也会使得主导厂商的定价要低于垄断厂商。在结团进入模型中,假定从属厂商在决定进入和实际进入之间存在一定的时滞,经历一个时滞后,从属厂商同时进入,此时主导厂商通常把价格定在短期垄断价格之下和能完全遏制进入的价格之上。而连续进入模型假定从属厂商随着时间逐渐进入,此时,在位厂商的最佳定价策略和均衡价格要视市场需求状况、从属厂商的价格敏感性等因素而定。

把时间因素加入到限制性价格的决定中后,动态限制性定价不再是遏制潜在厂商进入的价格,而是长期利润最大化的价格。与静态限制性定价相比,决定动态限制性价格高低的因素更加复杂,概括起来,主要有如下六种因素。

(1) 折现率。折现率越高,则延迟当前收入到未来的机会成本就越高,这降低了未来利润的现值。在位厂商更愿意获取较高的短期利润,而放弃长期市场份额,因而会提高最优限制性价格,反之亦然。

(2) 风险偏好。这与限制性定价决策产生了不确定性利润有关,巴隆(Baron,1973)认为,尽管在位厂商的最优限制性定价行为可以降低进入的可能性,但是不同风险偏好的在位者对同一最优限制性价格下的进入概率有不同的估计,从而影响最优限制性价格的确定。如果在位厂商是一个风险厌恶者,在其他条件不变的情况下,它宁愿降低当前的最优限制性价格,以换取较低的进入可能性。相反,作为一个风险偏好型在位厂商,它会抬高最优限制性价格。

(3) 非价格进入壁垒。它是影响限制性价格的重要因素,如政策、法律制度壁垒等。巴隆从风险偏好的角度,认为较高的进入壁垒增加了在位厂商的预期效用,在风险率(the hazard rate)下降的条件下,最优限制性价格会提高。而卡米恩和施瓦茨直接揭示了非价格进入壁垒与最优限制性价格之间存在正相关关系。但是,德邦特(1976)得出了几乎完全不同的结论,他认为,在进入时滞充分长时,即使非价格进入壁垒非常低,最优限制性价格也会设在较高水平。

(4) 时滞长短。德邦特(1976)认为,潜在厂商在做出进入决定与实际进入之间存在一定的时滞,这是由产业特性决定的外生变量。进入时滞越长,在位厂商即使索取短期垄断价格,潜在厂商也很难在短时期内进入市场,因而在位厂商索取的最优限制性价格越高。

(5) 市场需求增长。在动态模型中,市场需求状况是一个重要的外生变量。卡米恩和施瓦茨(1971)以及德邦特(1976)的结团进入模型都表明,市场增长率越高,潜在进入就变得越有吸引力,因此进入的可能性越大,那么,最优限制性价格也相应地降低。

(6) 成本结构。通常,在位厂商的相对成本优势越明显,则越容易提高限制性价格,从而获取更多的利润。此外,限制性价格水平的高低还与初始竞争的激烈程度、潜在进入者的价格敏感性、调整成本以及产业内厂商的数目等有关。

3. 不完全信息下的限制性定价

进入20世纪80年代,随着博弈论和信息经济学在策略性行为理论中的广泛应用,不完全信息假设被引入了限制性定价理论中,米尔格罗姆和罗伯茨(Milgrom and Roberts, 1982)与哈尔瑞顿(Harrington, 1986)的研究可以证实这一点。米尔格罗姆和罗伯茨认为,在现实环境中,市场信息往往是不完全的,对手的成本函数及战略性决策以及整个市场的需求状况对于厂商来说并不是完全知识,很多信息为私人所有,因此,在在位厂商与潜在厂商之间进行的限制性定价行为可以视为不对称信息博弈行为。在不完全信息的情况下,进入者不知道在位者的类型(高成本或低成本)以及收益函数,只有一个先验概率对此进行估计,然后利用博弈过程中对在位厂商先前行动的观察按贝叶斯方式对先验概率进行修正,利用修正的概率估计在位者的类型和可能的收益函数。在此种情况下,在位厂商通过价格行为向竞争对手传递有关成本的信息,影响竞争者对在位者类型的估计信念。

米尔格罗姆和罗伯茨的限制性定价模型,强调了在信息不对称的情况下,进入者不知道在位者的生产成本类型,在位者试图利用限制性定价手段向进入者显示自己是个低成本的厂商,以区别于高成本的厂商,使进入者认为进入是无利可图的,高成本的厂商制定高的价格,这一结果在博弈论中称为分离均衡。当然,一家高成本的在位厂商为了扰乱进入厂商对其成本类型的估计,可以利用在位者的先动优势,采取限制性定价手段使进入者产生在位者是低成本厂商的幻觉。对于高成本厂商来说,这也是一种理性决策,进入者可能把它误认为是一个低成本的厂商,慑于进入后的价格战,进入厂商只能望而却步。在这种情况下,限制性定价是一种信号干扰的手段,不是一种确切的信号显示方式,这一结果在博弈论中称为混同均衡。

尽管如此,米尔格罗姆和罗伯茨模型只考虑了在位厂商的成本与进入者无关且在位者已经知道自己的成本函数的情形。而哈尔瑞顿(1986)进一步放松了这些假设,它假定进入者在进入前并不知道其成本是多少,而且它的成本与在位厂商的成本是正相关的。在此情况下,得出了与米尔格罗姆和罗伯茨模型相反的结论,为了遏制进入,在位者应传递高成本信息,因而应把限制性价格设定在高于短期垄断价格的水平。

在不完全信息下,双方参与人的成本信息分布状况是影响限制性价格的决定性因素。米尔格罗姆和罗伯茨(1982)的研究表明,当在位厂商独占自己的成本信息,而潜在厂商的成本信息是共同知识的信息分布下,高成本的在位厂商可能会采取低价策略,以显示自己是低成本的,从而达到遏制进入的目的。而哈尔瑞顿(1986)在假定潜在厂商完全处于信息弱势(连自己的成本结构都不知道)的条件下,证明了低成本在位厂商的最佳定价策略是将限制性价格设定在高于垄断价格的水平,以向潜在厂商传递该产业是高成本的信息,从而策略性地遏制其进入。

9.4.2 掠夺性定价

掠夺性定价是指一个厂商在开始时降低价格将竞争对手驱逐出市场并吓退潜在的进入者,当这个厂商可以处于限制供给的地位时,再提高价格。该厂商实行掠夺性定价策略虽然在短期内可能会由于价格低于成本而遭受损失,但在长期会由于价格的提高而获得高额垄断利润。掠夺者的动机就是一旦竞争对手被驱逐出经营领域,掠夺者就可以保住垄断性地位并获得长期利润。

一个厂商能够实行掠夺性定价必须满足以下两个条件:一是在实行低价格的时期,掠夺性定价的掠夺者必须能够承担因所定低价而引起的损失;二是价格降低会引起消费者需求的增加,掠夺性定价的掠夺者为了驱逐竞争对手或阻止潜在的竞争对手进入,掠夺性定价必须能够满足在低价位上的所有需求。

在芝加哥学派看来,掠夺性定价行为是不会存在的。因为当掠夺发生时,理性企业不应该退出。即使新进入企业的现金不足以弥补亏损,它也应该从银行贷款。只要新进入企业获得的双寡头垄断利润超过了其潜在的损失,那么,银行也应该会明白在位企业的动机,并且认为进入企业留在市场内是有利可图的,此时银行也愿意贷款给新进入企业。如果知道新进入企业一定会在市场当中坚持下来,那么,理性的掠夺者就会避免攻击性的行为:因为攻击性行为不会导致竞争对手退出,却反倒使自己受到损失。因此,芝加哥学派认为现实当中是不会存在掠夺性定价行为的。如果一家在位企业面对进入降低价格,那么,这只可能是因为集中度降低的竞争效应导致的,不需要为此感到担忧。

也有观点认为,上述的分析包含的一个严格的假设条件是参与者理性和完全信息。在上面的分析当中,我们知道银行会愿意贷款给新进入者,但实际上假设银行未必总是愿意贷款给新进入者。例如,假定银行拒绝贷款的概率为 p,那么这就意味着掠夺企业能够以 p 的概率将新进入者驱逐出市场。在这一分析当中,我们知道两家企业其中一家是有财务约束的,需要运用银行贷款,而另一家有着雄厚资金实力的在位企业并不需要银行贷款。这一理论被称为掠夺性定价的长钱袋理论。

关于掠夺性定价还存在其他的一些解释。一是传递低成本信号。一家在位企业制定低价格很可能是向潜在的竞争对手传递这样一种信息:我的成本已经很低,在这个市场上已经没有其他企业进入的利润空间了;二是利用掠夺性定价建立起强硬的声誉,通过富有攻击性的低价格,在位企业也许会获得一个强硬的名声,那么,将来或者在其他竞争市场上,潜在的竞争对手就不会贸然进入;三是掠夺性定价会出现在快速成长的市场中。例如,在操作系统市场中,一开始系统就拥有大量用户的安装基础很重要,这样第三方应用软件开发商就会有动力开发可以在该操作系统上运行的软件,这反过来又会吸引操作系统的新用户,从而产生滚雪球效应。在这种情况下,一开始制定掠夺性定价就会很重要,因为这样会防止竞争对手获得在市场上生存所需的临界市场份额。

总结起来,掠夺性定价策略是可能会成功的,现实中也的确可以观察到这样的企业行为。尤其是当被掠夺企业存在财务约束,而又不总能从银行获得贷款时。此时掠夺者制定低价会导致被掠夺者退出市场。

当然,随着互联网平台经济的兴起以及相应的在信息经济学、网络经济学和产业组织理论等领域中的学术研究发展,一些传统的智慧不再成立。消费者福利最大化,未必和社会总福利最大化的场景相一致,加强竞争也未就使得两者(或其中之一)最大化(比如有时会出现过度竞争),垄断或者寡头未必是无效率的。一些基于传统理论给出的准则也不再有效,比如低于成本定价(又称为掠夺性定价)通常并不一定是企业试图抢夺市场,并最终形成垄断。当商品之间存在某种互补性(或网络互补性)时,企业恰恰应当低于成本定价,再比如大数据使得大型平台具有规模效应,类似于边际成本递减导致自然垄断,这并不是无效率。当规模效应导致平台规模出现马太效应进而"自然"垄断时,也未必是无效率的(方燕,2020)。

案例 9-2

美团优选等扰乱市场价格被罚

2021年3月3日,国家市场监督管理总局对橙心优选、多多买菜、美团优选、十荟团、食享会等五家社区团购企业不正当价格行为做出行政处罚。

国家市场监督管理总局表示,2020年下半年,部分社区团购企业利用资金优势,大量开展价格补贴,扰乱市场价格秩序,引发社会各界广泛关注。2020年12月中下旬,市场监管总局直接对五家社区团购企业立案调查。美团、拼多多等多家企业,都收到了来自相关监管部门的整改要求。其中,美团被要求下架一分钱的"秒杀商品",或许今后在美团优选上再也薅不到羊毛了。

从之前监管的严厉处罚情况来看,对于规范社区团购市场价格,促进行业有序发展的力度正在日渐加大。

目前,美团优选已经覆盖全国超2 600个县市,北京、上海、深圳、武汉等地已经看不到一分钱的秒杀商品,但还有"新人专享红包""新人专享价商品"等促销活动。这些活动看似是让用户薅了羊毛,但其实是因为在变相地抢占市场,等到自己真正垄断了市场,多少钱怎么玩还不是自己定,曾经被薅的羊毛会轻而易举地薅回来。

但价格过低扰乱了市场秩序,国家市场监督管理总局也作出了相应行政处罚,对此各家公司在回应的时候也表示,高度重视,诚恳接受,加强整改,但从目前效果来看,监管依旧要持续。

国家能出手在垄断早期发展时制止,希望是有效果的,不然再像外卖一样被垄断,那消费者现在薅到的羊毛就都是未来资本们"对韭当割"的诱饵。回顾互联网界的网约车大战、共享经济大战,都是通过低价竞争切入市场,直到逼死对手,形成寡头垄断市场,再逐步抬价盈利。如此想来,本身资本为了做大做强而扩张,都是合理战术,可前提是要有秩序所在。但行业乱象在于巨头们财力雄厚,都靠线上低价倾销的不良模式来运营,后果则是外溢到了线下,不少的实体、个体商贩有苦说不出。

因此近年来,国家对各大平台的垄断行为大力出手,可以预见的是,随着监管部门对社区团购平台的要求不断完善,社区团购行业将迎来更严格的监管时代。

资料来源:https://www.163.com/dy/article/GDLLKVS0053731T4.html。

思考题

1. 进入遏制和进入威慑之间有什么不同?
2. 结合现实中的具体案例,说明独家交易对市场竞争的影响。
3. 在哪些情况下可以观察到企业会实施掠夺性定价?

参考文献

[1] Bain, J. S. A Note on Pricing Monopoly Oligopoly[J]. *American Economic Review*, 1949, 39: 448-464.

[2] Bain, J. S. *Barriers to New Competition*[M]. Cambridge: Harvard University Press, 1956.

[3] Baron, D. P. Limit Pricing, Potential Entry, and Barriers to Entry[J]. A*merican Economic Review*, 1973(63): 666-674.

[4] Baumol, William J. Contestable Markets: An Uprising in the Theory of Industry Structure[J]. *The American Economic Review*, 1982, 72(1): 1-15.

[5] Debondt, R. Limit Pricing, Uncertain Entry, and The Entry Lag[J]. *Econometrica*, 1976, 44(5): 939-946.

[6] Friedman, J. On Entry Preventing Behavior, in *Applied Game Theory*[M]. ed. by S. J. Brams, A. Schotter, and G. Schwodiauer. Wurzburg, Vienna: Physica-Verlag, 1979: 236-253.

[7] Gaskins, D. W. Dynamic Limit Pricing: Optimal Pricing Under Threat of Entry[J]. *Journal of Economic Theory*, 1971(3): 306-322.

[8] Harrington, J. E. Limit Pricing When the Potential Entrant Is Uncertain of Its Cost Function[J]. *Econometrica*, 1986(54): 429-437.

[9] Kamien K. I., N. L. Schwartz. Limit Pricing and Uncertain Entry[J]. *Econometrica*, 1971, 39(3): 441-455.

[10] Milgrom, P., Roberts, J. Limit Pricing and Entry Under Incomplete Information: An Equilibrium Analysis[J]. *Econometrica*, 1982(50): 443-459.

[11] Modigliani, F. New Development on the Oligopoly Front[J]. *Journal of Political Economy*, Vol. 1958, 66: 215-232.

[12] Stephen Martin. *Industrial Economics: Economic Analysis and Public Policy*[M]. New York: Macmillan Publishing Company, 1988: 61-79.

[13] Sylos-labini, P. *Oligopoly and Technical Process*[M]. Cambridge: Harvard University Press, 1962.

[14] Özgen Karaer, Feryal Erhun. Quality and Entry Deterrence[J]. *European Journal of Operational Research*, 2015(240): 292-303.

[15] 干春晖.企业策略性行为研究[M].经济管理出版社,2005.

[16] 乔岳,杨锡.平台独家交易妨碍公平竞争吗——以互联网外卖平台"二选一"为例[J].山东大学学报(哲学社会科学版),2021(2):98-109.

[17] 卫鑫,戴建华.反垄断视阈下独家交易的违法性认定[J].经济问题,2021(3):9-15.

[18] 张谦,李冰晶.数字平台捆绑销售策略的垄断动机研究:基于交叉网络外部性视角[J].管理学刊,2021(2):65-79.

10
产品差异

我们在很多的模型中都假定产品是无差异的,但在现实世界中,差异化的产品才是常态。这种差异体现在商品的材质、设计、功能以及外包装等很多方面。产品差异可以分为垂直(质量)差异和水平(品种)差异,前者又称为纵向差异化,后者又称为横向差异化。如果消费者 A 偏好企业 1 的产品,而不是企业 2 的产品,与此同时消费者 B 偏好企业 2 的产品,而不是企业 1 的产品,那么我们就将这种情况称为横向差异化。横向差异化是指每个人之间偏好差异,而产品生产的过程当中,往往投入的资源是类似的。如对同一特征,不同人的评价存在差异。纵向差异化是指同一个人对产品不同特征的偏好差异,着重分析的是一个人对待产品不同特征的癖好。举例来说,几乎所有的消费者都会同意,在其他条件一致的情况下,汽车越省油越好,钻石的纯度越高越好。这里汽车省油的程度以及钻石的纯度反映的就是相应产品的纵向差异化。

10.1 纵向差异产品竞争

假定两家企业供应有差异的汽车,仅仅在一个特征维度上存在差异,如汽车耗油量。所有消费者都一致认为,该特征维度越低越好,即能效越高越好。企业同时定价为 p_i,消费者选择从企业购买汽车,最后企业生产并供应所需求的产品数量,这里每单位产品的生产成本为 c。令 $v_j(j=1,2)$ 为企业 j 所对应的相关特征维度的数量值。简化起见,我们令 v_j 表示 j 的质量。不失一般性,假设 $v_2 > v_1$(即企业 2 的轿车质量更高)。令 b 为既定消费者对轿车质量的赋值(以美元计)。假设 b 在不同消费者之间是可变的(即 b 的取值存在一个分布,可能和诸如家庭收入之类的消费者特征是相关的)。最后,令 p_i 为企业 i 制定的价格。消费者从企业至多购买一辆轿车。存在三种可能的选择:不购买轿车,此时相应的净效用 $u_0 = 0$;从企业 1 购买一辆轿车,此时相应的净效用 $u_1 = bv_1 - p_1$;从企业 2 购买一辆轿车,此时相应的净效用 $u_2 = bv_2 - p_2$。显然,u_1、u_2 都是 b 的增函数。消费者对相关特征值越看重,就越愿意以更高的价格来购买产品。随着 b 值的变化,净效用在不同产品之间是不同的。虽然一个更高的 b 值意味着消费者对轿车的评价会提高,但对高质量的轿车(企业2的产品)而言,这种提高会更大。

如图10-1所示,消费者可以分为三类:(1) 对于 $b < b_1$ 的消费者而言,由于 $u_1 < u_0$,$u_2 < u_0$,所以他们选择不购买轿车;(2) 对 $b > b_1$,且 $b < b_2$ 的消费者而言,由于 $u_1 > 0$,$u_1 > u_2$,所以他们现在从企业1购买轿车;(3) 最后对 $b > b_2$ 的消费者而言,由于 $u_2 > 0$,$u_2 > u_1$,所以他们现在从企业2购买轿车。

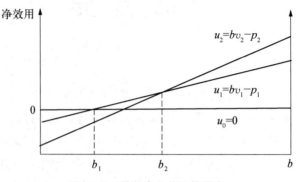

图10-1 纵向产品差异的需求

通过上述分析,我们可以发现:首先,高质量企业制定的价格会更高;其次,高评价的消费者会购买高质量的产品,所有消费者都认为企业2提供的产品质量要高于企业1,但是与低评价消费者相比,高评价消费者对质量变化更敏感。换言之,就货币价值而言,低评价消费者和高评价消费者的感知是不同的。

截至目前,我们假设产品质量是既定的。如果企业事前可以选择其产品质量水平,那么,企业会如何进行选择呢?假定企业1可以选择质量 v_1。如果企业1可以提高其质量水平,那么,企业1的利润会如何变化呢?假设 v_2 既定,我们将 v_1 提高的效应分为两种:直接效应和策略效应。质量 v_1 提高的直接效应(direct effect)指的是如果价格维持初始均衡水平不变,企业1的利润将如何变化。策略效应(strategic effect)指的是 v_1 提高导致均衡价格调整所带来的效应。直觉告诉我们,高质量对消费者更好,因此对卖方也应该更好。这种直觉暗含了直接效应为正:如果价格保持不变,当企业1质量提高时,企业1的利润也会上升。但是,由于低质量企业的产品质量上升了,这意味着质量 v_1 向 v_2 靠近;这样随着 v_1 和 v_2 更为接近,价格竞争也会更为激烈。当 $v_1 = v_2$ 时,企业将会达到伯川德竞争均衡:企业定价等于边际成本,且获得零利润。这说明了策略效应为负,且策略效应的影响要超过直接效应。综合来看,即使企业1提高其产品质量没有付出任何成本,它的利润也随着质量提高而下降。

10.2 横向差异产品竞争

横向差异产品的竞争往往使用豪泰林模型(Hotelling Model)进行分析,具体见

图 10-2。假定在横轴 0 到 1 这段距离之间,均匀分布着若干消费者(例如 100 万人),横轴的两端有两个厂商,分别为企业 1 和企业 2。假定这两个厂商提供同质的产品,但是由于消费者需要额外支付交通成本(假定单位交通成本的费用为 t),因此实际上同质的产品在消费者眼中变成了有差异的产品。消费者的选择是由其需要支付的产品价格以及交通成本共同来决定的。消费者购买哪个厂商支付的总费用低,消费者就会选择购买谁的产品。

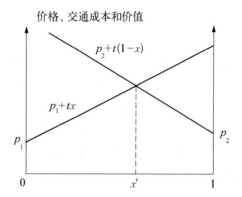

图 10-2 豪泰林模型:横向差异产品竞争

假定两个厂商拥有相同的固定不变的边际成本 c,厂商将产品的价格分别定为 p_1 和 p_2。对于横轴上处于任意位置 x 上的消费者,如果该消费者购买厂商 1 的产品,需要支付的总费用为 $p_1 + tx$,如果购买厂商 2 的产品,需要支付的总费用为 $p_2 + t(1-x)$。如果令 $p_1 + tx = p_2 + t(1-x)$,那么可以解得 $x' = \frac{1}{2} + \frac{p_2 - p_1}{2t}$。这意味着,处于 x' 位置上的消费者购买厂商 1 和厂商 2 的产品是无差异的。而 x' 左侧的消费者会选择购买厂商 1 的产品,而 x' 右侧的消费者会选择购买厂商 2 的产品。因为已经假设消费者在区间 [0,1] 之间均匀分布,这意味着企业 1 的需求可以用 x' 表示,企业 2 的需求可以用 $1 - x'$ 表示。

此时,企业 1 的利润函数可以表示为

$$\pi_1 = x'(p_1 - c) = \left(\frac{1}{2} + \frac{p_2 - p_1}{2t}\right)(p_1 - c) \tag{10.1}$$

对式(10.1)关于 p_1 求一阶导数并令其等于 0,我们可以得到企业 1 利润最大化的一阶条件

$$p_1 = \frac{1}{2}(c + t + p_2) \tag{10.2}$$

同理,我们可以得到企业 2 利润最大化的一阶条件

$$p_2 = \frac{1}{2}(c + t + p_1)$$

联立上述两个一阶条件,可以求得

$$p_1 = p_2 = c + t \tag{10.3}$$

这意味着两个企业会制定相同的最优定价。而伯川德模型只不过是豪泰林模型中 $t = 0$ 的一个特例。此时,t 值可以看作企业产品差异化程度的反映,t 值越大,产品的差异

化程度越大,企业的市场势力越大,企业的最优定价就会越高。

图 10-2 中的横轴,也可以看作产品某一特征不同水平的表现。假设某一麦片市场,除了甜度不同外,麦片的其他特征都相同。假定消费者的口味偏好仍然是均匀分布的,如果每一个厂商提供一种产品,且所有产品的特征也是均匀分布,也就是说,消费者最偏好与自己处在相同位置上的厂商提供的麦片甜度。换句话说,豪特林模型即使处理的是定位和交通成本问题,但这种空间产品的差异框架也可以用来分析其他产品特征的差异问题。而如果允许企业选择在横轴上的位置,也就是说,企业可以选择其产品的定位,那么,两个企业又会如何进行选择呢?根据之前关于直接效应和策略效应的分析,直接效应会使得厂商向竞争对手靠近,以抢夺更大的市场份额。但当两个企业无限接近时,其产品在消费者眼中变成同质商品,那么,激烈的价格竞争会使得两个厂商的利润降为 0。我们同样可以获得结论,如果厂商之间价格竞争非常激烈,企业就倾向于相互远离彼此,即增加产品的差异化程度;如果价格竞争不是非常激烈,企业就倾向于向彼此靠拢,从而降低差异化的程度。

10.3　广告、产品差异及战略投资

10.3.1　广告与虚假产品差异

广告是企业非常重要的一项战略活动。广告可以向顾客传递有关产品的价格、质量、功能、服务等多方面的特征信息,因此对于顾客感知产品差异,扩大顾客的心理偏好作用很大,产业组织理论很重视广告的作用,会用广告费用的绝对额和广告密度来衡量产品的差异化程度。

广告被认为可以用来传递关于产品的质量信息。一些"烧钱"的策略,很可能是一种产品质量的信号传递方式。很多时候商家通过一些"烧钱"的广告行为,实际上在传递这样一种信息:"我们之所以可以花费大量的金钱做广告,是因为我们确信我们的产品是优质的。你现在购买尝试完以后将来一定会持续购买。那么我们就可以源源不断地获得收入来支付广告费用。如果我们的产品不是优质产品的话,现在让你购买对我们而言是不合算的,因为你一旦知道我们的产品不是优质产品,将来就不会重复购买,我们从消费者一次性购买中获得的收益不足以支撑巨额的广告费。因此我们花费大量金钱做广告,这一事实就是想表明,我们的产品的确是优质产品。"

广告的另一作用就是创造并维持良好的品牌形象及创造品牌价值。广告可以视为一种品牌价值的投资,正如建造和维修工厂和机器设备可以提升一家企业的物质资本存量一样,电视商业广告和其他形式的广告也可以提升一家企业的品牌。时间流逝可以导致资本存量消耗下降,也会导致品牌价值折旧,因此企业需要源源不断地增加广告的支出,

来维持企业的品牌价值。广告打造出的品牌价值,有助于理解伞状品牌(umbrella branding)现象的出现。例如,佳能公司拥有相机制造商的良好声誉,在 20 世纪 70 年代中期,它进入了复印机市场,由于制造一部优质相机和制造一台优质复印机相近,消费者很容易联想到佳能复印机的质量和佳能相机的质量也非常相近,在这种情况下通过把复印机纳入其产品组合,佳能利用其品牌声誉也可以从新产品的销售中大大获利。

尽管广告存在许多正面的积极影响,但广告也有可能导致虚假的产品差异(即主观产品差异),也就是说消费者会把相同的产品视为不同的,从而使厂商可以制定垄断定价。因此经济学家和政策制定者都会赞同一点:广告应该是真实的。2020 年,针对"双十一"前后消费者反映强烈的网购先提价后打折、虚假促销、诱导交易等问题,根据价格监测和投诉举报等有关线索,市场监管总局依法对北京京东世纪信息技术有限公司(京东)、杭州昊超电子商务有限公司(天猫)、广州唯品会电子商务有限公司(唯品会)三家企业开展自营业务不正当价格行为进行了调查,并于 2020 年 12 月 24 日依据《价格法》第四十条、《价格违法行为行政处罚规定》第七条做出处罚决定,对上述三家企业分别处以 50 万元人民币罚款的行政处罚。相应地,消费者保护部门的一个重要的任务,就是保证广告的真实性,但很多情况下判断广告是否真实并不是一项容易的任务。

10.3.2 广告的战略投资

广告的战略投资在阻止进入的威胁中,作为战略决策变量的广告支出所起的潜在作用具有特殊的重要意义。除了价格和产量,广告水平也可用作武器来阻止进入。为了表明广告的战略作用,Fundenberg 和 Tirole(1984)考虑了一个存在一家在位企业和一定数量潜在顾客的市场。假设顾客只有得知企业的存在后才会从它那购买东西,而这种信息是靠广告传递的。因此,在位企业做广告,赢得一定数量的潜在消费者。购买产品的消费者中有一部分没有兴趣进一步了解潜在进入者的广告。他们对在位企业的产品很满意或者已经投资于在位企业的消费品,因此即使有新的进入者出现,他们也将继续追随在位企业。这种消费者组成了在位企业的"俘获"市场。通过创造这种俘获市场,广告具有重要的意义。俘获市场的规模越大,在位企业就越不愿和潜在进入者进行价格战。因此,广告方面的大量投资可以表明在位企业没有动机进行激烈价格竞争。Fundenberg 和 Tirole(1984)认为在位企业的行为和懒惰又喜欢合作的"肥猫"行为很相似。潜在进入者将预计到合作的行为。因此,广告的直接作用就是鼓励进入。然而,广告还有阻止进入的"间接作用"。日益增加的广告费用增加了在位企业的俘获市场,同时减少了进入者可能拥有的潜在顾客数量(市场份额)。潜在市场越小,进入就越不具有吸引力。

根据直接和间接作用的综合情况和显著性,广告方面的过度投资和投资不足可以作为对潜在进入的战略反应。例如,假设在位企业是在第三世界国家经营的跨国企业,另一家规模更大、财力更雄厚的公司也在考虑进入市场。进入者雄厚的财力使价格战的威胁变得不可信,进入是不可避免的。对于在位企业来说,较好的战略反应可能是增加广告量以扩大自己的俘获市场。在进入后,在位企业最好平和一些,而不是企图与进入者进行价格竞争并挑起价格战。不侵犯的行为对双方都有好处。

然而,当进入不是不可避免时,会出现两种可能性:(1)广告水平可能下降,因此在位企业给潜在进入者带来的信号是"急不可待"准备开战。也就是说,广告的投资不足是对进入的战略反应;(2)如果广告的直接作用很强的话,广告水平可能上升,为的是减少未俘获市场规模,从而阻止进入。在这种情况下,广告的过度投资变成适当的策略。

在现实生活中,广告的作用比上面的简单模型所讲的要更复杂一些,所以广告可以作为战略变量而应用于许多方面。例如,Lyons(1988)指出,如果生产技术是平均成本不变的,那么,在位企业可以通过做广告来制造大量固定成本,从而创造规模经济的进入壁垒。然而,这需要进入者相信在进入后在位企业不会缩减广告投入。类似地,研发支出可以发展新的大规模技术。除了对进入的作用外,广告还可以用于提高声誉和产品差异化,而产品差异化是一种建立声誉的掠夺性方式,经验证据表明不断增加的广告投入是可以创造进入壁垒的(莫斯坎瑞斯,2004)。

思考题

1. 举例说明产品的纵向差异化和横向差异化。
2. 请利用豪泰林模型说明产品的横向差异化程度越大,企业的市场势力越大。
3. 广告在企业竞争中的价值有哪些?

参考文献

[1] 刘易斯·M.B.卡布罗.产业组织导论(第2版)[M].刘勇译.上海财经大学出版社,2019.
[2] Fundenberg, D., Tirole, J. The Fat-Cat Effect, The Puppy-Dog Ploy, and the Lean and Hungry Look [C]. American Economic Association, Papers and Proceedings, 1984, 74(2): 361-366.
[3] Lyons, B. Barriers to Entry. in S. Davies and B. Lyons with H. Dixon and P. Geroski (eds) *Economics in Industrial Organisation, Surveys in Economics* [M]. Harlow: Longman, 1988.
[4] 玛丽亚·莫斯坎瑞斯.企业经济学(第2版)[M],柯旭清,廖君译.北京大学出版社,2004.

11
研发、创新与专利保护

研究与开发是技术变革和经济社会发展的引擎,也是很多企业战略发展中的一项重要工作。20世纪50年代,诺贝尔奖得主罗伯特·索洛的研究工作表明,经济增长不仅仅是由资本和劳动力的积累引起的,也包括技术进步的推动,即知识进步以及这些知识在新产品和新工艺开发中的应用所带来的生产率的提高。当今社会,基于技术进步所推动的互联网产业、人工智能等已经大大改变了人们的日常生活。

谈到研发与创新,不得不提的就是熊彼特的贡献。熊彼特是20世纪研究与发展经济学的奠基人。在1911—1942年,他确定了随后几十年的相关研究所遵循的研究框架和议题。熊彼特把资本主义制度比作一个"创造性破坏"的过程,新产品和新工艺周期性地取代现有产品和工艺,创造新的市场。从某种意义上说,市场的这种动态均衡比静态配置均衡(价格总是趋向于有效的市场出清水平)更为关键。熊彼特认为新产品和新工艺的竞争如此重要,以至于普通意义上的竞争是否能发挥作用已经变得无关紧要。毫无疑问,熊彼特的研究工作可以很好地帮助我们理解企业的研发行为以及由此导致的产业组织、市场竞争的变化。技术变革的速度和创新的重要性正在行业中不断增加。作为对技术变革日益重要的回应,很多国家和地区也更加关注反垄断案件中的创新问题。

在这一章,我们将从讨论研发和创新的基本概念入手,试图回答几个问题:哪种市场结构更能刺激企业研发?政府可以通过哪些方法来促进企业研发?合作研发的战略价值是什么?专利制度的作用是如何发挥的?我们会讨论最优专利制度设计,包括专利长度与宽度。

11.1 基本概念

一般说来,企业投入研发资金是为了取得技术创新,或提高产品质量,或开发一种新产品,或降低产品的生产成本。而创新在整个技术发展体系中扮演着重要的角色。我们重点从技术发展的角度来看创新,随后讨论创新与研发的关联以及创新的种类,最后讨论创新的特征。

11.1.1 研发活动与创新

研发活动中的基础研究与应用研究推动形成技术发展。通常,基础研究只为获得关于现象和可观察事实的基本原理及新知识而进行的实验性和理论性工作,注重一般知识、普遍原理原则的建立,它不以任何专门或特定的应用或使用为目的,旨在认识现象、发现和开拓新的知识领域,侧重于满足人类对未知领域的好奇心。而应用研究指为获得新知识而进行的创造性的研究,它主要是针对某一特定的实际目的或目标,是基于基础研究获得的知识的商业化运用,致力于将基础研究具体化,往往包含重大的工程投入。应用研究虽然也是为了获得科学技术知识,但是这种新知识是在开辟新的应用途径的基础上获得的,是对现有知识的扩展,为解决实际问题提供科学依据,对应用具有直接影响。应用研究成果上可以表现为一种改进的工艺和方法,一种新的材料、设备或者产品、软件、硬件等实物研究。基础研究获取的知识必须经过应用研究才能发展为可实际运用的形式。

随着创新的发展及人类知识的积累,应用研究所花费的时间越来越短,如在 20 世纪初以前,全部过程需要大概 30 年的时间,至 20 世纪初到 20 世纪中叶,这一过程缩短为 10 年,20 世纪下半叶进一步缩短为 5 年(吴季松,1999)。从更长的时间段来看,第一次工业革命(18 世纪 60 年代至 19 世纪 70 年代)经历了 100 年左右的时间,第二次科技革命(19 世纪 70 年代至 20 世纪 50 年代)经历了近 80 年,第四次科技革命从 20 世纪 80 年代开始,仅留给第三次科技改革 30 年的时间。知识技术的发展,大大缩短了经济周期,打乱或减缓了产业、产品的生命周期(黄桂田,2012)。

从技术创新的动力来看,推动技术创新,不外乎是技术推动和市场需求拉动,从国内外研究来看,虽然技术推动的创新规模较大,效应较强,但更多的事实反映,市场需求才是激励创新活动启动、持续,以至成功的最重要的决定性因素。现实中,创新是一个复杂的过程,往往是多因素共同作用的结果,既反映需求的特征,又包含由于技术发展所带来的机会。通常,企业家被看作创新过程中的主体,由于企业家的创新偏好,对推动创新快速发展起着十分重要的作用。企业家的创新偏好,是构成技术创新的动力之一。企业家的创新偏好,表现为企业家固有的远见卓识、敢冒风险、积极进取的特质,以及对某些技术经济现象的好奇,对企业生存过程和对市场利润的渴望,都会激发企业家的创新行为。

另外,政府行为也是技术创新的动力来源。政府行为是指政府的规划和组织,以及政策和法律行为。政府行为在企业创新中起着十分重要的作用,不论是在市场经济体制或是计划经济体制,政府对技术创新的启动是双向的,既可以对科技、产业等进行规划,以及为实现这些规划而实施相应的组织行为,同时政府通过制订和实施科技、产业、财政、信贷、外贸等法律法规,如对某些高科技领域采取减免税或低息无息贷款等来支持和扶持企业,定期公布淘汰产品,迫使企业淘汰落后产品、工艺和管理方法,诱导企业按政府意图去组织企业创新,而且创新的需求拉动和技术推动往往也需要政府行为的有效启动。

企业家的创新偏好与技术推动、需求拉动、政府行为一起构成技术创新的主要动力来源,技术推动奠定创新生产化的可能,需求推动构成创新商业化的条件,政府行为为创新提供适宜的政策与管理环境,而企业家创新偏好使创新者的内在潜能得以发挥。

11.1.2 创新分类

熊彼特认为,所谓创新就是要"建立一种新的生产函数",即生产要素的重新组合,就是要把一种从来没有的关于生产要素和生产条件的新组合引进生产体系中去,以实现对生产要素或生产条件的新组合;作为资本主义灵魂的企业家的职能就是实现创新,引进新组合。所谓经济发展就是指整个资本主义社会不断地实现这种新组合,或者说资本主义的经济发展就是这种不断创新的结果;而这种新组合的目的是获得潜在的利润。熊彼特进一步明确指出创新的五种情况。

(1) 采用一种新的产品(也就是消费者还不熟悉的产品)或一种产品的一种新特性。

(2) 采用一种新的生产方法,也就是在有关的制造部门中尚未通过经验检定的方法,这种新的方法不需要建立在科学上新的发现的基础之上,并且也可以存在于商业上处理一种产品的新方式之中。

(3) 开辟一个新的市场,也就是有关国家的某一制造部门以前不曾进入的市场,不管这个市场以前是否存在过。

(4) 掠取或控制原材料或半制成品的一种新的供应来源,也不问这种来源是已经存在的,还是第一次创造出来的。

(5) 实现任何一种工业的新组织,比如形成一种垄断地位(如通过"托拉斯化"),或打破一种垄断地位。

后来人们将他这一段话归纳为五个创新,依次对应产品创新、技术创新、市场创新、资源配置创新、组织创新,而这里的组织创新也可以看作部分的制度创新。

通常,从研发产出的结果看,创新可以分为两类:产品创新及过程创新。产品创新是指在市场中首次引入新产品,或对现有产品的十分显著的改进,而产品的生产工艺没有发生变化。产品创新通过创造新的市场使企业获得垄断力量,或通过产品差异化影响市场的需求。过程创新是指引进新的生产方法或对现有生产方法的改进,从而使企业生产原有产品的成本明显下降。过程创新使创新企业获得了成本优势,改善了产品的市场供给条件,使创新企业在市场竞争中处于有利的地位。其实,这两种创新的界限并不十分清晰,例如一种新产品的发明可以看成是生产成本的节约,即从无穷大减少到有限。

从对市场结构的影响来看,产品创新可以分为三类:第一类是创造性的毁灭,进入企业将在位企业逐出市场;第二类是在位企业基于竞争压力进行研发,最终取代原有技术,并维持垄断地位,这可以称为自我替代式的创新;第三类是在位企业进行发展性的研发,研发出新的产品,且不会给原有产品带来负面影响。

按照成本节省的程度,可以将流程创新进一步划分为剧烈创新(突破性创新)和渐进创新(小型创新)。剧烈创新即熊彼特意义上的"创造性毁灭",此时企业通过创新大幅度降低成本,可以将最优的垄断价格定得低于竞争对手的价格,从而将竞争者驱逐出市场。此时,由于成本下降较多,增进了消费者福利。具体见图11-1。

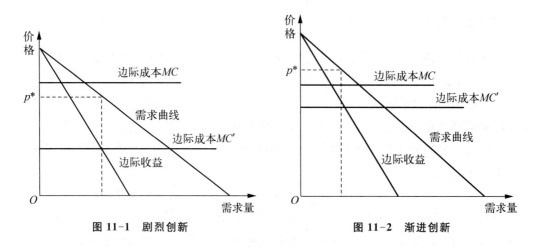

图 11-1　剧烈创新　　　　　图 11-2　渐进创新

对于渐进创新而言,其成本下降有限,创新者采用的最优垄断价格会高于竞争对手的价格,此时按照最优垄断定价,不能将竞争对手驱逐出市场,只能制定与竞争对手相同的价格。或者,创新厂商可以制定比竞争对手略低一点的价格。这样做仍然可以实现驱逐其他竞争对手的目的,但是创新者在价格上也做了妥协牺牲。由于价格没有变化或者变化很小,消费者的福利也没有发生太多变化。具体见图11-2。

我们可以考虑一个例子。假设一个特定商品的反需求曲线为 $P = 120 - Q$。在创新前,所有厂商都以固定边际成本80元生产这一产品。如果垄断厂商实现了突破性的创新,那么,固定边际成本会由80元降到20元。此时,垄断厂商的最优定价为70元,低于之前的80元定价。这时只要垄断厂商将价格定在70—80元,就可以将竞争对手驱逐出市场。

如果垄断厂商实行的是渐进创新,假定它可以将固定边际成本由80元降到60元。此时垄断厂商的最优定价为90元。90元的价格高于竞争对手80元的定价,因此按照最优定价,垄断厂商无法将竞争对手驱逐出市场。

11.2　市场结构和创新激励

市场结构会影响企业的研发支出激励,也就是企业的创新激励。假设特定商品的需求曲线是线性的,其反需求曲线由函数 $P = 120 - Q$ 给出,我们还假设每一个生产该产品的生产者的固定不变的边际成本为80元。现在我们假定有一个第三方实验室进行了一项创新,并申请获得了专利,但其并不能直接将创新成果投向市场,而是希望将其转卖给出价最高的企业。那么,出价最高的企业具有最强的创新激励。

如果这一市场是完全充分竞争的,有很多类似的生产者,那么,该产品在整个市场的总产出是 40 个单位(依据均衡状态时 $P = MC$ 确定),产品现行价格就是 80 元。如果一个完全竞争厂商获得了该专利,其边际成本就可以由 80 元降至 60 元。那么,该厂商的最优定价就是比 80 元略低一点,从而获得整个市场份额。此时该厂商获得的全部利润为 $(80 - 60) \times 40 = 800$ 元。这就意味着,完全竞争的厂商愿意为获得该项创新所支付的最高意愿为 800 元。

如果该市场是一个完全垄断的市场,由需求曲线可得,边际收益曲线为 $MR = 120 - 2Q$,所以在创新之前,垄断厂商的产出为 20 个单位。此时价格为 100 元。垄断产商获得的利润为 400 元,在成功创新之后,边际成本从 80 元降到 60 元,此时产出增加至 30 个单位,利润变为 900 元。垄断厂商所增加的 500 元利润,就是其愿意为该项创新所支付的最高意愿。

比较上述结果,我们会发现,垄断厂商对一项创新的支付意愿要小于竞争厂商,这是因为在采用创新之前,竞争厂商只能获得零利润,所以创新所能产生的全部新增利润就是其对一项创新进行的估价,即其最高支付意愿。然而对于垄断厂商而言,以它现有的技术,垄断厂商已经在赚取垄断率利润,进行创新以后,采用新的技术取代原有的技术,尽管利润也会增加,但利润增加的幅度要远小于完全竞争时的利润增加。这在产业组织理论当中被称为替代效应。以上讨论是以渐进创新为例。事实上,无论是对渐进创新而言,还是对剧烈创新而言,替代效应都是存在的。正是因为替代效应的存在,垄断厂商愿意对一项创新的支付意愿要小于完全竞争厂商。

如果一个产业中存在一个在位的垄断者和一个潜在竞争者,那么他们之中谁更有研发的激励呢?假定垄断者能获得垄断利润 π^M。如果获得专利,它将保持垄断者的地位,获得同样的垄断利润 π^M(其中也包括付给实验室的总费用),此时竞争对手企业的获益为零。如果对手企业获得专利权,那么它就可以进入市场与垄断者进行竞争。在这种情况下,两家企业的获利均为寡头垄断利润 π^D。

在这种情形下,垄断者愿意购买专利的最高支出是 $\pi^M - \pi^D$,它是垄断者是否购买专利的获利差额。反过来,对手企业愿意支付的限额是 $\pi^D - 0 = \pi^D$,同样,它是对手企业是否购买专利的获利差额。因而,垄断者愿意比对手出价更高的条件是:$\pi^M - \pi^D > \pi^D$,即 $\pi^M > 2\pi^D$。换句话说,当且仅当垄断利润大于双寡头垄断利润的两倍时,垄断者才会比对手企业出价更高。但是,两倍的双寡头垄断利润仅是双寡头垄断下的产业利润,所以该条件要求垄断情况下的产业利润高于双寡头垄断时的产业利润。

除非对手企业带入市场的是一种完全不同的产品,否则我们可以判断上述条件成立。事实上,我们可以很容易证明,如果两家企业提供的产品是基本同质的(该创新为渐进性创新),且边际成本不变,那么,双寡头垄断时的利润肯定低于垄断时的利润。这就意味着垄断者对研发投入的动机比对手企业更高。对这一重要结论的直观判断就是垄断者由于未能获得专利而导致的损失(垄断利润与双寡头垄断利润之间的差别)要比对手企业成功购买专利所获得的收益(双寡头垄断利润)更高。因而,在位的垄断者一定会努力创新,从而使得其在产业中的主导地位持续下去。在产业层面上,产业结构会朝着产业利润增加的方向,即垄断发展,这一特征在产业组织理论中被称为效率效应。

如果对手企业带入市场的是全新的产品,那么,对手企业可以获得垄断利润,由此我们可以判断,相对于在位企业而言,新进入者可能具有更强烈的激进式创新的动机。而相对于新进入者而言,在位的企业具有更大的积极性从事渐进式的创新。

11.3 合作研发的战略价值

在市场竞争中,任何企业都不是孤立存在的,一些企业的研发成果会变成公共知识,使得其他的企业同样获益。此时的研发成果就具有了公共物品的属性。其他企业获益的大小取决于企业之间技术溢出的程度。有些成果的泄露是因为企业雇员流动至竞争企业导致的,也可能是因为研究人员在研讨会上共享他们的最新研究成果导致的。无论是出于什么原因,溢出效应的存在以及竞争对手搭便车的行为,都会导致企业减少研发投入。此时企业之间的合作研发协议就可以有效地缓解与此相关的研发投入不足的问题。合作研发指的是在进行研究开发的企业之间,围绕事前的研究开发投资水平、方向、开发成果的利用以及普及的方法等问题,预先以某种形式缔结契约的行为。

当然,如果市场上主要的竞争对手之间进行研发合作,也有可能导致研发投入降低的后果,换句话说,合作企业丧失了创新的动机。尽管从社会整体上来看,企业增加研发的费用会对社会更加有利。

事实上,企业合作研发的动因并不仅仅是因为溢出效应。合作研发有利于改善创新资源的配置效率。具体表现在:(1)实现研究与开发的规模经济性;(2)有效分散研发过程中的风险;(3)避免研究开发的重复投资,共担研发费用。因此,企业不仅仅是因为溢出效应的存在而被动选择合作研发,在很多情况下,企业也会寻求与伙伴企业主动开展合作研发。

合作研发导致的另外一个问题是,企业进行合作研发要经常聚在一起,这就为它们在产品市场上进行合谋创造了条件。一开始企业之间只是签订了一项没有任何损害的合作研发投资协议,但不久就可能转变成一项关于定价或市场分配的合作计划。

案例 11-1

研发投入是企业创造价值的选择:以华为、联想为例

当今时代,科技进步是经济增长的源泉和动力,研发创新是企业经久不衰的核心

武器和后续生命力的象征。在市场竞争日益激烈的情况下,企业必须牢牢掌握科技创新的主动权,才能立足行业,走向市场,谋求生存和发展。作为资本及技术密集型行业的龙头企业,华为和联想对研发投入的态度却是天壤之别。

一、华为 VS 联想

近年来,我国信息技术行业发展迅猛,作为典型的技术和资本密集型行业,研发创新的重要作用也是不言而喻的。华为和联想作为该行业的龙头企业,在各自的细分领域都有着相当大的领先地位,但是在企业长远发展的依赖路线上却持有截然不同的两种态度,华为走的是小领域、高密度和高强度的自主研发的"技术派"路线,而联想则采用了海外大规模并购来实现自身业务范围扩大的"贸易派"路线。先成立的联想虽然占得先机,规模和体量均远超华为,但是两家公司经过30多年的发展,实力已经发生了惊天大逆转,时至今日,华为自主研发的优势已充分显现。

华为和联想在诞生之初是有很多相似之处的:创始人任正非和柳传志同龄;同样是40多岁才开始创业;同样靠"代理"赚取了第一桶金;同样经历了由野蛮生长到文明生长的"蜕变";同样取得了令许多企业难以望其项背的商业成就;同样有一位"教父"般的精神领袖;同样怀有基业长青的梦想……那么,为何出处如此相似的公司如今的境地却是天壤之别呢?研发投入恰恰是这一问题的关键。

联想选择走"贸易派"路线,侧重于营销推广、渠道和国际化并购,而华为则注重创新意识,埋头自主研发,虽然联想的策略让其在短期内快速甩开了华为,但是随着时间的推移,华为注重研发投入的长期优势已经显现。

在欧盟发布 2017 全球企业研发排行榜中,华为是唯一进入 TOP50 的中国企业,2014—2017 年,华为保持了强劲的增长势头,在该榜单中的排名上升超过 200 个名次。此次参评的中国企业达 375 家,其中前 5 名企业占据了中国总研发投入的 28.6%,而华为一家公司则占据了总投入的 16.8%,其投入之巨可见一斑。华为坚持每年将 10% 以上的销售收入投入研究与开发,近年来这一比例已上升至 15% 左右。过去 10 年,华为研发投入高达 3 100 亿元人民币,2016 年就投入了 764 亿元人民币,2017 年其更是以 811 亿元人民币超过苹果。

过去的 10 年里华为的研发人员一直保持在公司员工总数的 40% 以上,2016 年华为从事研究与开发的人员约 80 000 名,约占公司总人数 45%。华为在全球设立了 15 个研究所/院、36 个联合创新中心,在全球范围内开展创新合作,研究领域包括云专项、通信专项、5G 专项、人工智能、材料专项等领先技术,与世界各地人才共同推动技术的进步。而这些努力都让华为取得了可喜的成绩,至 2016 年,华为累计申请的专利数已经达到 106 479 件,累计获得的专利数达到 62 519 件,这一成就在世界上都是令人瞩目的。

相比之下,联想的研发投入则相形见绌。在过去 10 年中,联想在研发方面的总投入不及华为的1/7,华为的研发投入无论是从绝对数还是相对数(研发费用率)上,各年一直远高于联想。从绝对数上看,2007年,华为的研发投入是79亿元,是联想的5.6倍,而到2016年这一比例已经扩大到8.7倍,且至今联想的研发投入没有破百亿元。从相对数上看,华为的研发费用率至少是联想的5倍,2011年甚至达到了19.3倍。

联想作为信息技术这种高新技术的龙头企业,不仅研发投入很低,而且销售费用占比很高。销售费用快速增加的同时,销售量并没有同比增加,存货反而大幅上升。各种数据表明,联想的运营并没有形成良性循环,偏销售而废研发的策略并不能让联想从中获益,长期来看还会大大削减企业的实力和价值。

通过华为与联想的比较,结论不言而喻,只有脚踏实地、与时俱进、研发创造、不断革新才是当代企业基业长青的重要保证,才是提升价值的有力武器。

二、中国企业创造价值的后劲不足

虽然近年来我国企业研发创新的意识逐渐觉醒,但是对很多企业来说,加大研发创新力度还是只停留在口号层面,众多中国企业依然较为忽视研发创新能力,在国际市场上多以模仿者的角色出现,然而这种"N+1"的复制模式也使得中国企业在国际竞争中后劲不足,备受制约。

根据欧盟委员会(EU)公布的2017年工业研发投入排行榜显示,大众汽车研发投入高达137亿欧元,全球居首,随后依次是谷歌母公司Alphabet、微软、三星电子、英特尔、华为,这些世界知名企业在研发投入上均超过了百亿欧元。其中,排名前100位的企业按国家和地区来看,美国占36家,居首位,接下来是日本14家,德国13家,而中国只占10家(含台湾3家)。可以看出,中国企业整体的研发投入水平与国际相比是有很大差距的。

表11-1 信息技术、医疗保健和汽车与汽车零部件行业研发费用率分布情况

研发费用率	≤5%	5%—10%	10%—20%	20%—50%	>50%
信息技术	38.28%	20.93%	20.93%	14.49%	5.37%
医疗保健	52.51%	21.24%	15.06%	7.72%	3.47%
汽车与汽车零部件	52.03%	16.22%	18.24%	10.14%	3.38%

由表11-1可知,即便是中国的高新技术企业,研发投入力度不足也是常态。比如,信息技术行业半数以上上市公司研发费用率都在10%及以下,将近有40%的企业和联想类似,研发投入费用率是5%及以下。而医疗保健行业和汽车与汽车零部件行业就更加严重,过半数的上市公司研发费用率都在5%及以下。这说明这三个行业的很多上市公司并不注重研发创新,这三类典型的高新技术企业尚且如此,其他传统行业更是有过之而无不及。

究其原因,一方面,对于研发创新,我国缺乏系统的持续性的政策制度支持,缺乏

一个有效的促进创新成果产业化的制度环境,长期以来我国科技成果的转化率平均仅为 20%,远远低于发达国家 60% 的水平,一大批科研成果只是在大学和研究机构的教室和实验室里循环,沦为评职称和获取经费的工具,缺少切实有效的政策手段推动创新成果向现实生产力转化,众多科研成果无法从实验室及时走向生产线;同时,社会主义市场经济体制不完善,没有形成公平竞争、诚实守信的市场环境;知识产权保护制度不完善,尚未建立起合理有效的有利于自主知识产权产生和转移的法治环境。

另一方面,广大企业本身缺乏研发的文化传承,缺少创新精神,尊重个性、公平竞争、激励探索、提倡冒尖、宽容失败的良好的创新文化和创新环境还没有形成;缺乏长远的战略定位,对战略管理的价值认识不够,在经营活动中缺乏发展眼光,许多企业的管理者整天忙于事务性繁琐的管理工作,缺乏对企业发展方向、发展目标、市场定位等大政方针的考虑,或者由于经营者本身的素质局限,没有能力去把握企业未来发展的趋势,在考虑制定战略时,不是建立在对外部环境机会、威胁和内部优势、弱点的全面科学的分析的基础上,而是喜欢跟随市场热点;另外,缺乏对研发人才筛选、培养激励和储备也是限制我国企业研发创新能力的重要原因,在人才筛选过程中,并没有全面认识人才培养的本质,一味地强调数量,忽视了质量,盲目扩张人才数量,导致在职人员的能力和岗位需求并不匹配,在人才培养过程中,缺乏有效的考核体系和合理的奖惩制度,导致对员工的激励不足,在后续储备中,没有构建完善的人才储备库,导致人员衔接过程中的脱节。

三、华为经验

靠模仿、山寨和低成本制胜的时代已经一去不复返了,当今时代是科技创新的时代,研发投入对提高企业竞争力已经具有战略性意义,对企业绩效和企业价值的提升有重要影响。无数的证据已经证明,对于当代企业,尤其是高新技术企业来说,研发投入已经是企业脱颖而出、经久不衰的重要利器。

1. 明晰的战略定位和有效的战略落地

华为的战略定位非常明确,在技术方面一直贯彻"领先半步"的策略,持之以恒地进行战略性研发投入,坚持走技术独立的路线,反对直接购买技术和合作开发,从而确保增强企业核心竞争力。并且华为将该战略细化落实到企业运营的方方面面。在研发投入金额上,华为长期坚持不少于销售收入 10% 的研发投入,并坚持将研发投入的 10% 用于预研;在研究机构建立上,华为在美国、印度、瑞典、俄罗斯及中国等地设立了 15 个研究院/所、36 个联合创新中心,在全球范围内开展创新合作,共同推动技术的进步;在产学研结合上,2016 年,华为创新研究计划(HIRP)资助超过 200 个创新研究项目,通过资助数学、物理、化学等基础理论的研究,探索理论突破对 ICT 行业技术发展的重大创新,并与全球高校在数据库、数据中心能耗、分布式技术等领域展开长期深度合作,解决了在大数据环境下如何利用有限资源来提升并行查询响应时间慢的业界难题;在员工的培养上,华为在海外建立了28个区域培训中心,为当地培养技术人员。

2. 有效的研发绩效考核及激励

对于研发人员的激励,华为在不同的职业生涯阶段采取不同的手段。在第一阶段实现期,首先激励策略是薪酬激励,同时还为研发人员提供有助于个人成长与发展的培训计划,从而最大程度上挖掘新员工的潜力;第二阶段过渡期中,华为首选能够大力推动员工个人快速成长与发展的培训激励策略,派驻研发人员在美国硅谷、达拉斯、印度班加罗等地进行学习和培训,而且还建立了完善的华为认证培训体系,与此同时,华为还采用了带薪学习的激励策略,从而极大地调动了处在过渡期阶段研发人员的工作积极性与学习动力;第三阶段发展期中,华为公司首选能够快速孵化创新成果的环境设施激励策略,成立了"华为科技基金",大力鼓励和引导发展期阶段的研发人员开展创业活动,而且还建立了技术等级晋升制度;第四阶段稳定期中,华为公司创造条件积极引导这些研发人员参与公司决策,以提高员工的士气和归属感。

3. 研发与业务及市场的有效对接

华为在产品研发之前会进行市场调研,了解市场的需求,然后基于自己的业务能力,确定研发方向,保障研发结果能迅速变成销售额。

华为推出的第一款带有华为品牌的产品名为"BH01",是一款从国营单位买来配件自行组装的小交换机。1990年火爆的交换机市场使得华为的产品供不应求,华为就以此为机会开始了第一次自主研发。凭借当时仅有的6位工程师,负责全部的电路设计、软件编写、整机调试,整整花了一年时间,终于研发出了具有完全自主知识产权的用户交换机,被命名为"BH03"。这一次自主研发的成功,不仅立刻为公司带来800万元的销售收入,解决了当时华为配件供应被卡脖子,一度难以生存的危机,也奠定了华为先市场后技术,依靠自主资金滚动发展的研发策略。

华为的成功绝对不是偶然,中国企业在研发创新上可以借鉴参考"华为模式",而政府部门应该从顶层设计上在创新方面给予企业更多的支持和引导。

案例来源:刘涛,曹文琴.研发投入是企业创造价值的选择:以华为、联想为例[N].澎湃新闻,2018-1-11.

在合作研发的过程中,很多企业结成战略联盟。战略联盟在过去四十余年中成为普遍流行的企业获得竞争优势的方式之一。随着以跨界融合与网络化成长为特征的互联网经济的出现,需要特别指出的是,富有竞争力的企业借助其财务资本、人力资本和社会资本实施并购和联盟等多种形式开展跨界经营,助推了其网络化成长,阿里巴巴在美国上市后借助其品牌、资金等各类资本在各经济领域布局就是一个典型的案例。传统联盟模式往往发生在同一行业中或者存在明显互补性的行业之间,网络经济改变了战略联盟实现的选择范围和方式,使得战略联盟突破产业边界等传统的限制与约束,而这种管理实践的持续创新在对现有理论演进带来挑战的同时,也提供了丰富的理论素材和一个可行的方向。

11.4 专利保护与创新

专利权属于知识产权的范畴,可以看作知识产权的一种。简单来讲,知识产权是指权利人对其创造的智力劳动成果享有的专有权利,通常是国家赋予创造者对其智力成果在一定时期内享有的专有权或独占权。其中,智力劳动成果主要包括商标、发明、标志及各种设计,这些都被认为是知识产权。专利权是对专利而言,若是一项发明未申请专利,就不可能获得专利权。知识产权是创新创造的保护伞,是企业发展的定心丸,保护知识产权和技术进步往往呈正向关系。可以说,保护知识产权就是提高专利期的收入,一方面是严格的专利垄断,另一方面是对盗版专利行为实行高额的惩罚性赔偿。

专利保护政策是政府保护和激励私人技术创新的重要手段。我国于 1980 年成立中国专利局,于 1985 年 4 月 1 日开始实施《中华人民共和国专利法》,并分别于 1992 年和 2000 年进行修订。在 1998 年的国务院机构改革中,中国专利局更名为国家知识产权局,在 2018 年的机构改革中,知识产权局再次进行了重组,现由国家市场监督管理总局管理。自 1992 年起,我国发明专利权的期限为 20 年,实用新型专利权和外观设计专利权的期限为 10 年,均自申请日起计算。

内生经济增长理论认为,经济长期增长的决定因素是对技术研发的投资,企业作为经济活动的基本单元,鼓励企业对创新活动投资是决定经济能否持续增长的关键。约瑟夫·熊彼特在他 1942 年的《资本主义、社会主义与民主》一书中指出,垄断利润是企业创新的驱动力,适度的垄断是技术进步必不可少的条件之一。但是垄断也有其弊端:首先,垄断会导致资源配置低效率,再者,处于垄断地位的企业也没有很大兴趣去继续开展高风险的研发活动,因为创新成本会削弱企业垄断利润。加之技术的溢出效应让竞争者无成本获取技术,导致企业失去创新的动力,因此需要制定一种产权制度,让企业对其研发成果享有专有权,能获得因技术创新带来的全部收益,同时激励企业持续创新,增加社会总福利。专利制度是一种很好的保护创新、激励创新的机制,对创新企业赋予暂时的垄断权,在企业弥补成本、获得一定利润后,创新技术能由全社会共享,在增加社会福利的同时激励创新企业进行下一轮研发。

本节主要围绕企业专利策略展开,首先介绍与专利有关的基本知识和专利制度设计,然后介绍专利制度的基本情况,最后探讨在已有的专利制度下企业的专利策略选择和策略应用情况。

11.4.1 专利的基本知识

什么是专利?专利是专利权的简称,"专利"一词来自拉丁语 litterae patentes,字面意思是"专有的权利和利益"。《辞海》中对专利的定义为"国家授予发明创造者独占实施其发明创造的权利"。除此之外,学术界对"专利"没有统一定义,部分学者从专利的特点出发,将其定义为"专利权人依法享有的,在一定领域、一定时间、一定地域内排他性实施其发明创造并获取相应经济利益的权利"(田金涛和孙琨,2015),因此,我们能从定义中窥得专利的特点。

"一定时间、一定地域内"概括了专利的两个特点——时间性和地域性,"时间性"是对专利权的时间限制,意味着专利权有一定的时间限制,即仅在法律规定的期限内享有专利权,超过法律规定的期限即成为社会公用技术。"地域性"是对专利权的空间限制,一国或一地区授予的专利权仅在该国或地区范围内有效,在其他国家或地区不发生法律效力,即专利权不被其他国家或地区认可。"排他性实施其发明创造并获取相应经济利益的权利"说明了专利的第三个特点——排他性,即专利仅被专利权人独占且受法律保护,专利权人拥有对发明创造的占有、使用、收益和处分权,但是这种独占性不是在发明创造完成时自然产生的,而需要发明人按照法律程序进行专利申请,并经相关专利行政部门审批后方能获得。

专利大致包含三种类型:发明、实用新型、外观设计。根据《中华人民共和国专利法》,发明指"对产品、方法或者其改进所提出的新的技术方案"。也就是说,发明需要的是前所未有的东西,或者对已有产品及生产加工方法的新的、有显著的实质性改进,并具有新颖性、创造性和实用性的特点,可以是产品发明、方法发明或者用途发明,比如中国的四大发明属于产品发明,"杂交水稻的种植方法"属于方法发明,把火药应用在炮仗制作属于用途发明。实用新型指"对产品的形状、构造或者其结合所提出的适于实用的新的技术方案"。实用新型又称小发明或小专利,与专利保护所有的新产品新方法不同,实用新型仅保护有一定形状或结构的新产品,在机械鼠标基础上发明的光电鼠标就可以申请实用新型专利。外观设计指"对产品的形状、图案或者其集合以及色彩与形状、图案的结合所做出的富有美感并适于工业应用的新设计"。例如,设计一个棱形水杯就可申请外观设计专利。从以上对三类专利的定义可以发现,技术含量由高到低依次是发明专利、实用新型专利、外观设计专利。

11.4.2 专利制度

专利制度是依据专利法对申请专利的发明,经过审查和批准授予专利权,以确认和保护发明人的智力成果,同时把发明内容公之于世,是一种利用法律、行政和经济手段保护发明创造专利权,鼓励人们进行发明创造活动,促进科学进步与创新,推动发明创造的推广应用和经济发展的知识产权制度。

专利制度的存在有其合理性。知识的非排他性和复制的低成本性让知识有"公共产品"属性,容易产生搭便车行为,知识生产者无法独占因知识而产生的所有收益,因此不愿意从事高风险低收益的知识创造,最终导致私人提供数量小于社会合意数量,因此需要政府干预才能实现社会福利最大化,政府可以对知识生产者提供补贴,或者对受益于知识溢出的生产课税,或者授予知识生产者一定时间的垄断权以获得收益,给予知识生产者补贴或者赋予垄断权是最简单有效的方式,这为专利制度的产生创造了条件。

但是,Arrow(1962)指出,在专利制度下,会面临鼓励厂商创新和垄断扭曲的两难选择,在设计专利制度时应平衡两者,找到净效用最大的最优专利制度。度量专利保护力度的两个重要指标是长度和宽度。最优的专利保护应该足够宽广以阻止模仿,同时又要有足够长的期限以保证创新的回报。

1. 专利长度

专利长度是指专利的被保护期限,在期限内创新受到法律保护,超过期限后,专利技术可被所有人免费使用和开发,此时该专利技术成为公共品。专利的保护期限长度是非常重要的,如果期限过短,生产者难以获得足够的垄断利润来弥补研发成本,就没有动力进行研发,如果期限过长,虽然厂商的创新激励很高,但容易导致垄断,导致社会福利损失。

最优专利保护期限是多久呢?Nordhaus(1969)给出了计算最佳专利保护期限的方法。模型假定:(1) 完全竞争市场,所有厂商的生产成本为 C_0;(2) 厂商研发成功后成本降低到 $C_0 - x$,在专利保护期限内厂商垄断市场;(3) 保护到期后,所有厂商无偿使用专利技术,市场又恢复到完全竞争状态。

给定专利保护期限 t,厂商选择研发投入 I^*,研发成功率 a,失败率 $1-a$,若研发成功,厂商每期的利润为 Π,贴现因子 r,厂商可以把价格定在稍低于完全竞争价格,就会垄断整个市场。超过保护期限后所有厂商可以无偿使用专利技术,市场重新回归完全竞争市场,研发厂商的利润为 0,但产品价格降低、产量增加使得消费者剩余(CS)增加。假设厂商研发成功,那么,

在保护期内,研发厂商的垄断利润贴现值 $V = \sum_{t=0}^{t=T} r^t \times \Pi$

保护到期后,消费者剩余的贴现值 $CS = \sum_{t=T}^{t=\infty} r^t \times cs$

社会净福利是上述两项之和,减去厂商研发成本,即

$$W = V + CS - I^* = \sum_{t=0}^{t=T}(r^t \times \Pi) + \sum_{t=T}^{t=\infty}(r^t \times CS) - I^*(t)$$

求使社会净福利 W 最大的 t 是十分复杂的,但可以从上式中得出一些结论。厂商的垄断利润 v 是保护期限 t 的单调增函数,保护期限越长厂商利润越大,但研发成本也逐渐增加,会减少社会净福利。消费者剩余 CS 是保护期限的减函数,保护期限 t 的延长会增加社会净福利损失。因此,一定有一个合意保护期限 t^*,当 $t < t^*$ 时,随着保护期限的延长,因研发成本增加和消费者剩余减少带来的社会福利净损失的增长率小于厂商垄断利润的增长率,此时社会净福利不断增加,一旦超过 t^*,利润增速小于研发成本增加的速度和消费者福利减少的速度,此时社会净福利不断减少。通过我国和其他各国的专利保护期限也可证明存在一个最优保护期限。我国对发明专利的保护期限时 20 年,对实用新型

专利和外观设计专利保护期限时10年;美国对发明专利的保护期限是20年,外观设计专利保护期限是14年;德国对发明专利的保护期限是20年,实用新型和外观设计专利分别是10年和20年,除此之外,日本、英国、法国等绝大多数国家对专利的保护时长都是有限的。

2. 专利宽度

专利保护宽度指产品特性空间中和专利产品特征类似但其他厂商不能模仿的范围(Kemplerer,1990)。专利宽度的刻画比专利长度要困难得多,因为判定产品的新颖性、创造性、实用性非常困难。一些学者试图间接测算专利保护宽度。Glibert和Shapiro(1990)提出的G-S模型第一次将专利宽度纳入模型,用创新厂商获得利润衡量专利宽度。Kemplerer(1990)用产品差异化程度衡量专利宽度,专利保护宽度越大,市场上产品的差异化程度越大。Gallini(1992)用其他厂商对专利进行非侵权模仿成本衡量。Liobet(2003)用发生侵权诉讼时,先期创新者获胜的概率,保护越宽则获胜概率越大。寇宗来(2004)用累计创新厂商之间的许可比率衡量专利宽度。

下面我们简要介绍一下Glibert和Shapiro(简称G-S模型)的模型。模型假设专利长度为T,专利宽度用厂商在保护期内的利润流Π表示,专利保护宽度越大,创新产品可替代性越弱,厂商垄断能力越强,利润越大。G-S模型还假设厂商存在研发保留价值$\bar{\Pi}$,对厂商来说,T和Π越大对其越有利,但从政府角度看,T和Π对社会福利的影响不同。G-S模型假设社会福利$W'(\Pi)<0$,$W''(\Pi)>0$,即社会福利随着保护宽度的扩大而减少,且减少的速度越来越快。此时政府的最优选择是专利宽度无限窄、专利长度无限长。

Kemplerer(1990)利用区位模型分析产品差异化下专利长度和宽度的最优权衡。他也假设厂商存在研发保留价值$\bar{\Pi}$,不同的是Kemplerer发现应对不同的条件,(长期限,小宽度)和(短期限,大宽度)都有可能是最优的。Gallini(1992)构建了与G-S相似的模型,不同的是他用其他厂商进行非侵权模仿成本K衡量专利宽度,发现创新利润与专利长度是倒U形关系,即在保护期限未到期时一些厂商就会进行模仿,导致专利尚未届满创新厂商的利润就开始减少了。Gallini认为,为避免其他厂商"超前"模仿,政府应制定尽可能宽的专利保护范围和尽可能短的专利保护期限,这与G-S模型的结论恰好相反。Denicolo(1996)认为,专利制度应该是(长期限,小宽度)还是(短期限,大宽度),取决于社会福利和厂商利润之间的关系,如果两者关系是凹的,那么,结论应该是与G-S模型结论一致,即"长而窄"的专利制度,如果两者关系是凸的,那么应该与Gallini结论一致,专利制度应该是"宽而短"的。

目前,我国专利制度建立的时间不长,专利维权依然面临举证难、周期长、成本高、赔偿低、效果差等问题,一定程度上影响了创新创业热情。我们同时也看到,日本等专利保护过度的国家,也出现了一些专利保护遏制创新的情况。因此,从长远来看,为了鼓励技术创新,我国应继续改善知识产权制度环境与市场环境,强化顶层设计和总体规划,增强知识产权保护的系统性、整体性、协同性。在此基础上,加强对中小企业创新支持,培育更多具有自主知识产权和核心竞争力的创新型企业,更好地释放各类创新主体创新活力。当然,也有学者提出,强专利保护制度不利于发展中国家的技术追赶和技术创新,发展中国家专利制度的设计应遵循经济发展水平与专利保护强度相匹配的原则(陈雁等,2018)。一些研究也认为,专利保护强度与企业技术创新积极性之间存在倒"U"形关系,两者之间并不是简单的线性关系。

改革开放 40 多年来,我国的专利保护体系逐渐确立了司法和行政保护"两条途径、并行运作"的基本理念。我国对于知识产权的保护力度不断加大,企业创新环境日趋良好。我国发明专利申请量连续 9 年位居世界第一,我国正在从知识产权引进大国向知识产权创造大国转变,高价值核心专利持续涌现,版权意识、品牌观念、专利思维深入人心。加大知识产权保护力度,让知识产权深入经济社会各个层面、各个领域,是解决科技与经济"两张皮"问题,进一步深入实施创新驱动发展战略的关键①。近期我国出台了多项加强知识产权保护的政策举措。2019 年 4 月,全国人大常委会通过了关于修改《中华人民共和国商标法》的决定,其中将恶意侵犯商标专用权的赔偿数额进行了调整,大幅提高了侵权违法成本。2019 年 11 月,我国发布了《关于强化知识产权保护的意见》,强调要着眼于统筹推进知识产权保护,提升保护整体水平,在引进、消化、吸收、再创新的基础上,建立较为完善的专利保护体系。

11.4.3 关于专利的企业策略

1. 专利竞赛

上述分析假设只有一家厂商进行创新,如果放宽假设:创新领域没有进入壁垒,所有厂商均可创新。如此,在专利制度下,最先创新成功的企业获得专利权,成为该领域的垄断者,获得全部利润,形成"赢者通吃"的局面,此时厂商之间会争相创新,创新竞争转化成率先创新竞争(Dasgupta & Stiglitz, 1980;Loury, 1979;Lee & Wilde, 1980),即各厂商展开专利竞赛。

从直觉上看,各厂商为了率先获得专利权获得垄断,会加大研发投入,都希望自己的研发投入高于对方来提高率先获得专利权的概率,最终导致社会研发投入过度。黄桂田(2012)借用 Shy(1996)的分析框架分析企业之间的专利竞争,模型假设:(1)两家企业($k=1,2$)同时进行研发,研发投入 I,研发成功概率为 a,不成功概率为 $1-a$。(2)如果一家厂商研发成功,该厂商获得市场全部收益 V,如果两家厂商同时研发成功,两家厂商平分创新收益,每家厂商获得 $V/2$。通过建立模型,得出如下结论:

(1) 当研发成本较高且研发成功率较低时,厂商本身不愿意研发,从社会角度看,此时研发也是不经济的,此时整个社会没有研发,见图 11-3 的区域Ⅰ。

(2) 研发成本与研发概率的组合只允许一家企业研发,此时厂商利润和社会福利一

---

① 黄骥.保护知识产权就是保护创新[N].人民日报,2020-12-18.

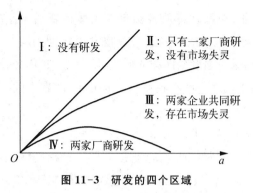

图 11-3 研发的四个区域

致,从社会角度看,两家企业共同研发并不能带来社会福利的改善,见图 11-3 的区域Ⅱ。

(3) 研发成本较低时,每家厂商进行研发将变得有利可图,只要研发收益高于成本,厂商就会不断投入,在社会最优结果不变的前提下一家厂商的研发会对其他厂商的利润产生负影响,从社会合意研发水平而言存在过度研发,导致市场失灵,见图 11-3 的区域Ⅲ。

(4) 研发成本较低且成功率较高的情况下,两家厂商同时进行研发是有利可图的,对社会来说两家厂商同时进行研发投入会增加社会福利,虽然存在重复研发,但没有发生市场失灵,见图 11-3 的区域Ⅳ。

专利竞赛也可能发生在在位企业和潜在进入者之间,而两者有不同的创新动机,在一个垄断企业面临潜在进入者的市场中,在新技术研发成功之前,垄断者一直享有垄断利润,而潜在进入者没有利润。假如潜在进入者成功完成技术开发,可能出现取代在位垄断者和共享市场两种结果。如果在位企业创新成功,即可维持垄断,而潜在进入者创新成功只能导致寡头竞争,那么,在位者的创新动机可能更强,因为垄断企业的利润一般大于寡头企业的利润之和。一个垄断企业经常会收购正在进行研发的潜在竞争者,一个重要的目的就是延续垄断,而潜在竞争者愿意被收购的原因正是因为其对新技术的估值低于在位垄断者。从社会角度看,专利竞赛往往意味着研发投入的浪费,恰当的专利制度可以减少这种浪费。在市场竞争机制下,由于专利竞赛导致的研发外部性,分散决策的企业研发的社会效率可能较低,使得"看不见的手"不能完美地调节资源配置。如果政府能够资助企业之间共性技术的联合研发,那么可以减少重复研发部分,消除竞争带来的研发外部性(汪浩,2020)。

2. 专利搁置

专利权虽然是一种典型的进入壁垒,但其他厂商可以开发核心技术周围的类似技术来绕开专利保护(寇宗来,2005)。Mansfield(1981)指出,绝大多数专利经过三到四年就会被替代,诸如化学、生物医药等通过商业秘密保护专利的行业,其他厂商通过逆向工程这种更低成本的行为进行专利侵权。在这种情况下,厂商致力于通过各种手段提高核心技术的进入壁垒。根据 Gallini(1992)研究结果,专利壁垒与专利宽度成正相关,在政府给定专利宽度的条件下,厂商可以申请相关专利拓展专利宽度,虽然申请周边专利耗财耗力,但在周边专利的保护下开发核心专利获得的垄断利润远远高于申请成本。

现实中研发企业会积极购买比自己现有技术差的技术,将这些技术搁置起来,形成核心专利保护带,降低核心专利被替代的风险。一个典型的案例是美国庄臣公司收购美加净,1990 年,庄臣作价 1 200 万美元收购了当时市场占有率 20% 的美加净,仅在收购后一年,美加净销售收入从 3 亿多元骤降到 600 万元,根本原因是美加净被庄臣"雪藏",并利用美加净的销售渠道大肆进攻中国市场,打压、挤占中国本土品牌,抢走了大半市场份额。无独有偶,2003年法国欧莱雅收购中国市场占有率第三的小护士,五年后小护士在中国几乎销声匿迹,同样是因为被欧莱雅"束之高阁",成为欧莱雅进攻中国二三线城市的工具。同样,被德国美洁时收购的活力28、被法国达能收购的乐百氏,收购后这些本土品牌被外资企业搁置,致使最终凋零、衰败。

3. 专利联盟

专利联盟指同一领域或相关领域的专利拥有者,以专利为纽带,采取协同运作模式,对内实行专利交叉授权、提供专利分析和预警,对外实行专利授权许可、诉讼维权和侵权抗辩的一个正式或者非正式的联盟组织(Josh,Marcin & Jean,2003;任声策,2007;王瑜,2010)。根据专利能否对外许可,专利联盟分为开放式专利联盟和封闭式专利联盟,其中,开放式专利联盟指联盟内专利可以打包许可给联盟外的其他公司,封闭式专利联盟只允许联盟内企业之间进行专利的交叉许可,不对联盟外的第三方进行许可。

"专利丛林"和"反公地悲剧"是专利联盟出现的直接原因,科技的发展使得越来越多的领域呈现技术复杂化趋势,导致大量的专利积累在某一产业或领域中,但是这些专利由多个专利权人掌握,厂商想开发一种新技术必须向多个专利拥有者支付费用获得专利许可,从而出现"专利丛林"现象,"专利丛林"会引发"反公地悲剧",即专利的排他性使得开发者向多个专利权人支付专利使用费,累加后的费用十分高昂,导致开发者积极性大打折扣,甚至放弃开发,抑制创新。解决"专利丛林"和"反公地悲剧"的有效途径是形成专利联盟,不同企业之间可自由进行专利交叉许可或集中许可,这就可以大大降低交易成本,提升专利的有效利用。

专利联盟中的企业通常采用专利获取战略、专利许可战略、专利诉讼战略来达到利润最大化(任声策,2007)。联盟内企业并不是一味地申请专利,专利倾向(创新成果拥有者申请专利的意愿)受多种因素的影响。任声策(2007)构建的非对称信息模型发现,联盟成员的创新成果与联盟内已有成果互补性越强,专利倾向越低,因为对互补性强的成果申请专利会增加联盟外企业的复制投入。再者,联盟成员的诉讼倾向与专利倾向负相关,即诉讼倾向越高,专利倾向越低。专利联盟的市场扩张功能会提高专利联盟成员的专利倾向,因为市场扩张初期也是技术成长期,需要依靠专利权来保护创新成果。竞争性联盟(与已有联盟有产业竞争的专利联盟)的存在会削弱联盟成员的专利倾向,因为每个联盟都想扩大技术被采用范围来获得市场收益,扩大自身技术采用范围的方法之一是技术扩散,减少专利申请可以鼓励其他企业模仿、扩大技术覆盖范围。一个典型的例子就是微软,使用盗版Windows系统的用户非常多,为何微软公司不去追究?除追究成本大以外,扩大市场占有量是微软公司对盗版Windows睁一只眼闭一只眼的原因之一,众所周知正版Windows价格高达1088美元,很多用户和厂商不愿意预装如此昂贵的系统,以此导致微软市场占有率不高,若放开微软系统,其凭借简单易操作的特性会"黏住"大量用户,快速占领市场,才有增加获利的可能。专利返授条款要求专利被许可者在使用过程中对改进后的新技术必须授权专利权人无偿使用,因此专利返授条款对开放性专利联盟的专利倾向影响更大。

联盟中企业专利许可是专利战略的重要部分,被许可人需要向专利权人支付许可费用来获得专利,许可定价包括固定费用、费率和拍卖三种,固定费用指被许可方向许可方一次性缴纳一笔总固定费用,以后无需再次缴纳,该支付方法简单清晰,未来不易产生纠纷。费率也称提成法,根据被许可方产品的价格或产量抽成,更能体现双方风险共担和利益共享原则。拍卖指在拍卖中出价高者赢得专利许可,适用于有多个被许可方的情形。三种支付方式如何选择,受专利人性质、创新成果类型和市场类型的影响,若专利人是产业外人员、创新是降低成本的工艺流程创新、市场属于古诺或伯川德,那么固定费用优于费率(Kamien & Tauman, 1986; Katz & Shapiro, 1985);若专利人是业内竞争者、市场类型是古诺、伯川德、差异产品古诺竞争这 3 种情况,费率定价具有优势(Wang, 1998、1999、2002);若专利人是 Stackelberg 领导者,且能做出产能和产出承诺,费率合同是最优的(Filippini, 2005)。

与联盟内各专利权人起诉相比而言,联盟成员共同起诉会给对方产生更大的经济压力和市场影响力,不仅提高胜诉率,也能节约诉讼成本、提高品牌知名度,但是利用诉讼影响力打压较弱的竞争对手,就属于滥用专利诉讼。一个典型的例子是 MPEG-2 联盟对中国数字视频企业的起诉。MPEG 是国际标准化组织(简称 ISO)与国际电工委员会(简称 IEC)在 1988 年成立的专门针对运用图像和语音压缩制定国际标准的组织,其中针对视音频信号进行数字压缩制定的标准 MPEG-2 受到产业界的普遍关注。2009 年 8 月,多家获得 MPEG-2 专利授权的厂商对海尔公司联合起诉,认为海尔公司在美国出售的数字电视涉嫌侵权,海尔作为我国数字电视产业的佼佼者,该诉讼一度引起许多行业媒体的关注,MPEG-2 的起诉是真的维护自身利益,还是权力滥用呢?通过回顾 MPEG-2 联盟过往的诉讼案件,该专利联盟早在 2006 年已经向康佳、创维、长虹等多家机顶盒生产商发送律师函,2009 年 5 月指控联想公司侵犯其数字视频压缩标准中的核心专利权,加上 2009 年 8 月对海尔公司的起诉,MPEG-2 专利联盟对中国企业的起诉是蓄谋已久。这些目标公司有一个共同点:被起诉之时,这些公司的产品已经在国内外占有一席之地。在面临起诉时,无论是出于维护良好的企业形象,还是确实因核心专利而底气不足,最后都以和解、赔偿而告终。可见,专利联盟集体起诉会大大提高胜诉的可能性,而且可以获取高昂的专利许可费。

4. 专利许可

专利许可指专利权人在不转让专利所有权的前提下,根据法律规定与被许可者签订专利许可合同,允许被许可者在合同规定的范围内实施专利技术的一种交易行为。需要注意的是,专利许可转让的是对专利的使用权,而不是专利所有权。

发生专利许可大致有以下几种情况:对许可方而言,把专利许可给第三方可能是因为:(1)专利权人缺乏实施专利的条件,只能通过专利许可让具备条件的第三方实施;

(2)专利权人有条件实施专利,但难以满足市场的需求,专利权人在保留实施专利技术权利的同时,可以授权多个第三方实施专利技术;(3)与自身经营范围不相符,专利权人不打算自己实施专利技术;(4)专利权人想通过交叉许可方式,获得其他专利的使用权。对被许可方而言,获得他人的专利使用权不仅可以合法利用专利来制造和销售新产品,也可以避免在未经许可实施权利人专利的情况下被起诉。

专利许可有三种方式:独占许可、排他许可和普通许可。独占许可,简单来说,就是专利权仅允许被许可方实施该专利,任何第三方包括专利权人都不得实施该专利,为此,被许可方需要支付相当高的使用费和提成费。排他许可指专利许可方和被许可方都可以实施该专利,但不能许可给第三方,生产型企业一般会采用排他许可,保留自己的使用权。普通许可指不仅许可方和被许可方可以实施专利,许可方还可以把专利许可给第三方,高等院校和科研机构采用普通许可较多,因为这类创新主体不具备制造、销售产品的能力,无法推动创新技术的成果转化,专利许可是获利的唯一方式,因此倾向普通许可来获取更多的许可费用。

思考题

1. 市场结构是如何影响企业的 R&D 激励的?
2. 替代效应和效率效应对于企业的创新行为有什么影响?
3. 为什么企业会选择进行合作研发?合作研发对市场竞争会产生哪些负面影响?

参考文献

[1] 吴季松.21世纪的新趋势——知识经济[M].北京科学技术出版社,1999.

[2] 黄桂田.产业组织理论[M].北京大学出版社,2012.

[3] 刘易斯·M.B.卡布罗.产业组织导论(第2版)[M].刘勇译.上海财经大学出版社,2019.

[4] 田金涛,孙琨.专利标准化浅析及企业对策的思考[J].知识产权,2015(8):86-89.

[5] Arrow, K. J. *Economic Welfare and the Allocation of Resources for Invention*, *The Rate and Direction of Inventive Activity: Economic and Social Factors* [M]. Princeton University Press, 1962.

[6] Nordhaus W. D. *Invention, Growth and Welfare*[M]. Cambridge: MIT Press, 1969.

[7] 汪浩.产业组织理论[M].北京大学出版社,2020.

[8] Kemplerer P. How Broad should the Scope of Patent Protection be? [J]. *Rand Journal of Economics*, 1990, 21(1): 113-130.

[9] Gallini N. Patent Policy and Costly Imitation[J]. *Rand Journal of Economics*, 1992, 23(1): 52-63.

[10] Liobet G. Patent Litigation When Innovation Is Cumulative [J]. *International Journal of*

[11] Denicolo V. Patent Races and Optimal Patent Breadth and Length[J]. *The Journal of Industrial Economics*, 1996(44): 249-265.

[12] Dasgupta P., J. Stiglitz. Uncertainty, Industrial Structure and the Speed of R&D[J]. *Bell Journal of Economics*, 1980, 11(1): 1-28.

[13] Loury. Market Structure and Innovation[J]. *Quarterly Journal of Economics*, 1979, (93): 395-410.

[14] Lee T., L. L. Wilde. Market Structure and Innovation: A Reformulation[J]. *The Quarterly Journal of Economics*, 1980, 94(2): 429-436.

[15] 寇宗来.专利制度的功能和绩效[M].上海人民出版社,2005.

[16] Mansfield E., Wagner S. S. Imitation Costs and Patents: An Empirical Study[J]. *The Economic Journal*, 1981, 91(364): 907-918.

[17] Lerner Josh., Strojwas. Martin. and Tirole Jean. The Structure and Performance of Patent Pools: Empirical Evidence[R]. Working Paper of Harvard University and NBER, 2003.

[18] 任声策.专利联盟中企业的专利战略[M].上海三联书店,2007.

[19] 王瑜.企业专利战略实务[M].知识产权出版社,2010.

[20] Kamien M., Tauman Y.. Fee Versus Royalties and the Private Value of a Patent[J]. *The Quarterly Journal of Economics*, 1986, 101(3): 471-491.

[21] Katz M. L., Shapiro C.. Network Externalities, Competition and Compatibility[J]. *The American Economic Review*, 1985, 75(3): 424-440.

[22] Wang X. H. Fee Versus Royalty Licensing in a Cournot Duopoly Mode[J]. *Economics Letters*, 1998, 60(1): 55-62.

[23] Wang X. H., B. Z. Yang. On Licensing under Bertrand Competition[J]. *Australian Economic Papers*, 1999, 38(2): 106-119.

[24] Wang X. H. Fee Versus Royalty Licensing in a Differentiated Cournot Duopoly[J]. *Journal of Economics and Business*, 2002, 54(2): 253-266.

[25] Filippini L. Licensing Contract in a Stackelberg Model[J]. *The Manchester School*, 2005, 73(5): 582-598.

12 网络经济

网络经济中,不仅存在有形的物理连接,更重要的是,这一有形网络进一步带来了虚拟网络的产生和扩大。但是,不管是有形的还是虚拟的,只要是网络,就都具有一个基本的经济特征:连接到一个网络的价值取决于已经连接到该网络的其他人的数量。这个基本的价值定理被称为网络外部性,这也是网络经济的根本特征之一。在网络外部性下市场作用产生了新的变化,伴随而来的企业竞争策略不同于传统市场,最终也导致基于传统市场逻辑的公共政策对网络市场有所调整。

本章第一节是网络外部性概述,主要介绍网络外部性的概念和分类。第二节是网络外部性的市场作用分析,主要介绍消费者预期及需求曲线的新变化、临界数量的产生。第三节是网络经济下的企业策略,主要介绍标准选择的竞争、标准战争中的企业策略。第四节是网络经济下的公共政策,主要介绍标准政策及反垄断政策。

12.1 网络外部性概述

12.1.1 网络外部性的概念

从经济学的角度来看,外部性的概念是由马歇尔和庇古在 20 世纪初提出的,是指一个经济主体在自己的活动中对旁观者的福利产生了一种有利影响或不利影响,这种有利影响带来的利益或不利影响带来的损失,都不是生产者或消费者本人所获得或承担的,是一种"非市场性"的附带影响。简而言之,当一个市场参与者影响其他人却没有人作出补偿的时候,就产生了外部性。从定义上可以看出,外部性有正、负两种效果,负外部性的典型例子就是污染。网络外部性往往是正的,而不是负的。

网络外部性可以从不同的角度来理解,主流的观点倾向从市场主体中的消费者层面来认识。所谓网络外部性,是指一个使用者从产品消费中得到的效用随着消费同一产品的消费者数量的增加而增加的现象(Katz, M. et al.,1985)。以购买办公软件为例,随着使用 Office 软件的用户增多,该产品对原有用户的价值也随之增大,因为你可以与更多的使用 Office 产品的用户实现信息兼容与共享,从而提高办事效率。其他许多数字产品也有网络外部性。例如,AI 应用程序和平台通常涉及大量的网络外部性,因为公司积累了大量的数据,这些数据使他们能够比竞争对手更好地训练自己的算法。

网络外部性是梅特卡夫法则(Metecalfe's law)的本质,梅特卡夫法则得名于以太网的发明者罗伯特·梅特卡夫。梅特卡夫法则指出网络价值以用户数量平方的速度增长(Zhang, X. et al.,2015)。如果一个网络中有 n 个人,那么,网络对每个人的价值与网络中其他人的数量成正比,这样网络对所有人的总价值与 $n \times (n-1) = n^2 - n$ 成正比。如果一个网络对网络中每个人的价值为 1 美元,那么,规模为 10 的网络的总价值大约就等于 100 美元。比较之下,规模为 100 的网络的总价值大约就是 10 000 美元。网络规模增长 10 倍,其价值就增长 100 倍。

12.1.2 网络外部性的分类

1. 直接网络外部性

直接网络外部性是通过消费相同产品的市场主体的数量所导致的直接物理效果而产生的外部性。也就是说,由于消费某一产品的用户数量增加而直接导致的网络价值的增大就属于直接的网络外部性通信网络,如电话、传真机、在线服务、E-mail 等,这些产品都是体现直接网络外部性的典型例子。

2. 间接网络外部性

间接网络外部性是随着某一产品使用者数量的增加,该产品的互补品数量增多或价格降低而产生的价值。间接网络外部性的例子包括作为互补商品的计算机软、硬件。例如,普通电脑用户在使用电脑操作系统时,当 Windows 的用户数量要远远多于 Mac 时,Windows 平台上的软件数量就要远远多于后者,如果 Windows 和 Mac 自身的质量以及价格差别不大,消费者自然青睐 Windows 系统。也就是说,消费者需要同时购买具有互补性的商品是间接网络外部性产生的一个重要原因。

直接网络外部性和间接网络外部性有时是同时存在的,比如腾讯的聊天工具 QQ 产品,当使用该聊天工具的用户越多时,以前使用该软件的用户便可同更多的用户联系,从而获得更大的额外价值,这就是直接的网络外部性;同时,由于使用该软件的用户越来越多,在较大的用户规模基础上提供其他服务可获更多价值,则会有更多配套的服务出现,如在线多人游戏 QQ 游戏、网上交易平台拍拍等,通过享受更多的服务使得用户在这个过程中也实际获得了新的价值,这就是间接的网络外部性。

案例 12-1

网络外部性催生平台商业模式：快手的商业模式创新①

平台是一种可以促成双方或多方客户之间交易的现实或虚拟空间。对平台的研究一般会涉及双边市场模式，而网络外部性对平台双边市场的用户互动具有影响作用，由此催生了平台商业模式。短视频平台是很好的平台战略的践行者。短视频从初露头角到迅猛发展，日益融于人们的生活中。

2011年 GIF 快手出现，互联网推动快手的迅速发展。2012年4月，快手的第一次融资由晨兴资本赞助，11月快手做了一个艰难的决定，改变原本的工具性能，正式转型成短视频社区平台。2013年，快手开始走社交平台之路。2014年11月正式改名为快手。2015年1月，快手的第二轮融资由红杉资本和晨兴资本投资，此次投资为快手带来了大量资金。2016年3月，快手完成C轮融资，约为2.5亿元，由百度领投，红杉资本、晨星资本等跟投，当时估值为20亿美金。2017年3月，快手宣布完成新一轮3.5亿美元的融资，由腾讯领投，12月由于技术驱动带来迅猛增长，实现了 DAU（日活跃用户数量）突破1.1亿。2018年6月快手全资收购 Acfun。2019年11月15日，胡润研究院的数据显示，快手以1 200亿元人民币估值上榜。在快手短视频平台快速发展过程中，商业模式有其独特之处。

作为短视频行业的佼佼者，快手的平台定位为双平台模式。这主要基于短视频平台的两大主要特征：短视频平台的用户角色可以相互切换以及短视频平台上流量创收的价格结构。从为客户提供服务的平台角度来看，快手自身的用户群体一方面可以成为视频内容的制作者、上传者和分享者，另一方面可以切换成视频内容的观看者、评论者和传播者，产生强大的社交效应。从为电商、广告商和第三方服务平台提供服务的平台角度来看，快手利用自身巨大的流量不仅能够提高广告的播放量、带动商品的销量，而且能提高自身的品牌传播力和收益效率等。

业务系统是指企业选择哪些利益主体作为其内部和外部的利益相关者。快手平台运行的主要利益相关者包括视频内容生产者、用户群、广告商和电商平台、第三方服务机构等，每一个业务关键主体都与快手平台相互联系与合作，快手也在各个业务环节中扮演着不一样的角色，为其创造价值。快手在不同业务环节中扮演的角色和承担的职责：(1) 视频内容生产者包括明星、MCN、KOL、KOC 及普通用户等，他们一方面向快手传送最新视频，另一方面通过快手对其的补贴和收入提成进行新的视频创作。(2) 用户群在线观看快手，不仅为快手带来流量同时也会与视频内容生产者之间

---

① 案例系作者根据"王琳琳,苏李琴,李育冬.短视频平台商业模式研究——以快手为例[J].上海商学院学报,2020,21(4):65-80."内容改编而成。

进行角色的相互转换,从观看者转变成制作者等。(3) 广告商、电商平台包括京东、淘宝、拼多多等通过向快手支付一定的广告费和服务费从而实现广告宣传和产品营销等目的。(4) 第三方机构为快手平台正常运行收取维护服务费用,同时利用大数据云计算为广告商、电商等实现精准营销赚取相应的服务费。

快手商业模式的发展离不开自身已经具备的核心资源与能力,在营销、电商、直播、游戏、文化公益中,快手都在不同的路径中探索关键的资源能力。例如,在营销方面,快手升级为"磁力引擎",诠释全新的个性营销主张,提高服务水平。在电商方面,通过和淘宝、拼多多、有赞等 App 进行多方位合作,快手还上线了"魔筷 TV"小程序并将其升级成快手小店。在直播方面,快手成立自身专门的数据分析平台——飞瓜数据,用以推算快手的核心账户数据、直播数据、粉丝画像等。在文化公益方面,快手利用用户的地域性专门对民俗文化和草根文化进行传播分享,在公益上采用"互联网+直播"的方式进行精准扶贫,成立公益传播责任部门,对每一项目工作进行核实。

盈利模式是指以利益相关者划分的收支来源以及相应的收支方式。作为短视频平台,从收入、成本等方式来看,通过内外部的利益相关者相互关联,快手的盈利模式包括广告宣传收费、用户投入平台产品支出收费和平台直播带货中间收入等。另外,快手的现金流结构主要包括企业现金流流入和现金流流出两个方面,现金流流入包括客户支出费用(购买创意贴纸等)、广告宣传及产品销量中间收入等;现金流流出包括视频内容发布补贴、收入分成支出、前期广告合作费用支出等。无论是流入还是流出,两者的相互联系与制衡中促进快手的平稳发展,提高盈利点,降低风险指数。

最后,在企业价值方面,2021 年 2 月 5 日,快手正式在香港交易及结算所有限公司上市,首次公开募股融资规模为 54 亿美元。2021 年 3 月 23 日,快手发布 2020 年第四季度及全年财报,快手 2020 年全年营收 587.8 亿元,市场预期 593.82 亿元。快手还具有强大的流量价值。据快手大数据研究院发布的报告显示,截至 2020 年初,快手的注册人数已超过 3 亿人次,2019 年已超过 2.5 亿人在快手发布作品,有近 2 000 亿条海量视频作品,累计点赞次数超过 3 500 亿。庞大的数据显示快手的流量巨大,流量带来关注量,为快手带来巨大的广告推广价值;同时快手还可以通过流量价值的让利,让更多的视频生产者从中获益,为快手 App 平台提供更多的优质视频资源,从而提高自身的核心竞争力。

12.2 网络外部性的市场作用分析

12.2.1 消费者预期

当存在网络外部性时,每个消费者从商品或服务中获得的效用会随着用户规模的扩大而增加。也就是说,消费者购买一种网络产品所获得的效用依赖于未来时间内网络规模的实际增长和配套互补品的数量、质量以及价格。实际网络规模增长越快、配套互补品的数量越多、质量水平越高、价格水平越低,则用户获得的效用就越大。所以,一个理性的消费者在选择某种网络产品时,必然会对网络规模的增长前景和配套互补品的可获得性、价格水平及质量进行预期。理性的消费者肯定会选择预期效用最大化的网络。

假设市场中有 100 个消费者,而且消费者对于产品的意愿支付等于 $n(0 \leqslant n \leqslant 100)$,随着用户的上涨,对商品的评价机会越高,也会为商品支付更高的价格。同时假设消费者预期最终的用户规模为 $n^e(0 \leqslant n^e \leqslant 100)$,如果消费者对于该商品最终市场规模持有非常悲观的预期,即 $n^e=0$,消费者就会认为该商品的价值为 0。进而我们可以得到这样的结果,即在任何不等于 0 的价格之下,没有任何消费者愿意购买该商品,因此最终的用户规模为 0。如果消费者持有很乐观的预期,认为所有人都会购买这一商品,即 $n^e = 100$,那么商品对于消费者的价值就等于 100。因此只要商品价格略低于 100,所有消费者最终都会购买该商品,最终的用户规模就等于 100。

由此可见,当价格在 0—100 之间时,消费者不同的预期会导致两种极端的结果存在:所有消费者都购买和所有消费者都不买。换句话说,网络外部性的存在会让消费者预期对最终需求产生重大影响,即在任意给定的价格下会存在多个需求水平。

举例来说,在操作系统的选择中,消费者在做出购买决策前自然会考虑各种操作系统的用户基数、技术水平、由各操作系统支持的应用软件的价格、质量、种类的多少等各种因素。由于技术上的优势以及已有应用软件开发商为 Windows 编写大量软件,在 Windows 操作系统取得一定的市场份额后,消费者预期 Windows 操作系统将会被采用,这种预期通过正反馈效应形成良性循环,大部分消费者纷纷购买 Windows 操作系统,促使该操作系统的市场份额迅速扩大,结果使得 Windows 操作系统被广泛使用,从而形成了 Windows 如今在操作系统市场中占统治地位的局面。如果当初消费者们在购买前普遍看好的是苹果的 Mac OS,那么,今天统治操作系统市场的可能就是苹果而非微软了。

12.2.2 需求曲线的新变化

传统经济学告诉我们,需求曲线是向下倾斜的,消费者对某一商品的需求是随着价格的降低而增加的。然而网络外部性的定义显示,一个具有网络外部性的商品的价值随其销售的数量的增加而增长,在网络外部性下强调价格和数量的正相关性。

事实上,这两者并不矛盾。需求曲线描述一个静态的单期行为,反映价格对需求数量的影响;而网络外部性则强调预期的作用,反映预期数量对价格的作用。换句话说,在网络外部性下,关于一个商品的价值随其所售数量的增加而增加的描述,应当被解释为一个商品的价值随其预期将售数量的增加而增加,这样,需求曲线依然向下倾斜。但存在网络外部性的情况下,需求曲线又将随着其预期将售数量的增加而上升。

1. 影响市场需求的两种力量

在第一种情况中,假设网络规模既定,由网络经济下的边际消费者效用递减规律可知,在价格不断调低的过程中,后进入市场的消费者总比已购买的消费者具有更低的保留价格,对该产品的效用评价更低。即在任意确定的网络规模下,市场需求曲线随着 n 的增加而降低,这与传统产品的需求曲线是一致的。

在第二种情况中,由于网络外部性的作用,即产品对用户的价值随着采用相同产品或可兼容产品的用户增加而增大,产品网络规模成为市场需求曲线的内生变量。假设消费者偏好一致,即每个人都有相同的产品自有价值评价,且能够准确地预期他打算购买产品的用户规模($n = n^e$),此时边际消费者的支付意愿将会出现随着 n 的增加而增加的特征,即随着购买该网络产品的用户数量越来越多,产品的协同价值越来越大,新进入市场的那个边际消费者必然愿意比老用户支付更高的价格。直到 n 值大到使该产品在消费中出现诸如网络拥塞、管理成本过高等情况,消费者的支付意愿才会向下倾斜至零。

如何综合考虑这两种力量对需求曲线形状的影响,并得出适合均衡分析的数字产品市场需求模型,必须注意在分析时运用的不同假设:在分析第一种力量时,网络规模是既定的,而第二种相反的力量则源于网络规模的扩大。

2. 预期实现的需求曲线

通过网络外部性下的需求曲线图可以理解这一变化(见图 12-1)。在存在网络外部性的前提条件下,消费者在购买第 n 个单位的某一商品时,消费意愿将受到其对该商品预期销售数量的影响,即消费者预期商品销售得越多,越愿意为该商品支付更高的价格;但是,在预期的销售数量已确定的情况下,消费者的意愿又会随着价格的下降而上升。

因此,假设该消费者在预期销售单位 n^e 的情况下,他为第 n 个商品愿意支付的价格为 $p(n, n^e)$。可以发现,$p(n, n^e)$ 是第一个

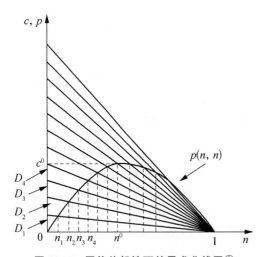

图 12-1 网络外部性下的需求曲线图①

变量 n 的减函数,因为需求曲线是向下倾斜的;然而 $p(n, n^e)$ 是第二个变量 n^e 的增函数,这符合网络外部性的经济特征:消费意愿随预期销售数量的增加而增加。在一个简

---

① 经济学家 Economides 和 Himmelberg 于 1995 年对网络外部性下的需求曲线的研究表明:为了避免爆炸式的增长和无限销售情形的出现,在这里,假设 $\lim n \to \infty$, $p(n, n) = 0$ 是合理的,因此,$p(n, n)$ 最终将向下弯曲。

单的单期市场均衡模型当中,预期已经实现,这时 $n = n^e$,进而可以定义已实现预期的需求为 $p(n, n)$。显然,图 12-1 描述了一个典型的实现预期的需求曲线结构,每条曲线 $D_i(i = 1, 2, …, n)$ 表明在给定的预期销售数量 $n^e = n_i$ 的情况下,消费者为一个变动的数量 n 所愿意支付的价格(即传统的需求曲线)。当 $n = n_i$,预期实现,消费意愿函数 $p(n, n)$ 上的点为 $p(n_i, n_i)$。这样,函数 $p(n, n)$ 就是一条由点 $p(n_i, n_i)$ 组成的曲线(保罗·贝拉弗雷姆等,2015)。

3. 临界数量

从图 12-1 可以清楚看到,当商品具有网络外部性时,其需求曲线是一条倒 U 形的曲线。根据需求曲线的铃铛形状,可以推测由于网络效应以不同的方式影响消费者的效用,当网络价格给定时,通常存在多重消费均衡。

由于多重均衡的存在,需要设定一个规则来便于做出选择。一种方法是引入一些动态调整过程。假设从某一均衡开始出现了一个小变动,即价格有了微调或某些消费者改变了决策,此时,小规模的均衡 $n_1(p)$ 是不稳定的(Pohlfs, J., 1974)。确实,如果价格轻微上涨或者某消费者退出市场,我们将处于 n_1,这时的需求曲线在价格线下方。当消费者的支付意愿低于服务价格时,市场便会缩水。重复这一逻辑,最终的结果是所有的消费者都离开,即达到了均衡 n_0。类似的,如果价格少量下降或者额外的消费者加入市场中已有的 n_1 个消费者,此时需求曲线在价格线上方。现在,当消费者的支付意愿高于产品成本时,市场就会扩张直到达到均衡 $n_2(p)$。我们可以将前面的分析扩展至:只要网络规模达到了 $n_1(p)$,几乎可以确定它将最终到达更大的规模 $n_2(p)$(例如,轻微的价格下跌就可以达到这一点)。相应地,称 $n_1(p)$ 为该网络的临界数量①。

临界数量也称为临界规模点,是指在给定价格之下,使消费者能从具有网络外部性商品中获益的最小用户规模。换句话说,当用户规模高于临界规模数量时,网络外部性所产生的需求自我强化机制会使用户数量进一步增长到更高的均衡水平,但是如果用户规模小于临界数量,现有的需求水平还是会迅速退化到 0。临界数量的存在意味着当产品或服务具有网络外部性时,需求的增长并不是线性的。用户数量较少时在市场竞争中是非常危险的,而一旦用户规模超过了临界数量,商品需求很有可能会迎来一个高速增长期。例如,微信自 2011 年问世,用户数量超过 1 亿用了 433 天。用户数量从 1 亿到 2 亿,微信只用了 172 天;从 2 亿到 3 亿,微信又只用了 120 天。在这个发展扩张历程中,微信用户首先达到临界数量是一个极其重要的因素,在网络外部性的自我强化机制下,微信开启了加速扩张的趋势。

---

① 将该思想应用于均衡 n_0 和 $n_2(p)$,可以迅速得出它们都是稳定的结论。为了分辨哪一种情况更可能发生,可以采取帕累托准则:如果在某一特定价格存在多个消费者数量满足均衡条件,而其中一个数量帕累托占优(使每个人变得更好)于其他数量,消费者则将预期这一配置会在均衡时发生。

案例 12-2

从量变到质变，云计算对经济拉动有加速效应[①]

云计算（cloud computing）是与信息技术、软件、互联网相关的一种服务，这种计算资源共享池称为"云"。云计算把许多计算资源集合起来，通过软件实现自动化管理，只需要很少的人参与，就能让资源被快速提供。多项研究结果表明，应用云计算服务可以提升企业的竞争力。例如，云计算服务可为企业提供进入全球市场的机会[②]、降低运营成本、提高战略决策的灵活性、改进客户服务体验[③]，并显著提升企业特别是中小企业的业务生存率和灵活性[④]。德勤的研究显示，在云服务方面每投资1美元，企业平均回报约为2.5美元[⑤]。

云计算能够带来社会经济价值及区域发展，例如云计算服务对GDP的带动作用、提升经济质量等。互联网行业具有明显的"网络效应"，即用户数量增加时，网络的价值会指数级放大。云计算也具备类似的特性，即随着新用户的不断加入、云计算与其他产业的深度融合，云计算的价值将不断提升。当达到某个临界规模后，云计算对经济系统的作用会再次放大。

考虑到企业的用户习惯养成和平台转换成本，要实现网络效应，通常需要跨越一个临界规模数量。这意味着，同很多需要大量前期投入的技术类似，云计算对经济的带动作用很有可能是非线性的[⑥]，待投入达到一定规模后，对经济的拉动作用会明显提升和加速。在经济学上将该现象称为"门槛效应"[⑦]。

现有研究显示，云计算消费对实际GDP的拉动具有门槛效应：当某地区在云上的存储数据积累达到一定规模后，云计算对经济增长的拉动效果会再次提升，对GDP

[①] 本案例根据阿里云研究中心及中国社会科学院财经战略研究院发布的研究报告及文献资料编写而成。

[②] Ross, P. K., M. Blumenstein. Cloud Computing as a Facilitator of SME Entrepreneurship[J]. *Technology Analysis and Strategic Management*, 2015, 27(1): 87-101.

[③] Iansiti, M., G. Richards. Economic Impact of Cloud Computing White Paper. 2011.

[④] Wang, J., K. McElheran. Economies Before Scale: Survival and Performance of Young Plants in the Age of Cloud Computing. Rotman School of Management Working Paper 2017, No. 3112901.

[⑤] Deloitte. *The Economic Value of Cloud Services in Australia* [R]. 2019.

[⑥] Roller, L., L. Waverman. Telecommunications Infrastructure and Economic Development: A Simultaneous Approach[J]. *American Economic Review*, 2001, 91(4): 909-923.

[⑦] 门槛效应，是指当一个经济参数达到特定的数值后，引起另外一个经济参数发生突然转向其他发展形式的现象（如结构突变）。其中，作为原因现象的临界值称为门槛值。为了避免人为划分样本区间带来的主观判断偏误，阿里云研究中心及中国社科院财经战略研究院利用门槛回归模型对云计算的网络效应进行实证分析。

的额外带动作用再增长73%,从而实现从量变到质变的跨越。对中国内地31个省级行政区的季度数据进行分析可知,目前北京、上海、浙江、广东等4个省级行政区已越过云上数据存储量"门槛",云消费额每增加1%,实际GDP额外增加0.078%;江苏、福建、四川三省即将越过门槛;而天津、湖北、山东、湖南等其他24个省级行政区距离云上数据存储量"门槛"仍有一定差距,云消费额每增加1%,实际GDP额外增加0.045%,为进一步提升云计算对GDP的带动效果,需继续加大云计算投入。

12.3 网络经济下的企业策略

12.3.1 标准选择的竞争

1. 对标准化的分析

由于网络外部性的存在,网络市场与传统市场的竞争策略显然是不同的,最重要的一点是:如何让自己成为标准或是标准的一部分,在正反馈的作用过程中得到最大的利润。假设存在两个厂商(或1和2的联合厂商),它们必须在两种版本的网络商品中做选择(A和B)。因为两个版本是不兼容的,兼容只能通过标准化来达成,即两个厂商决定生产同一版本的商品。简化的支付总结(Besen, S.等,1994)如下:

表 12-1 一个简单的标准化模型

	A	B
A	π_1^{AA}, π_2^{AA}	π_1^{AB}, π_2^{AB}
B	π_1^{BA}, π_2^{BA}	π_1^{BB}, π_2^{BB}

竞争的形式依赖于厂商的兼容性决策。在这个存在两个厂商的简单框架中,共有如下四种策略组合:

(1) 两个厂商同意选择某种特定的产品:我们称之为直接标准化。比如,当(A,A)是唯一纳什均衡时(即当 $\pi_1^{AA} > \pi_1^{BA}$, $\pi_2^{AA} > \pi_2^{AB}$ 或 $\pi_1^{AB} > \pi_1^{BB}$, $\pi_2^{BA} > \pi_2^{BB}$),存在对A的直接标准化。

(2) 厂商仍然同意标准化是最佳选择,但在制定哪个标准上有分歧,这种情况通常称之为"性别之战"。这里,(A, A)和(B, B)都是纳什均衡(即当 $\pi_1^{AA} > \pi_1^{BA}$, $\pi_2^{AA} > \pi_2^{AB}$, $\pi_1^{BB} > \pi_1^{AB}$, $\pi_2^{BB} > \pi_2^{BA}$),但厂商对这两个均衡的排序不同(例如 $\pi_1^{AA} > \pi_1^{BB}$, $\pi_2^{BB} > \pi_2^{AA}$)。

(3) 存在明显的争夺市场的竞争：两个厂商都偏向于成为标准制定者，从而导致了"标准之战"。比如厂商 1 想要推行版本 A，但厂商 2 想要推行版本 B，则 (A, B) 是该博弈唯一的纳什均衡（如果 $\pi_1^{AB} > \pi_1^{BB}$，$\pi_2^{AB} > \pi_2^{AA}$ 或者 $\pi_1^{AA} > \pi_1^{BA}$，$\pi_2^{BB} > \pi_2^{BA}$）。

(4) 厂商战略不同：一个厂商偏好于不兼容，而另一厂商希望与对方兼容，Besen 和 Farrel (1994) 称之为"讨厌的小弟"。在这种情况下，没有纯策略纳什均衡（如果 $\pi_1^{AA} > \pi_1^{BA}$，$\pi_1^{BB} > \pi_1^{AB}$，$\pi_2^{AB} > \pi_2^{AA}$，$\pi_2^{BA} > \pi_2^{BB}$）。

例如，iOS 与安卓作为智能手机的两大主流系统，两者占据了智能手机系统 99.9% 的市场。在过去的几年中，安卓与 iOS "斗智斗勇"，历代版本的发布都吸引了手机爱好者的广泛关注。iOS 是苹果公司开发的移动终端系统，被广泛用于各类苹果系列产品中。与安卓系统不同，iOS 系统致力于打造一种封闭的生态环境，iOS 与其他品牌的产品及应用几乎不兼容。安卓是一款由谷歌公司和开放手机联盟领导及开发的操作系统，被广泛使用于智能手机及平板电脑等移动设备。与 iOS 不同的是，安卓的生态系统是开放的。iOS 与安卓的开源闭源之争，正好代表了手机系统领域不同的兼容性。未来是 iOS 独领风骚，还是安卓一统江湖，又或是两者一直竞争下去，还需要拭目以待。

2. 标准对谁有利

标准可以增进兼容性或互用性，通过扩大网络为用户创造更大的价值，也可以减少消费者面临的技术风险等，加速新技术的普及。但标准对市场参与者的影响不同（卡尔·夏皮罗等，2017）。

首先是消费者，消费者一般都欢迎标准，他们不必面对本想选择胜利者却选择了失败者的风险。在单一的网络或无缝互联的网络中，消费者可以享受最大的网络效应。但是，标准化对消费者也有一些不利。最主要的就是多样性的丧失：标准也许不能满足一些消费者的需求，或其本来就是一种较差的技术，如 QWERTY 键盘。标准化也会剥夺消费者享受标准战争中的掠夺性渗透定价的好处。最可能受到这种损失的是那些大的或重要的用户，他们本来可以在标准战争中扮演非常重要的角色，就像微软和网景浏览器大战中的大 ISP 一样。但是，对消费者整体来说，这种渗透定价在很大程度上是对将来锁定的补偿，因此这不算主要因素。

其次，互补者像消费者一样，互补品的销售者欢迎标准，只要他们的产品是符合标准的。例如，美国在线销售互联网接入服务，这是调制解调器的互补品。标准化的高速调制解调器的广泛应用对美国在线有利，因为这样一来它就不必为不同的格式准备不同的调制解调器。因此，标准化使调制解调器的销量上升，从而刺激了对在线服务的需求。实际上，和有影响力的消费者一样，有影响力的互补者可以影响标准的选择。例如，像广播电台这样的内容提供者，可以影响每一代消费电器设备的发展。

再次，对于市场在位者来说，新技术的产品标准可能对现有的市场在位者造成严重威胁。不管怎么样，如果标准引发了正反馈，并且帮助一种新技术起飞，它们会很容易地抢夺旧技术的销售。例如，RCA 是 20 世纪 40 年代黑白电视机的领导制造商，它不愿意看到一种新的彩色电视机标准威胁自己的领导地位。在20世纪80年代中期,当任天堂娱乐系统在其不懈努力下引发正反馈时,Atari公司也非常恼火。对于那些无法从新一代技术中获得利益的市场在位者来说,破坏新标准的兴趣总是要超过扶植新标准。

最后是创新者,共同开发新技术的公司更欢迎标准,因为标准通常会扩大市场规模,甚至对市场是否能够形成也非常关键。当一群创新者可以从一个标准中共同获益时,它们总有办法制订一个协议来支持这种标准。正是由于这种原因,我们几乎每年都会看到数百种标准被推出。当一群创新者可以从标准的设立中共同获益,但是标准对他们的影响方式各不相同时,他们就会进行非常复杂的谈判。由于拥有的资产不同,标准对不同的供应者有不同的影响。拥有最大的安装基础的公司损失最大,而控制更优越的技术的公司收获最丰。规模也是非常重要的,通常小的市场参与者会特别欢迎标准,因为标准通常会缩小大小供应商之间的差距。

12.3.2 标准战争中的策略

当两种新的不兼容技术相互争斗都想成为事实上的标准时,我们就说它们在进行"标准战争"。标准战争是具有强大的正反馈的网络市场中独有的现象。一般来说,标准竞争是动态的过程。随着时间的推移,某一标准可能胜利也可能失败。有种标准可能锁定了相当大的安装基础,市场呈现出"赢家通吃"的局面。有时市场可能被瓜分,没有出现一个主导的标准,每家公司以自己不同的方式在市场中竞争,占据一席之地。但是,无论哪种格局都是不稳定的,将在各家公司利润最大化的追逐中不断变迁。因此,对于一个准备在市场中进行标准竞争的公司而言,应当采取哪些策略呢?

1. 先发制人

先发制人的道理很简单,先一步出发,这样网络经济的正反馈就会对企业有利,对企业的竞争对手不利。先发制人的取胜原理来源于正反馈过程中的先占权优势。由于在网络经济下,有时微小的事件对市场发展路径都可能产生不可忽视的影响,所以能否抢先进入市场往往就成为决定成败的重要因素。在网络市场,先发制人的目的不仅仅是先竞争对手一步占领市场,更重要的是通过最先进入市场而形成一个事实的标准,那么,后来者只能追随这个标准而落入下风。

先发制人的一种方法就是第一个进入市场。产品开发和设计技能可能对获取先发优势非常重要。但是,需要注意的是,早期的介入可能会造成质量上的妥协和更多的故障,这两种情况都会毁掉企业的产品,所以不能为了先进入市场而忽略产品的质量。佳能就是一个很好的例子,它创建了个人激光打印机市场,并且继续主导着激光打印机引擎的制造,部分原因就是通过利用经验曲线来保持低成本和高质量。胜利属于捷足先登者,但是速度应该来自研发,而不是将一种劣质系统推向市场。除了将产品早一些推向市场以外,实现先发制人的另一个重要内容就是要尽早建立起用户安装基础。要找到那些最渴望尝试新技术的"先锋者"(发烧友),迅速占领这个市场。

案例 12-3

恒玄科技：国内音频 SoC 领军者，先发优势布局 AIOT[①]

恒玄科技成立于 2015 年 6 月，总部位于上海，2020 年在科创板上市。公司主营业务为智能音频 SoC 芯片的研发、设计与销售，为客户提供 AIoT（人工智能物联网）场景下具有语音交互能力的边缘智能主控平台芯片，产品广泛应用于智能蓝牙耳机、Type-C 耳机、智能音箱等低功耗智能音频终端，在非苹果品牌市场中占有率已高达第一。

恒玄科技作为音频 SoC 龙头企业，抓住行业发展机遇构造先发优势，持续推出具有竞争力的芯片产品及解决方案。早期，公司以 Type-C 音频芯片为切入契机，以前瞻性的产品定义能力抓住了智能手机接口减少的趋势及市场需求，实现了品牌客户的突破。旗下的 BES3100 和 BES3001 系列芯片先后被小米、华为、三星采用并量产出货。2017 年公司推出 BES2000 系列芯片，在当时较早实现双耳通话功能并被华为采用，满足了 AirPods 推出后行业其他品牌厂商的跟进需求。2018 年公司推出采用 28 nm 先进制程的 BES2300 系列低功耗智能蓝牙音频芯片，功耗指标处于当时行业领先水平，其中 BES2300Y 是全数字混合主动降噪蓝牙单芯片，在业内较早实现了蓝牙音频技术和主动降噪技术的全集成。随后推出的 BES2300ZP 应用了公司自主研发的新一代蓝牙真无线专利技术（IBRT），大幅缩小了 TWS 耳机行业其他品牌产品与苹果 AirPods 的体验差距。

持续高研发投入，技术领先巩固先发优势地位。高研发投入是公司能够保持技术领先性和提升竞争力的重要支撑。恒玄科技研发投入持续增长，2017—2019 年研发投入分别达 4 494 万元、8 724 万元和 13 236 万元。截至 2020 年 4 月 2 日，公司及子公司共计合法拥有 39 项专利，形成了以双耳传输、多声道音频、主从切换、低功耗蓝牙音频为代表的核心技术群及知识产权体系，树立了知识产权壁垒。另外，公司核心技术团队资历背景深厚，研发技术人员占比较高。公司核心技术团队由在 IC 设计领域从业 20 余年的 Liang Zhang 带领，行业经验丰富。公司大力引进研发人才，截至 2019 年 12 月，公司研发技术人员占员工总数的比例达 81.22%。

覆盖主流品牌厂商，黏性合作提升商业门槛。目前，恒玄科技公司音频芯片已广泛应用于主流安卓手机品牌的 TWS（True Wireless Stereo，意为真正的无线立体声）耳机产品中，覆盖率较高，例如华为、三星、OPPO、小米等手机品牌。公司产品在专业

---

① 本案例根据 https://baijiahao.baidu.com/s?id=1685588618360712711&wfr=spider&for=pc 及其他网络资料编写而成。

音频厂商中也有较高的占有率,如 JBL、Skullcandy 均有主要产品应用公司芯片。公司产品作为智能终端设备的核心器件,直接关系到最终产品的性能和用户体验,所以品牌客户在选择芯片供应商时极为严格谨慎,需要经过持续的产品技术迭代及市场验证,进入门槛较高。此外,终端品牌厂商在后续新产品研发过程中与公司高度配合、协同研发,因此可以在长期合作中形成较强的黏性,产生良性循环。

2. 渗透定价

在扩大安装基础和标准争夺的过程当中,渗透定价得到了充分的应用。渗透定价策略主要着眼于产品的长期收益,在进入市场初期时采取低价格、零价格或负价格进行产品营销。数字化产品或服务要取得消费规模效应,必须要争取更多的用户安装基础,达到必要的临界数量,所以采取渗透定价是开拓市场的重要方法。常用的渗透定价策略包括完全免费和限制免费定价策略。

完全免费策略是指产品或服务从购买、使用和售后服务所有环节都实行免费。例如,新浪、网易等门户网站的新闻内容以及电子邮箱服务等使用的就是完全免费策略。限制免费策略是指产品或服务往往可以让消费者免费使用其中一种或几种功能,但是想要获得该产品的全部功能,则必须付费购买正式产品;或者数字化产品被免费下载后,顾客可以使用它的全部功能但要受到一定的限制。例如限定时间,使用 30 天内免费,之后收费;限定特征,产品基础版免费,进阶版收费。

采用渗透定价有一定程度的风险,在实行渗透定价前,厂商需要注意实施渗透定价必须满足一些条件:第一,有足够大的市场需求;第二,消费者对价格高度敏感而不是具有强烈的品牌偏好;第三,大量生产能产生显著的成本经济效益;第四,低价策略能有效打击现存及潜在的竞争者。总的来说,现在的渗透定价必须能够用将来占领市场以后的利润加以补偿,即渗透定价必须实际上有效,能够真正让客户使用企业的产品,建立起一个真正的用户安装基础,进而产生网络外部性。

3. 预期管理

预期在具有网络效应的市场中是很重要的,当不兼容网络产品竞争时,最终结果可能严重依赖于消费者和互补品生产商所形成的预期。预期会自我实现,引发正反馈过程,所以对预期的管理也是网络市场中最重要的战略之一。消费者预期将成为标准的产品或技术最终会成为真正的标准。

这里我们简单地列举三种被大量用来管理网络市场预期的商业策略。第一种策略是简单的广告,自然而然地将其产品打造成赢家。如果消费者被这些广告说服,且相信其他人也被说服,该消费者就会预期该产品将产生大的网络效应并因此购买它。这一战略可能在关于用户安装基础规模的信息难以得到或确认的情况下效果更好。例如,软件提供商 Oracle 经常性地打出广告,提到财富 100 强中的 98 家在使用他们的技术。

一个类似的但更恶劣的策略被称作 FUD(恐惧、不确定与怀疑),它由发布关于竞争对手的负面(和模糊)信息组成。这一做法显然会产生关于对手产品的消极预期,并提高自家产品赢得标准之争的可能性。虽然 FUD 起源于对电脑硬件行业中不当信息策略的描述(IBM 是第一个这么做的公司),但从此以后,这种行销手法经常用于电脑业界。例如,微软常向客户宣称 Linux 与其他开源代码的软件对客户有弊无利。

最后,产品预发布是预期管理的一种突出方法。它包括在产品远未发布之前进行产品的预宣传。其目标是推迟消费者(以及提供互补品的公司)购买竞争对手已存在的产品。虽然预发布在多个行业中都存在,它们在网络市场中由于共同转换成本的存在有着特殊的意义:如果一些消费者推迟他们的消费直到预发布的产品上市,其他消费者就会有同样的激励,因此预发布确实能够冻结竞争产品的销售。据报道,产品预发布在计算机软件与消费电子行业是非常常见的。预发布对标准竞争的结果是否有实质的影响仍然是一个值得讨论的问题。

4. 兼容与联盟

即使是在不兼容的标准战争中,寻求联盟仍然是一个重要的战略。在市场上合作和竞争是相互依存的一个动态过程,网络经济和正反馈使合作比以往任何时候都更加重要,大部分公司需要和其他人合作,以建立标准和一个兼容用户的网络。但是,各家公司在联盟中都有自己的利益和得失,在合作中又存在竞争,因此,在兼容和联盟战略上采取正确的策略,对一个公司而言,是十分重要的。

第一,寻求兼容和联盟的时机。实现兼容对任何厂商来说,都同时带来了两个效应,即竞争效应和网络效应。竞争效应意味着竞争的加剧,因为市场内的竞争者数量增多了;网络效应则意味着需求的上升,因为消费者更喜欢规模更大的网络。因此,兼容问题就简化为这两个效应之间的比较。如果网络效应强大到足以抵消竞争效应的影响,那么,厂商必然采纳兼容的决策,反之,厂商应当实行不兼容。

第二,选择兼容与联盟的对象。一个进行标准竞争的公司必须意识到,可能和自己合作的人包括互补产品和替代产品的提供者,而替代产品的提供者就是自己的竞争对手。一方面,互补产品的供应者都是欢迎标准的产生的,因为标准有利于网络效应的扩大,进而为他们的生产带来更多的需求。但是,互补产品的提供者像消费者一样,希望找到一个将来有希望成为真正的标准的技术建立联盟。另一方面,竞争对手可能是最好的联盟伙伴,可以通过一个创造性的协议,使大家的共同利益都得到提高。

第三,实现兼容与联盟的方法。首先是对标准技术和产品的选择,可以选择某一个竞争者的技术为标准,其他技术与之实现兼容;也可以另外选择一个技术作为市场标准,每个竞争者的技术与之接口,这主要视各竞争者的实力而定。如果存在一个较强大的竞争者,那么,该企业的技术被作为标准的可能性就会大些。如果最后是以某一个竞争者的技术作为标准,那么,其他竞争者必须注意这种技术是否真正实现了开放的承诺,在产品标准、界面和规格等方面的关键部分是否依然在该竞争者的独家占有之中。而对于这个开放技术的竞争者来说,他应当尽可能地实现对技术发展的控制,这样有助于缓和将来的价格竞争。

案例 12-4

施乐和以太网[①]

以太网标准的例子显示了如何利用标准设定组织来建立信用。20 世纪 70 年代末,罗伯特·梅特卡夫在施乐的帕洛阿尔托研究中心(PARC)开发了以太网,目的是用施乐设计的激光打印机高速传输大量数据。施乐为以太网申请了专利权,梅特卡夫离开了帕洛阿尔托研究中心,创建了 3Com 公司,致力于网络产品。

他的第一个客户是 Digital 公司。Digital 公司请他开发一种新的高速网络标准,这种标准不侵犯施乐的专利权,Digital 公司可以用它来将自己的工作站联网。梅特卡夫建议 Digital 公司首先和施乐公司磋商,如果施乐能够以具有吸引力的条件授权,为什么还要重新设计呢?

施乐很正确地意识到,要想让电脑制造商在它们的打印机上采用以太网标准,它就必须提供一个开放的网络标准。同样的标准可以被用在互联的打印机上,越多越好。Digital、施乐和 3Com 认识到拥有开放标准的价值,梅特卡夫找到国家标准局,试图发起这个过程。在那里,他遇见了一个英特尔的代表,这位代表正在寻找可以嵌入集成电路的新技术。

然后,Digital、英特尔和施乐认识到它们的共同利益,并组成了 DIX 集团,DIX 是三家公司名字的首字母的组合。这一联盟说服电气与电子工程师协会(一个广受尊重的中立性工业组织)以"公平合理"的授权条款采用以太网标准,施乐同意以 1 000 美元的象征性费率将以太网授权出去。电气与电子工程师协会对以太网标准的采用,有助于形成一个自我实现的预期,即以太网将会成为工业标准。

几年之后,IBM 把它的 Token Ring 以相似的条件开放。但是那时候以太网已经有了一个很大的安装基础,令 IBM 望尘莫及。以太网成为局域网的标准正是因为 DIX 集团一开始就认识到了开放的价值。

12.4 网络经济下的公共政策

12.4.1 标准政策

关于政府如何介入标准,存在两种情况,一种是政府推出标准,并强制要求市场跟随

[①] 本案例根据 https://www.51test.net/show/370426.html 及其他网络资料编写而成。

政府标准;另一种是政府推出标准,并和市场上已存在的标准进行竞争(张铭洪等,2017)。一般来说,政府强制性标准是普遍存在的,但基本上都集中在诸如对卫生、安全等方面的质量标准。在这里讨论则是技术标准。从表面上来看,政府强制设立技术标准具有一些优势,如强制标准可降低企业在标准研发中的投入和相应的风险、政府能够集中更多的财力物力来设立标准、避免网络市场中的标准之战等。

但事实上,政府设立强制性技术标准存在以下问题:第一,即使假设政府建立的技术标准在技术上会优于企业的标准,但技术标准本身并不是单纯的技术。技术的先进性只是市场考虑的一个因素而已,标准产品的生产成本、市场对于标准产品的接受程度,甚至标准未来的发展等因素都影响着标准在市场的发展。当政府推出一个新标准的时候,可能无法像企业那样考虑市场,因而这种背景下推出的标准往往会导致社会福利降低。第二,当政府提出一个新的标准,并且要求强制实行的时候,很难避免这个标准对某些企业来说适合,而对于其他企业来说不适合,这导致政府行为的不公平,即使这种不公平不是政府刻意形成的。第三,企业对技术标准的研发本身也是一个成长的过程,但若政府承担这个任务,这无疑对企业的发展壮大并无益处。

如果政府不是强制实施技术标准,而是推出技术标准和企业相竞争,是否效果更好?答案也是否定的。一方面,很难保证政府在标准竞争中能够保持中立的立场;另一方面,标准获胜不仅仅取决于技术的先进与否,还涉及很多市场层面的因素,而这个恰恰是政府标准所欠缺的。但是,这并不意味着政府对于标准竞争放任不管,因为过度的标准竞争会降低社会福利,也不利于科学技术的发展,政府对于标准竞争的介入是以协调者的身份,而不是管理者或者参与者的角色。

政府介入标准竞争最合适的时机是两个或更多的标准竞争到僵持阶段,并没有哪个标准有明显获胜的机会,同时标准竞争的僵持导致大量的消费者和厂商都采取观望的态度,整体网络规模不足,且所有竞争者都缺乏足够的网络支持的时候。因为此时所有标准竞争者都具备了合作实现一个标准的动力,如果政府能够在这个时候介入,引导和协调标准竞争者从竞争转向合作,无疑有助于打破标准竞争的僵局。

12.4.2 反垄断政策

当政府不直接干预标准化过程时,他们仍然保持着事后间接控制过程的可能性,主要通过反垄断政策来实现。然而,反垄断政策的应用在网络市场中变得相当微妙。网络市场中市场份额的不对等和优势厂商的巨额利润是正常的,并不一定来源于反竞争的行为。因此,所谓的反竞争行为不应该用完全竞争的标准来衡量,而应该针对于那些具有显著不平等和超额利润的市场结构来进行应用。基于这一点,传统的对优势厂商单边行为的限制就可以被广泛应用于网络市场中,比如禁止独家交易和捆绑等。一些只存在于网络市场中的行为(比如之前提到的预期管理策略)需要被严格监督,如微软和 IBM 就曾被指控使用预发布来保持他们各自的占优地位。

政府的反垄断政策必须在合适的网络规模以及适中的竞争强度之间寻找平衡。单一标准的垄断固然会损害消费者利益,但是标准竞争也未必有利于消费者,因此,政府的反垄断政策必须坚持以下的原则:提高兼容性,使消费者从扩大的用户规模中获益的同时,保证市场中存在一定数量的厂商并且彼此之间存在较高强度的竞争。从 2021 年来看,我国互联网反垄断监管大幕已经拉开。例如,2021 年 2 月《关于平台经济领域的反垄断指南》正式发布,明确"互联网不是反垄断的法外之地"。此后,国家市场监督管理总局多次针对平台企业开出反垄断罚单,涉及腾讯、阿里、美团、字节跳动、滴滴等企业。尤其是滴滴事件,充分显示了顶层监管的反垄断意志,也突出反映了互联网平台已形成双重垄断这一事实。所谓双重垄断,即表面是在某一商业领域形成业务垄断,实质是对某一领域的个人、企业甚至政府单位形成数据垄断和闭环。

案例 12-5

虎牙斗鱼合并被否,正式开启反垄断"事前监管"时代?①

2021 年 7 月 10 日,国家市场监督管理总局发布《关于禁止虎牙公司与斗鱼国际控股有限公司合并案反垄断审查决定》。该公告称,据《反垄断法》第二十八条和《经营者集中审查暂行规定》第三十五条规定,决定依法禁止此项经营者集中案例。这起对中国互联网生态发展影响较大的反垄断监管案例,具有标志性意义。

虎牙与斗鱼合并的提出最早是在 2020 年 8 月,斗鱼发布公告称,其收到腾讯合并斗鱼与虎牙的初步建议。2020 年 10 月,斗鱼和虎牙联合发布公告,称正式接受大股东腾讯提出的合并邀约,进行战略合并。同时,双方预计合并将在 2021 年上半年完成。而在 2021 年 1 月 4 日,国家市场监督管理总局则对腾讯申报的虎牙与斗鱼合并案,依法进行经营者集中反垄断审查。

审查表明,本案相关市场为中国境内网络游戏运营服务市场和游戏直播市场。腾讯在上游网络游戏运营服务市场份额超过 40%,排名第一。虎牙和斗鱼在下游游戏直播市场份额分别超 40%、30%,排名第一、第二,合计超过 70%;活跃用户方面,两者市场份额分别超 45%、35%;主播资源占整体市场的比重均超 30%。这意味着,若两者合并,将有超 8 成的活跃用户被其锁定,主播资源份额亦超 6 成。与娱乐直播不同,游戏直播的核心竞争力除头部 KOL 外,最重要的是游戏版权。目前,腾讯已具有对虎牙的单独控制权和对斗鱼的共同控制权。如虎牙与斗鱼合并,将使腾讯单独控制合并后实体,进一步强化腾讯在游戏直播市场的支配地位,同时使腾讯有能力和动机在

---

① 本案例根据 http://caifuhao.eastmoney.com/news/20210713123833012924570 及其他网络资料编写而成。

上下游市场实施闭环管理和双向纵向封锁，具有或者可能具有排除、限制竞争效果，不利于市场公平竞争、可能减损消费者利益，也不利于网络游戏和游戏直播市场规范健康持续发展。经评估，腾讯提出的附加限制性条件承诺方案不能有效解决前述竞争关注。

由腾讯推动的虎牙和斗鱼战略合并，最终以市监局的禁止公告画上句号。事实上，此次虎牙和斗鱼的合并案，是继2009年可口可乐收购汇源案、2014年马士基地中海达飞设立合营企业案后，我国反垄断执法机构第三次对经营者集中发布禁止公告的案件。但在互联网领域，这是首例经营者集中被否案件。

一般而言，经营者集中审查，通常包括无条件批准、附条件批准、禁止这三种形式。整体来看，我国反垄断执法机构对经营者集中审查中，绝大部分均获得无条件批准，极少数给予附条件批准，禁止决定更是屈指可数。据不完整统计，截至2021年7月，我国反垄断执法机构审查的经营者集中案件约3 800宗，其中获附条件批准的案件约50宗，其余为无条件批准（除前述3宗禁止合并案例）。

可以看到，对于反垄断的监管，相关部门多数以事后监管为主，即禁止平台通过垄断协议、滥用市场支配地位实施垄断行为。而本次虎牙斗鱼合并案被禁止，体现出反垄断执法机构"监管前置"的强烈意愿，从源头上杜绝了后续风险的蔓延。除此以外，我们也看到有一些合并案例表面上似乎引起了很大的市场反响，但由于尚未达到审批标准，并没有受到反垄断机构的质疑。2016年8月，滴滴出行突然宣布与Uber全球达成战略协议，Uber中国与滴滴合并。从目前已经公开的数据来看，滴滴与Uber中国的合并案尚未达到审批标准。而从实际体验来看，我们似乎认为滴滴和Uber合作后在中国的网约车市场已经构成了事实上一家独大的垄断优势。回顾以往的互联网行业巨头合并，类似是否涉嫌垄断的争议不在少数，典型案例如2015年10月美团与大众点评合并、2015年11月携程与去哪儿合并，我们其实都曾看到这些合并被质疑为垄断，但反垄断部门却在绝大多数情况下都采取默认态度。这从侧面反映出了针对经营者集中监管的复杂性，未来在互联网经济下如何制定更加合理的经营者集中申报标准仍然是一个值得进一步探讨的问题。

思考题

1. 什么是直接网络外部性和间接网络外部性，并分别举例描述。
2. 请从网络外部性的角度来解释为什么几乎所有的社交类软件（如微信和微博）都是免费的。
3. 标准竞争为什么在网络经济下变得如此重要？它与网络外部性的关系如何？
4. 先发制人策略的原理是什么？具体如何运用？
5. 网络经济下的企业应该在什么情况下，与哪些企业建立一种怎样的兼容和联盟关系？请举例说明。

6. 政府制定标准政策时会面临什么问题？

参考文献

[1] Katz, M., C. Shapiro. Network Externalities, Competition, and Compatibility[J]. *The American Economic Review*, 1985, 75(3): 424-440.

[2] Zhang, X., Liu, J., Xu, Z. Tencent and Facebook Data Validate Metcalfe's Law[J]. *Journal of Computer Science and Technology*, 2015, 30: 246-251.

[3] 保罗·贝拉弗雷姆, 马丁·佩泽. 产业组织：市场和策略[M]. 陈宏民, 胥莉译. 格致出版社, 上海三联书店, 上海人民出版社, 2015.

[4] Rohlfs, J. A Theory of Interdependent Demand for a Communications Service[J]. *Bell Journal of Economics and Management Science*, 1974, 5(1): 16-37.

[5] Besen, S. and Farrell, J. Choosing How to Compete: Strategies and Tactics in Standardization[J]. *Journal of Economic Perspectives*, 1994, 8: 117-131.

[6] 卡尔·夏皮罗, 哈尔·R.范里安. 信息规则——网络经济的策略指导[M]. 孟昭莉, 牛露晴译. 中国人民大学出版社, 2017.

[7] 张铭洪等. 网络经济学教程(第2版)[M]. 科学出版社, 2017.

图书在版编目(CIP)数据

商务竞争与战略经济学/张荣佳主编. —上海：复旦大学出版社，2022.1
(创优.经管核心课程系列)
ISBN 978-7-309-16025-3

Ⅰ.①商… Ⅱ.①张… Ⅲ.①企业战略-研究 Ⅳ.①F272.1

中国版本图书馆 CIP 数据核字(2021)第 241109 号

本书由上海市一流本科引领项目资助。

商务竞争与战略经济学
SHANGWU JINGZHENG YU ZHANLUE JINGJIXUE
张荣佳　主编
责任编辑/鲍雯妍

复旦大学出版社有限公司出版发行
上海市国权路 579 号　邮编：200433
网址：fupnet@ fudanpress.com　http://www.fudanpress.com
门市零售：86-21-65102580　团体订购：86-21-65104505
出版部电话：86-21-65642845
上海新艺印刷有限公司

开本 787×1092　1/16　印张 14.75　字数 314 千
2022 年 1 月第 1 版第 1 次印刷

ISBN 978-7-309-16025-3/F·2847
定价：46.00 元

如有印装质量问题,请向复旦大学出版社有限公司出版部调换。
版权所有　　侵权必究